重载车辆高线速离合器/制动器摩擦副动态性能研究和结构优化

李 杰 著

Research on Dynamic Performance and Structure Optimization of High Speed Clutch/Brake Friction Pair for Heavy-duty Vehicles

北京理工大学出版社
BEIJING INSTITUTE OF TECHNOLOGY PRESS

版权专有　侵权必究

图书在版编目(CIP)数据

重载车辆高线速离合器/制动器摩擦副动态性能研究和结构优化 / 李杰著. -- 北京：北京理工大学出版社，2022.4

ISBN 978-7-5763-1238-6

Ⅰ. ①重… Ⅱ. ①李… Ⅲ. ①重型载重汽车-汽车离合器-摩擦副-动态性能-研究②重型载重汽车-汽车-制动器-摩擦副-动态性能-研究 Ⅳ. ①U469.203

中国版本图书馆 CIP 数据核字(2022)第 066455 号

出版发行 /	北京理工大学出版社有限责任公司
社　　址 /	北京市海淀区中关村南大街 5 号
邮　　编 /	100081
电　　话 /	(010)68914775（总编室）
	(010)82562903（教材售后服务热线）
	(010)68944723（其他图书服务热线）
网　　址 /	http：//www.bitpress.com.cn
经　　销 /	全国各地新华书店
印　　刷 /	三河市华骏印务包装有限公司
开　　本 /	710 毫米×1000 毫米　1/16
印　　张 /	16.75
彩　　插 /	6
字　　数 /	304 千字
版　　次 /	2022 年 4 月第 1 版　2022 年 4 月第 1 次印刷
定　　价 /	98.00 元

责任编辑 / 钟　博
文案编辑 / 钟　博
责任校对 / 周瑞红
责任印制 / 李志强

图书出现印装质量问题，请拨打售后服务热线，本社负责调换

前　言

　　高能量密度摩擦与制动系统是重载车辆高速综合传动装置的关键，其显著特征是大功率、高转速。在工作中，摩擦与制动系统处于多谐次高频冲击振动和热弹性耦合状态，当速度接近或大于临界值时，高频冲击振动和热弹性耦合不稳定性导致其动力传递效率显著降低，摩擦表面出现显著热裂纹。传统的设计理论不能给出强冲击振动和热弹性耦合状态下摩擦与制动系统的动态综合应力变化规律和设计边界条件，无法准确提出应力－应变状态同摩擦与制动系统损伤模式的对应关系，不能实现机械强度与热强度的协调设计，不能预估或改善热裂纹引起的使用寿命缩短，无法支撑重载车辆高转速传动摩擦与制动系统的准确设计。因此，经典的传统设计理论只适用于线速度小于临界值的设计，通过理论分析与初步试验，这个临界线速度为 70～80 m/s。但未来大功率高转速传动系统要求摩擦与制动系统的能量传递能力由目前的 700 kJ/m^2 提高到大于 1 300 kJ/m^2；工作转速大幅提高后，线速度由 50～70 m/s 提高到 90 m/s，摩擦与制动系统均处于热弹性耦合不稳定状态。因此，经典的传统设计理论不能指导高能量密度摩擦与制动系统设计，成为大功率高转速传动系统的主要瓶颈之一，必须开展高转速传动摩擦与制动系统高频冲击振动、散热优化、摩擦副结构特征优化、冲击振动和摩滑过程瞬态温度测试等方面的应用基础理论研究。

　　本书基于接触力学、数理统计学、摩擦学、非线性振动力学和流体力学等基础理论专业知识，通过大量的理论分析、公式推导、特性仿真和试验测试等方式，对摩擦与制动系统进行综合性能分析以期提高，并给出了具体的算法、机理特征和参数说明。本书所进行的研究/优化包括：高线速离合器摩擦副摩滑过程轴向振动特性研究、离合器摩擦副表面直沟槽分布状态及结构特征优化、摩擦副齿部高频动态冲击特性研究、摩擦副摩滑瞬变温度特性研究、制动器通道内流场结构特性优化。全书共分5章。第1章综合了接触力学理论、数理统计和归一化方法，构建了摩擦副摩滑过程宏观数学模型，通过数值仿真和大量的试验测试，获得了摩滑过程振动特性，为后续研究摩擦副在摩滑过程中的散热结构优化和减小高频冲击振动，延长使用寿命提供了坚实的理论基础。第2章通过对摩擦副表面直沟槽不同分布特征和结构特征参数进行分析，对摩擦副摩滑表面进行了热弹性耦合特性研究，获得了非稳定性热点分布规律及结构特征最佳优化参数，对优化后的结构进行仿真分析，结果表明：可有效减小摩擦损伤，提高摩擦副的耐磨性能。第3章为了探索摩擦副齿部冲击动态强度，对摩擦片齿部高频冲击碰撞动态特性进行了仿真和试验研究，获得了冲击振动规律，提出了一种适用于齿部高频冲击的疲劳损伤理论及有效计算方法，可对不同齿侧间隙下的疲劳寿命进行预估。第4章针对摩擦副不同位置瞬态温度的差异和相互作用关系，提出了一种高温高速动态测量系统集成方法，根据不同位置、不同采集手段和计算方法，采用相对应的测试技术，获得了不同摩擦半径下的温度分布规律，研究了全约束条件下的瞬态温度场，对比仿真和试验测试数据，研究了滑摩累积误差和瞬态温度间的关系。第5章基于流场基本控制方程和湍流方程，对制动器散热槽叶片进行优化，优化后可以有效削弱通道内的回流区域，同时制动器散热槽叶片制动盘的泵送质量、流量和通道内总散热率均有显著提高。

在撰写本书的过程中，著者得到了中国北方车辆研究所传动技术部很多工程技术人员的无私帮助，兰海、王志勇、杨玲玲、胡铮等研究员提供了大量的技术支持，北京理工大学韩立金副教授提供了部分理论技术支持和建议，重庆大学邵毅敏教授提供了试验测试技术的帮助，北京理工大学苑士华教授审读了全书，提出了许多宝贵的修改意见，北京建筑大学研究生高紫钰进行了资料整理和大量的文字录入工作，在此，一并表示衷心的感谢。由于著者的知识、经验和水平有限，书中难免存在不妥和错漏之处，恳请读者批评指正。

著 者

2021 年 12 月

目 录

第 1 章　基于 Stribeck 效应的离合器摩擦副轴向振动特性研究 ………… 001

引言 …………………………………………………………………… 002
第 1 节　高线速摩擦副结合分离过程轴向振动机理研究总方案 ……… 002
第 2 节　轴向振动分析模型 …………………………………………… 003
　　1.2.1　摩滑过程摩擦副轴向动力学数学模型 ………………… 004
　　1.2.2　热变形微凸体法向接触机理 …………………………… 006
　　1.2.3　法向弹性接触机理 ……………………………………… 009
　　1.2.4　切向弹性接触机理 ……………………………………… 011
　　1.2.5　粘弹性法向接触机理 …………………………………… 014
　　1.2.6　预载荷特性 ……………………………………………… 019
　　1.2.7　轴向振动数学模型及振动特性仿真研究 ……………… 020
第 3 节　结构曲率半径对振动特性的影响研究 ……………………… 024
第 4 节　摩擦系数对振动特性的影响研究 …………………………… 029
第 5 节　振动试验测试及振动特性分析 ……………………………… 037
　　1.5.1　振动特性测试设备及工装准备 ………………………… 038
　　1.5.2　振动测试工况 …………………………………………… 039
　　1.5.3　试验测试数据 …………………………………………… 039

  1.5.4 振动过程数据详解 ························· 039
  1.5.5 振动特性 ······························· 042
  1.5.6 倍频与幅频特性 ··························· 048
 第 6 节 仿真模型验证 ································ 050
 第 7 节 具有 Stribeck 效应的扭矩试验测试 ····················· 051
 第 8 节 振动控制方法 ································ 060
 第 9 节 总结 ······································ 061
 参考文献 ··· 061

第 2 章 离合器摩擦片直沟槽分布状态及结构特征对温度场分布规律的
   影响研究 ······································ 065
 引言 ··· 066
 第 1 节 沟槽分布特征对温度场影响原理分析 ··················· 067
 第 2 节 有限元模型的建立及仿真分析 ······················ 070
  2.2.1 模型参数及边界条件 ························· 070
  2.2.2 摩擦片齿轮冲击损伤计算模型 ···················· 072
  2.2.3 不同滑摩时间下的仿真结果分析 ··················· 074
  2.2.4 不同工作转速工况下的仿真分析 ··················· 075
  2.2.5 不同摩擦片基板材料的仿真分析 ··················· 076
  2.2.6 不同摩擦片的仿真分析 ························ 078
 第 3 节 激光熔覆件与压制烧结件 SEM 试验 ···················· 085
  2.3.1 试验目的 ······························· 085
  2.3.2 试验内容 ······························· 085
  2.3.3 试验方法 ······························· 086
  2.3.4 试验条件和设备 ··························· 087
  2.3.5 试验流程 ······························· 089
  2.3.6 试验数据处理与保存方法 ······················· 090
  2.3.7 试验结果 ······························· 091
  2.3.8 试验结果分析 ···························· 094
 第 4 节 热弹性不稳定性试验测试 ·························· 096
  2.4.1 摩擦层熔覆制备成型与 SEM 电镜试验 ················ 096
  2.4.2 摩擦片热弹性滑摩试验 ························ 098

2.4.3　成型结构对热弹性稳定性的影响 …………………………… 099
　第 5 节　总结 ……………………………………………………………… 103
　参考文献 ……………………………………………………………………… 104

第 3 章　高能摩擦副齿部高频动态非线性冲击原理研究 …………… 107

　引言 …………………………………………………………………………… 108
　第 1 节　建立浮动支撑摩擦副齿部动态冲击数学模型 ………………… 109
　第 2 节　摩擦副齿部动态冲击仿真 ……………………………………… 110
　　3.2.1　低频动态冲击激励仿真 ……………………………………… 110
　　3.2.2　中频动态冲击激励仿真 ……………………………………… 112
　　3.2.3　高频动态冲击激励仿真 ……………………………………… 114
　　3.2.4　不同齿侧间隙对动态特性的影响 …………………………… 115
　第 3 节　齿部冲击等效模型与试验结果 ………………………………… 117
　　3.3.1　等效模型原理 ………………………………………………… 117
　　3.3.2　实际模数试验结果 …………………………………………… 119
　　3.3.3　大模数试验结果 ……………………………………………… 121
　第 4 节　摩擦片浮动支撑高频动态冲击及其损伤试验 ………………… 124
　　3.4.1　试验目的 ……………………………………………………… 124
　　3.4.2　引用标准 ……………………………………………………… 124
　　3.4.3　试验方案及原理说明 ………………………………………… 124
　　3.4.4　非线性冲击损伤计算方法 …………………………………… 125
　　3.4.5　试验对象及编号 ……………………………………………… 129
　　3.4.6　试验保障条件要求 …………………………………………… 129
　　3.4.7　试验工况 ……………………………………………………… 130
　　3.4.8　测试点布置 …………………………………………………… 130
　　3.4.9　数据说明 ……………………………………………………… 130
　　3.4.10　标定 …………………………………………………………… 131
　　3.4.11　试验测试结果及分析 ………………………………………… 135
　第 5 节　总结 ……………………………………………………………… 149
　参考文献 ……………………………………………………………………… 150

第 4 章　高线速摩擦副摩滑瞬变温度试验测试研究 ………………… 153

　引言 …………………………………………………………………………… 154

第 1 节　测试的关键技术点 ………………………………………………… 154
　　4.1.1　高能摩擦副摩滑过程温度测试难点及其关键技术 …… 154
　　4.1.2　摩滑过程温度测量系统的设计 ………………………… 159
　　4.1.3　温度测量系统的分析标定 ……………………………… 164
第 2 节　高能摩擦副瞬变温度测试 ………………………………………… 172
　　4.2.1　大直径窄带摩擦副温度场测试 ………………………… 172
　　4.2.2　摩擦层内部温度测试 …………………………………… 190
　　4.2.3　摩擦副接触摩擦瞬变温度测试分析 …………………… 192
　　4.2.4　全约束摩擦副温度场测试 ……………………………… 199
　　4.2.5　试验条件 ………………………………………………… 209
　　4.2.6　温度测试流程 …………………………………………… 210
　　4.2.7　试验数据及有关图表 …………………………………… 212
　　4.2.8　总结 ……………………………………………………… 215

第 5 章　重载车辆离合器/制动器通道内流场结构优化方法及数值
　　　　　仿真 ……………………………………………………………… 217

引言 ……………………………………………………………………………… 218
第 1 节　流场基本理论 ……………………………………………………… 218
　　5.1.1　流场基本控制方程 ……………………………………… 218
　　5.1.2　湍流方程 ………………………………………………… 220
第 2 节　数值仿真分析预处理 ……………………………………………… 220
　　5.2.1　制动盘固体域和流体域的建立以及网格划分 ………… 220
　　5.2.2　边界条件设置 …………………………………………… 221
　　5.2.3　仿真结果的收敛判断 …………………………………… 222
第 3 节　不同类型叶片通风式制动盘通道内流场仿真结果分析 ………… 223
　　5.3.1　直叶片通风式制动盘通道内流场仿真分析结果 ……… 223
　　5.3.2　弯曲叶片通风式制动盘通道内流场仿真分析结果 …… 225
　　5.3.3　菱形叶片通风式制动盘通道内流场仿真分析结果 …… 226
第 4 节　叶片结构参数对通道内流场特性的影响分析 …………………… 228
　　5.4.1　叶片倾斜角度对通道内流场的影响 …………………… 228
　　5.4.2　叶片数量对通道内流场的影响 ………………………… 229
　　5.4.3　叶片倾斜角度对叶片表面温度的影响 ………………… 230

第 5 节　通风式制动盘传热分析 …………………………………… 232
　　5.5.1　通风式制动盘传热基本理论 ………………………… 232
　　5.5.2　通风式制动盘稳态传热分析 ………………………… 234
第 6 节　通风式制动盘结构优化 …………………………………… 238
　　5.6.1　确定优化目标和变量 ………………………………… 238
　　5.6.2　散热叶片结构的多目标优化 ………………………… 240
　　5.6.3　特性分析 ……………………………………………… 245
第 7 节　总结 ………………………………………………………… 253
参考文献 ……………………………………………………………… 254

第 1 章

基于 Stribeck 效应的离合器摩擦副轴向振动特性研究

引　言

车辆综合传动离合器摩擦副在高线速情况下，在结合分离过程中会产生热变形，从而产生具有 Stribeck 效应的振动特性，该振动最显著的特征是在扭矩上升到最高点处开始下降的过程中，产生负阻尼特性，严重影响摩擦元件及相关零部件的使用性能。为此，以某型军用重载车辆传动装置变速器湿式离合器摩擦副为研究对象，以研究摩擦特性为基本目标，以探索摩擦机理和提出改善振动控制方法为目的，在接触力机理分析的基础上，考虑摩擦与制动系统表面结构热弹性变形和摩擦系数变化对振动特性的影响，通过对不同摩擦系数和结构曲率特征的分析，以及摩滑过程轴向振动试验测试，探索改善摩擦副轴向振动的控制方法，其中重点研究摩擦副摩滑过程轴向振动模型的建立、重要参数对振动特性的影响以及试验测试对仿真模型的验证。

第 1 节　高线速摩擦副结合分离过程轴向振动机理研究总方案

根据规定的研究内容和研究总目标，详细分解研究内容，制定开展研究的总体方案,包括摩擦副摩滑过程轴向振动模型的建立、动态特性仿真分析和结合分离过程中的轴向振动试验测试,总体方案设计流程如图1-1所示。通过轴向振动模型的建立,开展热变形结构曲率参数动态特性及其对振动特性的影响研究,开展摩擦系数动态特性及其对振动特性的影响研究,开展轴向振动试验测试,通过振动特性的试验与仿真对比分析,验证仿真模型的准确性,提出有效改善轴向振动的控制方法。

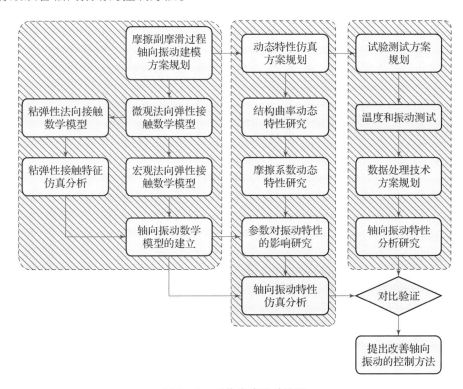

图1-1 总体方案设计流程

第2节 轴向振动分析模型

从微观分析方法切入,基于摩擦副表面结构特征和接触力学理论方法,建立微观接触关系数学模型,并通过数理统计和归一化方法,获得从微观转换成宏观的方法,同时充分考虑由间隙变化率和相对转速变化率引起的粘弹性接触特征,进而获得摩滑过程接触关系数学模型和轴向振动数学模型。

图 1-2 所示为轴向振动数学模型建模方案。首先，根据摩擦副在结合/分离过程中摩擦元件的相互作用关系，建立轴向动力学数学模型，确定影响轴向振动特性的基本参数；其次，建立微凸体接触作用分析模型，并计算微凸体模型干涉量，推导出弹性单元法向和切向接触数学模型；再次，确定影响粘弹性接触关系的基本参数，通过引入 Kelvin – Voigt 模型，增加粘弹性微分算子方法，建立粘弹性接触数学模型，并进行相关特性仿真分析；最后，对以上数学模型进行规整并通过数理统计和归一化方法，进行微观与宏观模型转换，建立摩滑过程接触特性数学模型，结合轴向动力学方程，建立轴向振动数学模型。

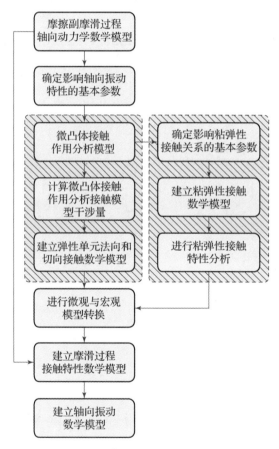

图 1-2　轴向振动数学模型建模方案

1.2.1　摩滑过程摩擦副轴向动力学数学模型

车辆传动系统湿式离合器摩擦副由摩擦片和对偶钢片交替接触组合而成，

制动力矩从一端传递到另一端,因此,整个离合器摩擦副轴向振动数学模型可分解为多个轴向子振动数学模型,即摩擦副轴向振动数学模型由多个轴向子振动数学模型串联组成,每个轴向子振动数学模型仅包含一个摩擦副,如图1-3所示。每个轴向子振动数学模型相互间都是通过力矩 M 和轴向力 F_n 关联的。根据动力学和接触力学原理,轴向子振动数学模型的动力学模型可表示为图1-4。图中 F_{nc} 是两接触面间的法向接触力,该接触力由法向弹性接触力和法向粘弹性接触力组成。F_{kn} 表示结构刚度弹性力,F_c 表示阻尼力。

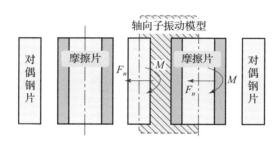

图1-3 摩擦副轴向振动数学模型分解

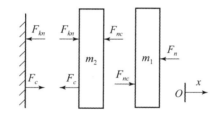

图1-4 轴向子振动数学模型的动力学模型

此外,根据试验台实际工况条件,将模型初始边界条件设为包含一个初始为静态的环形对偶钢片和一个带有固定角速度的摩擦片。为了能对仿真结果与试验测试结果进行具有可行性的比较,即保证仿真和试验测试边界条件的一致性,在分析过程中,设对偶钢片在轴向加压后的摩滑过程中不能绕中心线进行旋转,只能在法向位置进行微位移振动(位移<1 mm)。而摩擦片在滑摩过程中则可以进行旋转,并且在压板轴向加压过程中还可以沿着轴线(法向方向)进行微位移振动。在轴向压力作用下,当摩擦副完全结合后,模型中的摩擦片将固定在法向位置,不能绕中心线进行旋转。

对图1-4所示动力学模型进行微分方程分析,可得

$$\begin{cases} m_1 \ddot{x} = F_{nc} - F_n \\ m_2 \ddot{x} = F_{kn} - F_c - F_{nc} \end{cases} \quad (1-1)$$

式（1-1）中，$F_{kn} = F_p - K_n x$，F_p 为预载荷法向力，$F_c = C_n \dot{x}$，则轴向子振动数学模型的动力学方程为

$$\begin{cases} m_1 \ddot{x} = F_{nc} - F_n \\ m_2 \ddot{x} = F_p - K_n x - C_n \dot{x} - F_{nc} \end{cases} \quad (1-2)$$

从式（1-2）可以看出，若要得到动力学方程的精确解，接触力 F_{nc} 是关键。由于热变形在高速下引起的轴向振动表现为微位移形式，因此为了准确求解接触力向量，从微观力学理论出发，建立微观接触力学模型进行求解。

1.2.2　热变形微凸体法向接触机理

对于高线速下接触的摩擦副表面，在高温高压作用下，将产生局部热点现象，其热弹性变形结构表现为微凸体形状，因此接触作用模型为热弹性变形微凸体接触形式，摩擦副相互作用的热弹性变形微凸体接触作用模型如图 1-5 所示。

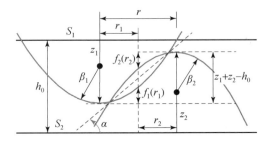

图 1-5　热弹性变形微凸体接触作用模型

图 1-5 中表面 S_1 微凸体和表面 S_2 微凸体进行接触并相互作用，从接触区域中心沿接触法线向两表面方向，赫兹接触力与两表面为非正交的，与表面法向成 α 角。因此，根据赫兹接触力公式，两个微凸体相互作用的表达式可表示为

$$f = \frac{4}{3} E \beta(r)^{1/2} w^{3/2} \quad (1-3)$$

式中，E 是两个表面的混合杨氏模量；$\beta(r)$ 是微凸体接触时混合曲率半径；w 是沿着接触法线从中心到表面在接触区域内的干涉量；r 是相互接触的两微凸体在切向方向的偏移距离。因此，当 $r=0$ 时，两个微凸体是沿法线从中心到平面处于相互干涉状态的。当 $r \neq 0$ 时，两个微凸体是沿着一个斜线处于相互干涉状态的。当两个微凸体曲线处于相切状态时，r 为最大值。接触区域干涉力学模型如图 1-6 所示。

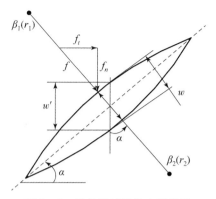

图 1-6　接触区域干涉力学模型

在图 1-6 所示的力学模型中，干涉量类似等效曲率，发生在接触位置的中心，大致在未变形微凸体十字交叉处的中线上。记 r_1 和 r_2 分别为摩擦副两个平面 S_1 和 S_2 微凸体峰值处与十字交叉点的距离，如图 1-5 所示。将二维模型中两个微凸体结构表面设为二次曲线形式：

$$y(x) = a_i x^2 + b_i x + c_i \quad (i = 1, 2) \tag{1-4}$$

则两个表面二次曲线峰值处的曲率半径分别为

$$\beta_1 = \frac{1}{|y_1''|} = \frac{1}{2a_1}, \quad \beta_2 = \frac{1}{|y_2''|} = \frac{1}{2a_2} \tag{1-5}$$

式中，β_1 和 β_2 分别表示表面 S_1 和 S_2 微凸体峰值处的曲率半径。由图 1-5 可知

$$\frac{r_1}{\beta_1} = \frac{r_2}{\beta_2} \tag{1-6}$$

令 $\beta_s = \beta_1 + \beta_2$，则

$$\beta_s = \frac{a_1 + a_2}{2a_1 a_2} \tag{1-7}$$

因此 r_1 和 r_2 可表示为

$$r_1 = \frac{\beta_1}{\beta_s} r, \quad r_2 = \frac{\beta_2}{\beta_s} r \tag{1-8}$$

定义 β 和 $\beta(r)$ 分别表示微凸体峰值等效曲率半径和两个微凸体接触处的等效曲率半径。微凸体二次曲线任意点处的曲率半径为

$$\beta(r) = \frac{1}{|y''|}(1 + y'^2)^{\frac{3}{2}} \tag{1-9}$$

根据式（1-4）、式（1-5）和式（1-8），可得半径为 r 时曲线的曲率为

$$y'|_r = 2ax + b|_r = \frac{2a_1 a_2}{a_1 + a_2} r = \frac{r}{\beta_s} = \tan\alpha \qquad (1-10)$$

则

$$\cos\alpha = \left(1 + \frac{r^2}{\beta_s^2}\right)^{-1/2}, \quad \sin\alpha = \left(1 + \frac{r^2}{\beta_s^2}\right)^{-1/2} \frac{r}{\beta_s} \qquad (1-11)$$

式中，α 是两个微凸体的接触角度。因此，微凸体二次曲线任意点处的曲率半径可表达为

$$\beta(r) = \beta\left(1 + \frac{r^2}{\beta_s^2}\right)^{3/2} \qquad (1-12)$$

由图 1-6 可知，两个微凸体函数干涉量 w 为

$$w = w'\cos\alpha \qquad (1-13)$$

设摩擦副两个表面初始平均间隙为 h_0，相互作用的两个表面微凸体高度分别为 z_1 和 z_2（从平均表面到微凸体峰值处），微凸体曲线任意点处的形状函数分别记为 $f_1(r_1)$ 和 $f_2(r_2)$，则干涉量为

$$w' = z_1 + z_2 - h_0 - f_1(r_1) - f_2(r_2) \qquad (1-14)$$

式中，z_1 和 z_2 分别是摩擦副两个表面 S_1 和 S_2 微凸体高度。利用二次逼近方法，计算式 (1-4) 极值点与 r_i 点之差的绝对值，可得曲线任意点处的形状函数 $f_1(r_1)$ 和 $f_2(r_2)$ 的表达式分别为

$$f_1(r_1) = \frac{a_1 a_2^2}{(a_1 + a_2)^2} r^2, \quad f_2(r_2) = \frac{a_2 a_1^2}{(a_1 + a_2)^2} r^2 \qquad (1-15)$$

利用式 (1-7) 对式 (1-15) 进行简化，得

$$f_1(r_1) + f_2(r_2) = \frac{r^2}{2\beta_s} \qquad (1-16)$$

因此，式 (1-14) 简化为

$$w' = z_1 + z_2 - h_0 - \frac{r^2}{2\beta_s} \qquad (1-17)$$

将式 (1-11)、式 (1-13) 和式 (1-17) 联立，则干涉量为

$$w = \left(z_1 + z_2 - h_0 - \frac{r^2}{2\beta_s}\right)\left(1 + \frac{r^2}{\beta_s^2}\right)^{-1/2} \qquad (1-18)$$

将式 (1-12) 和式 (1-18) 代入式 (1-3)，得

$$f = \frac{4}{3} E \beta^{1/2} \left(z_1 + z_2 - h_0 - \frac{r^2}{2\beta_s}\right)^{3/2} \qquad (1-19)$$

上式中摩擦副微凸体弹性接触力被定义为沿着法向方向延伸到接触区域，主要包含两个单元，如图 1-6 所示，分别是法向单元（接触力为 f_n）和切向单元（接触力为 f_t）。令 $z = z_1 + z_2$，表示微凸体高度之和，根据式 (1-11)

和式(1-19),则微凸体法向单元和切向单元的接触力 f_n 和 f_t 可分别表示为

$$f_n = \frac{4}{3}E\beta^{1/2}\left(z - h_0 - \frac{r^2}{2\beta_s}\right)^{3/2}\left(1 + \frac{r^2}{\beta_s^2}\right)^{-1/2} \quad (1-20)$$

$$f_t = \frac{4}{3}E\beta^{1/2}\left(z - h_0 - \frac{r^2}{2\beta_s}\right)^{3/2}\left(1 + \frac{r^2}{\beta_s^2}\right)^{-1/2}\frac{r}{\beta_s} \quad (1-21)$$

1.2.3 法向弹性接触机理

对于摩擦副在结合/分离过程中的轴向振动,变接触力 $dF_n s$ 中所有的法向单元都可以看成是并行的,因此,可以通过数理统计平均值方法进行几何相加,来获得一个摩擦表面对另一个摩擦表面的法向合力。设两个摩擦表平面微凸体高度总和服从 $N(h,\sigma)$ 的高斯分布,即 $z = z_1 + z_2 \sim N(h,\sigma)$。以标准差 σ 作为归一化参数,将全部参数都进行归一化。令

$$s = z/\sigma, \quad h = h_0/\sigma, \quad r = r/\sigma, \quad \beta = \beta(r)/\sigma, \quad \beta_s = \beta_s/\sigma \quad (1-22)$$

摩擦表面微凸体高度总和服从高斯分布,其接触面积范围为 $-\pi \sim +\pi$,则微分面积为 $dA = rdrd\theta = 2\pi rdr$。根据微凸体法向接触力表达式(1-20),可得摩擦副整个表面法向弹性接触力分布函数为

$$F_{ne}(h,\beta_s) = \iint_{\Sigma} 2\pi \cdot f_n \cdot \lambda_1\lambda_2 A_n \cdot \frac{1}{\sqrt{2\pi}\sigma}e^{-\frac{z^2}{2\sigma^2}}rdrdz \quad (1-23)$$

式中,Σ 表示摩擦副整个表面接触区域;λ_1 和 λ_2 分别表示两个接触表面上每单元标称面积的微凸体数量。A_n 是接触标称面积,为几何函数形式,对于环形摩擦接触结构来说,设 R_i 和 R_o 分别表示摩擦片内、外半径,则接触面积表达式为

$$A_n = 2\pi\int_{R_i}^{R_o}RdR = \pi(R_o^2 - R_i^2) \quad (1-24)$$

对于 $\sum$ 表示的接触区域范围,轴向范围为 $h \sim \infty$,周向范围为 $0 \sim \sqrt{2\beta_s(s-h)}$。其中当 $r=0$ 时,表示接触的微凸体峰值法线间距离为 0,当接触的两个表面的微凸体肩部相切时,摩擦副微凸体间轴向距离达到最大,此时 $r = \sqrt{2\beta_s(s-h)}$。将式(1-20)、式(1-22)代入式(1-23),则摩擦副法向弹性接触力表达式转化为

$$F_{ne}(h,\beta_s) = \frac{8\pi E}{3\sqrt{2\pi}}\beta^{\frac{1}{2}}\lambda_1\lambda_2 A_n\sigma^4\int_h^{\infty}\int_0^{\sqrt{2\beta_s(s-h)}}\left(s - h - \frac{r^2}{2\beta_s}\right)^{\frac{3}{2}}\left(1 + \frac{r^2}{\beta_s^2}\right)^{-\frac{1}{2}}re^{-\frac{s^2}{2}}drds$$

$$(1-25)$$

在一般情况下,在摩擦副滑摩过程中,热点分布不论是对称结构还是非对称结构,在标称面积下,摩擦副两个表面(摩擦片和对偶钢片)所产生的热

弹性微凸体数量密度均可视为相同。这样摩擦副表面间的法向弹性接触力为

$$F_{ne}(h,\beta_s) = \frac{8\pi E}{3\sqrt{2\pi}}\beta^{\frac{1}{2}}\lambda^2 A_n \sigma^4 \int_h^\infty \int_0^{\sqrt{2\beta_s(s-h)}} \left(s - h - \frac{r^2}{2\beta_s}\right)^{\frac{3}{2}} \left(1 + \frac{r^2}{\beta_s^2}\right)^{-\frac{1}{2}} re^{-\frac{s^2}{2}} drds$$

(1-26)

令

$$I_{ne}(h,\beta_s) = \int_h^\infty \int_0^{\sqrt{2\beta_s(s-h)}} \left(s - h - \frac{r^2}{2\beta_s}\right)^{\frac{3}{2}} \left(1 + \frac{r^2}{\beta_s^2}\right)^{-\frac{1}{2}} re^{-\frac{s^2}{2}} drds \quad (1-27)$$

则

$$F_{ne}(h,\beta_s) = \frac{8\pi}{3\sqrt{2\pi}} E\beta^{\frac{1}{2}}\lambda^2 A_n \sigma^4 I_{ne}(h,\beta_s) \quad (1-28)$$

在仿真中，模型接触力函数的无量纲平均间隙 h 的取值范围是 $1\sim4$，β 的取值范围是 $100\sim400$。这是为了保证仿真模型处于较小的塑性变化范围内，取值范围是参考 Greenwood 和 Williamson 以及 Greenwood 和 Tripp 所著文献，在该值范围内，热弹性变形仍然在弹性区间里。热弹性变形法向弹性接触力仿真结果如图 1-7 所示。

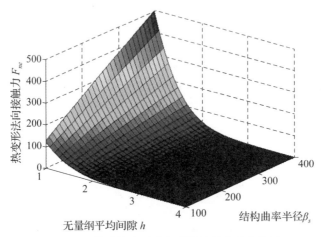

图 1-7 热弹性变形法向弹性接触力仿真结果

由图 1-7 可知，摩擦副法向弹性接触力随热弹性变形结构曲率半径的增大而增大，而随无量纲平均间隙的增大而减小，在初始值 $h=1$ 时为最大，这说明当摩擦副初始间隙 h_0 与热弹性变形微凸体高度标准差 σ 相等时，摩擦副元件之间将产生最大法向弹性接触力与摩擦力矩。如前所述，由于初始间隙与预载荷压力有关，因此在离合器摩擦副结构设计过程中，合理设计预载荷的大小，将关系到摩擦副摩擦功最大效率的使用情况。当 $h=1$ 时的热弹性变形法向弹性接触力如图 1-8（a）所示。由图 1-8（a）可知，法向弹性接触力是

随结构曲率半径的增大而线性增大的，斜率约为 1.27。

当 $\beta_s = 100$ 时的法向弹性接触力与无量纲平均间隙 h 的关系如图 1-8（b）所示。由图 1-8（b）可知，法向弹性接触力随平均间隙的增大而呈指数形式迅速减小。当 $h = 3$ 时，法向弹性接触力已接近 0，即初始间隙是微凸体标准差 3 倍的关系时，此时法向弹性接触力已几乎为 0，这表明此时的摩擦副处于临界分离状态，因此这对离合器和摩擦副的精细化设计起到重要的理论指导意义。

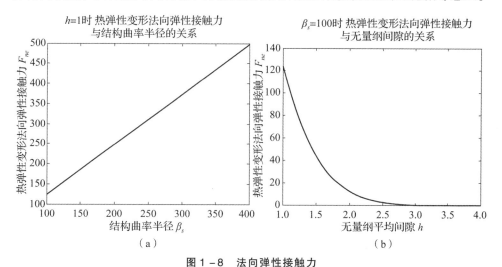

图 1-8 法向弹性接触力

（a）与结构曲率半径的变化关系（$h = 1$）；（b）与平均间隙的变化关系（$\beta_s = 100$）

1.2.4 切向弹性接触机理

根据变化力的相互作用关系，切向单元不能直接进行几何相加，因为它们是接触力在水平面上的投影，且与摩擦副两个表面上热弹性变形微凸体所在的位置和环境息息相关，如图 1-9 所示。图中热弹性变形微凸体分别在两个不同位置（虚线圆圈所示），则切向弹性接触力的大小和方向是不同的。

因此，在分析摩擦副切向弹性接触力时，主要分析 x 轴方向。对 x 轴单元使用统计方法，会使最终值为 0，因为切向弹性接触力在 x 轴单元的正接触斜率与负接触斜率相互抵消了。因此，主要关注图 1-9 所示

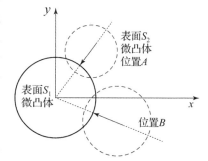

图 1-9 热弹性变形微凸体切向弹性接触力方向

的右边切向弹性接触力在 x 轴单元投影累积影响的计算结果。根据正接触斜率，将切向弹性接触力在 x 轴单元的投影看作"切向力"，并记为 F_t，对微凸体每一侧切向弹性接触力单元进行累积或求和，将会在摩擦副接触表面的每一侧形成一个叠加的切向载荷。切向弹性接触力在 x 轴单元的微分如图 1-10 所示。

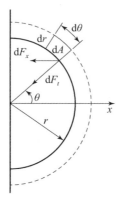

图 1-10 切向弹性接触力在 x 轴单元的微分

利用式（1-21），根据前面参数归一化和取值范围的定义，考虑全部微凸体的影响和微凸体高度总和的高斯分布，其接触面积范围为 $-\pi/2 \sim +\pi/2$，则微分单元面积沿 x 轴方向的切向弹性接触力为 $f_t \cdot dA_x = \int_{-\pi/2}^{\pi/2} f_t \cdot \cos\theta r dr d\theta = 2 f_t r dr$。因此，摩擦副两个表平面 S_1 和 S_2 之间的切向弹性接触力通过换算，可用如下公式表达：

$$F_{te}(h,\beta_s) = \frac{8E}{3\sqrt{2\pi}} \cdot \frac{\beta_s^{1/2}}{\beta_s} \lambda^2 A_n \sigma^4 \int_h^\infty \int_0^{\sqrt{2\beta_s(s-h)}} \left(s - h - \frac{r^2}{2\beta_s}\right)^{\frac{3}{2}} \left(1 + \frac{r^2}{\beta_s^2}\right)^{-\frac{1}{2}} r^2 e^{-\frac{s^2}{2}} dr ds$$

$$(1-29)$$

令

$$I_{te}(h,\beta_s) = \int_h^\infty \int_0^{\sqrt{2\beta_s(s-h)}} \left(s - h - \frac{r^2}{2\beta_s}\right)^{3/2} \left(1 + \frac{r^2}{\beta_s^2}\right)^{-1/2} e^{-s^2/2} r^2 dr ds$$

$$(1-30)$$

则

$$F_{te}(h,\beta_s) = \frac{8}{3\sqrt{2\pi}} \cdot \frac{\beta_s^{1/2}}{\beta_s} E \lambda^2 A_n \sigma^4 I_x(h,\beta_s) \quad (1-31)$$

切向弹性接触力仿真边界条件与法向弹性接触力相同，其仿真结果如图 1-11 所示。

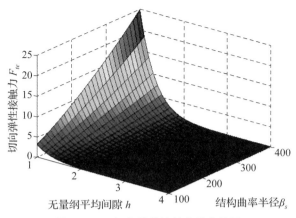

图 1-11 切向弹性接触力仿真结果

由图 1-11 可知,摩擦副切向弹性接触力与法向弹性接触力的仿真结果类似,随无量纲平均间隙的增大而减小。这说明,在材料弹性结构范围内,摩擦副会随着结构曲率半径的逐渐增大,切向弹性接触力产生的摩擦力矩也在增大。在不同无量纲间隙参数下的切向弹性接触力随结构曲率半径的变化关系如图 1-12 所示。

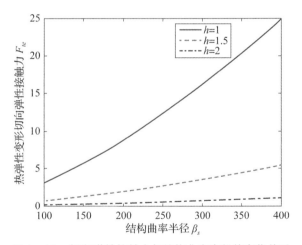

图 1-12 切向弹性接触力与结构曲率半径的变化关系

由图 1-12 可知,切向弹性接触力随结构曲率半径的增大而呈指数形式增大,并且在 $h=1$ 时曲线指数幂最大,经数据拟合分析,指数曲线的底数为 β_s,幂指数约为 1.5。显然切向弹性接触力的增加率大于法向弹性接触力的增加率,但由于起点数值较低,因此在弹性接触范围内,其数值远小于法向弹性接触力,仅是法向弹性接触力的 1/20,所以摩擦功依然以法向弹性接触力做功为主。

1.2.5 粘弹性法向接触机理

由于摩擦副在热弹性变形条件下的轴向振动响应不仅与受迫振动激励力有关，还与摩擦副间隙变化率和相对转速变化率有关，因为间隙变化率决定着法向弹性接触力和振动响应速度的大小，相对转速变化率则与振动响应息息相关，而从前面对纯弹性法向和切向接触机理的分析中可以看出，纯弹性接触力与相对摩滑速度无关，因此，为了全面了解摩擦副振动机理，有必要对粘弹性法向接触机理进行分析。

在摩擦副相对摩滑转动过程中，影响法向粘弹性接触力特性的因素主要有两个：一个是摩擦副间隙的变化率，结合前面的理论分析可知，该间隙变化率可用无量纲参数 $\dot{h}$ 来表示；另一个是相对摩滑速度，根据前面热弹性变形微凸体相互接触作用机理的分析，相对摩滑速度可用参数 $\dot{r}$ 来表示。热弹性变形微凸体两肩部是相互接触的振动模型，其法向粘弹性接触力可表示为

$$F_{nv} = F_{nvh} + F_{nvr} \tag{1-32}$$

式中，F_{nvh} 和 F_{nvr} 分别表示与无量纲参数 $\dot{h}$ 和 $\dot{r}$ 有关的法向粘弹性接触力。在接触摩擦模型研究中，Greenwood 和 Williamson 的前期研究成果被视为最有价值的资料，已经被许多学者用来作为进一步深入研究的基础，并被扩展为许多广义的和特殊的接触摩擦模型，其中 Kelvin–Voigt 模型是在弹性模量的基础上，增加了一个模量损耗影响因子 E_v，从而构建了含有应力和应变关系的粘弹性接触属性，则包含微分算子的模量为

$$E' = E + E_v \frac{\partial}{\partial t} = E\left(1 + \varepsilon_v \frac{\partial}{\partial t}\right) \tag{1-33}$$

式中，ε_v 为粘弹性接触微分算子系数。将上式代入式（1-3），可得由纯弹性力和粘弹性力组成的赫兹接触力：

$$P = \frac{4}{3}\beta(r)^{1/2}Ew^{3/2} + \frac{4}{3}\beta(r)^{1/2}E\varepsilon_v \frac{\partial}{\partial t}w^{3/2} \tag{1-34}$$

对于轴向振动，上式中的微分算子部分即前面论述的法向粘弹性接触力。将式（1-18）代入上式中的粘弹性属性部分，并根据式（1-32）的意义，对参数 h 进行微分计算，并进行归一化和利用数理统计方法进行计算，具体方法与纯弹性接触力的计算方法相同，则与无量纲平均间隙变化率参数有关的法向粘弹性接触力可用如下公式表达：

$$F_{nvh}(h,\beta_s) = -2\sqrt{2\pi}E\beta^{\frac{1}{2}}\lambda^2\sigma^4\varepsilon_v A_{nvh}I_{nvh}\dot{h} \tag{1-35}$$

式中，参数 I_{nvh} 为

$$I_{nvh}(h,\beta_s) = \int_h^\infty \int_0^{\sqrt{2\beta_s(s-h)}} \left(s - h - \frac{r^2}{2\beta_s}\right)^{\frac{1}{2}} \left(1 + \frac{r^2}{\beta_s^2}\right)^{-\frac{1}{2}} re^{-\frac{s^2}{2}} drds \quad (1-36)$$

式（1-35）中 A_{nvh} 为与无量纲平均间隙参数 h 相关的法向粘弹性接触面积。

$$A_{nvh} = 2\pi \int_{R_i}^{R_o} R^2 dR = \frac{2}{3}\pi(R_o^3 - R_i^3) \quad (1-37)$$

与法向速度（无量纲平均间隙）有关的法向粘弹性接触力仿真曲线如图 1-13 所示。

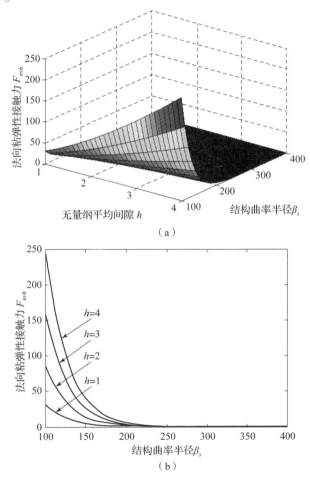

图 1-13 在轴向结合/分离速度 $v=30$ m/s 时的法向粘弹性接触力仿真曲线

(a) 三维特性曲线；(b) 不同无量纲平均间隙参数

由以上两图可知，在 $h=4$，$\beta_s=100$ 时法向粘弹性接触力最大，且方向与离合器摩擦副运动方向相反。在结合/分离速度不变时，法向粘弹性接触力随

无量纲平均间隙 h 的增大而增大，随结构曲率半径 β_s 的增大而减小，直至为 0。

在不同结合/分离速度下的法向粘弹性接触力如图 1-14 所示。由图 1-14 (a) 可知，在结构曲率半径不变的情况下，法向粘弹性接触力数值随着无量纲平均间隙的增大而增大，且在不同摩滑速度下，法向粘弹性接触力绝对值随摩擦副轴向运动速度的增加而增大，方向则与压板轴向加压速度方向相反。由图 1-14 (b) 可知，在无量纲平均间隙为 4 时，法向粘弹性接触力数值随结构曲率半径的增大而迅速减小，在结构曲率半径约为 250 时法向粘弹性接触力接近 0。在不同结合/分离速度下，法向粘弹性接触力随摩擦副轴向结合/分离速度的增加而增大。图 1-14 说明，在摩擦副的间隙和热弹性变形结构曲率半径确定之后，其结合/分离速度越快，则获得的法向粘弹性接触力数值越大，方向则与摩擦副运动速度方向相反。

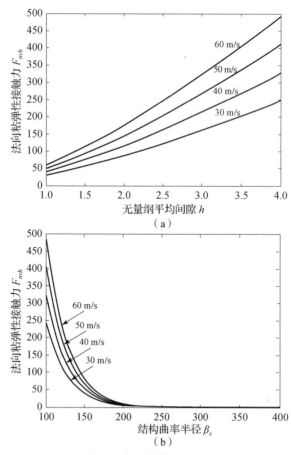

图 1-14 在不同结合/分离速度下的法向粘弹性接触力
(a) $\beta_s = 100$ 时；(b) $h = 4$ 时

同理，将式（1-18）代入式（1-34）中的粘弹性属性部分，并根据式（1-32）的意义，对参数 r 进行微分计算，并进行归一化和利用数理统计方法进行计算，具体方法与纯弹性接触力的计算方法相同，则与摩滑线速度有关的法向粘弹性接触力计算公式可表达为

$$F_{nvr}(h,\beta_s) = -2\sqrt{2\pi}E\beta^{\frac{1}{2}}\lambda^2\sigma^4\varepsilon_v A_{nvr}I_{nvr}\dot{r} = -2\sqrt{2\pi}E\beta^{\frac{1}{2}}\lambda^2\sigma^3\varepsilon_v A_{nvr}I_{nvr}\Delta\dot{\phi}$$
（1-38）

式中，$\sigma\dot{r} = R(\dot{\phi}_1 - \dot{\phi}_2) = \Delta\dot{\theta}$，$\Delta\dot{\theta}$ 为摩擦片与对偶钢片的线速度差，参数 I_{nvr} 为

$$I_{nvr}(h,\beta_s) = \int_h^\infty \int_0^{\sqrt{2\beta_s(s-h)}} \frac{\left(s-h-\frac{r^2}{2\beta_s}\right)^{\frac{1}{2}}\left(1+\frac{s-h}{\beta_s}+\frac{r^2}{\beta_s^2}\right)}{1+\frac{r^2}{\beta_s^2}} \frac{r^2}{\beta_s} e^{-\frac{s^2}{2}} drds$$
（1-39）

式（1-38）中 A_{nvr} 为与相对角速度变化率参数 $\dot{r}$ 相关的法向粘弹性接触面积。

$$A_{nvr} = 2\pi\int_{R_i}^{R_o} \frac{3}{2}R^2 dR = \pi(R_o^3 - R_i^3)$$
（1-40）

经前面公式的推导与计算，摩滑线速度为 70 m/s 时的法向粘弹性接触力仿真结果如图 1-15 所示。

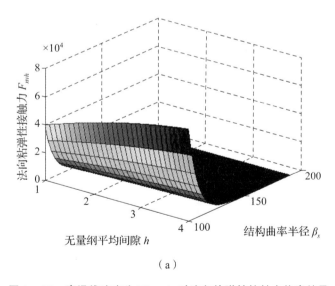

(a)

图 1-15　摩滑线速度为 70 m/s 时法向粘弹性接触力仿真结果

(a) 三维特性曲线

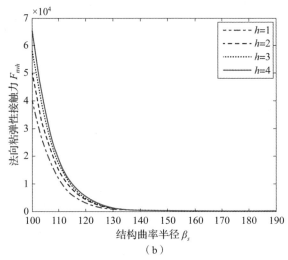

图 1-15　摩滑线速度为 70 m/s 时法向粘弹性接触力仿真结果（续）
(b) 不同无量纲平均间隙参数

由图 1-15 可以看出，法向粘弹性接触力随结构曲率半径的增大而迅速减小，当结构曲率半径接近 140 时，法向粘弹性接触力无限趋于 0。这说明只有较低的结构曲率才对法向粘弹性接触力有影响。同时从图 1-15（b）中可以看到，在不同的无量纲平均间隙下，法向粘弹性接触力略有不同，随无量纲平均间隙的增大而增大，但几乎都在结构曲率半径为 140 附近趋于 0。在不同线速度下的法向粘弹性接触力特性如图 1-16 所示。

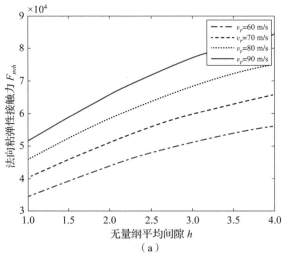

图 1-16　不同线速度下的法向粘弹性接触力特性
(a) $\beta_s = 100$

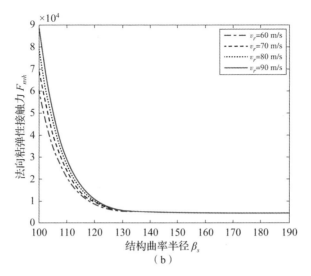

图 1-16 不同线速度下的法向粘弹性接触力特性（续）

(b) $h=4$

从图 1-16 可以看出，法向粘弹性接触力不仅随无量纲平均间隙的增大而快速增大，还随摩滑线速度的增大而增大。摩擦副在结合/分离时，在大间隙和低结构曲率热弹性变形条件下，提高相对摩滑线速度可增加摩擦滑动法向粘弹性接触力。

1.2.6 预载荷特性

当对偶钢片在压板的轴向作用力下，开始接触以固定角速度旋转的摩擦片摩滑时，摩擦副刚好处于动平衡状态，此时预载荷在法向弹性接触力的反作用下处于力平衡状态，其计算方法同法向弹性接触力，因此其表达式可以写为

$$F_p(h_0,\beta) = \frac{8\pi}{3\sqrt{2\pi}} E\beta^{\frac{1}{2}} \lambda^2 A_n \sigma^4 I_{nc}(h_0,\beta) \tag{1-41}$$

式中，

$$I_{nc}(h_0,\beta) = \int_{h_0}^{\infty} \int_0^{\sqrt{2\beta(s-h_0)}} \left(s - h_0 - \frac{r^2}{2\beta}\right)^{\frac{3}{2}} \left(1 + \frac{r^2}{\beta^2}\right)^{-\frac{1}{2}} re^{-\frac{s^2}{2}} drds$$

不同初始间隙下的预载荷法向力随结构曲率半径的变化曲线如图 1-17 所示。从图中可知，预载荷法向力随结构曲率半径的增大而呈线性增加，在结构曲率半径一定的条件下，初始间隙越小，预载荷法向力越大。在初始间隙 h_0 为 1 时，预载荷法向力达到最大值。

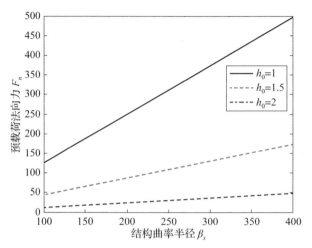

图 1-17 预载荷法向力随结构曲率半径的变化曲线

在不同结构曲率半径下的预载荷法向力随初始间隙的变化曲线如图 1-18 所示。从图中可以看出，预载荷法向力和结构曲率半径决定着初始间隙的大小。当预载荷法向力和结构曲率半径均为确定值时，其初始间隙也为一确定值，这为离合器结构优化设计提供了可靠的理论依据。

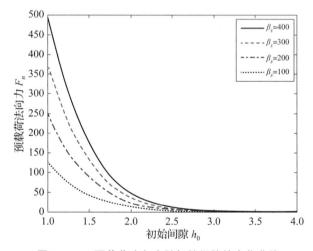

图 1-18 预载荷法向力随初始间隙的变化曲线

1.2.7 轴向振动数学模型及振动特性仿真研究

式（1-28）和式（1-32）将摩擦副的宏观参数、微观参数和物理参数，如预载荷和弹性模量等参数，联系到一起。对于一个确定的摩擦片和对偶钢片材料，从前面的推导和仿真结果可知，轴向振动特性包含法向弹性接触力特性、法向粘弹性接触力特性和预载荷特性,并且摩擦副在相对摩滑过程中,输入转速必须满足两个摩擦片间特定间隙的要求,而转速和间隙的关系是通过表面宏观、微观和物理参数来确定的。当然,间隙也受到材料和表面参数的影响。

根据前面推导的公式,将各相关参数仿真结果代入动力学公式式(1-2)中,即摩擦副在热弹性变形条件下的摩滑过程非线性轴向振动微分方程,它是由单自由度、变参数的非线性二阶微分方程组成的。在国际单位制下,微分方程中各物理量之间的数量级相差很大,如刚度系数的数量级为 $10^7 \sim 10^9$,阻力系数的数量级为 $10^2 \sim 10^4$,而振动响应位移的数量级则为 mm 级,这为方程的求解带来很大困难,因此一般要对这类微分方程进行归一化处理。此外,由于强非线性微分方程一般都要用数值方法求解,在进行数值求解时,如果同一方程中各量的数量级相差很大,则误差控制值和步长值难以选择。因此,在对振动特性进行仿真时,依然采用前文所述的归一化方法对振动方程进行求解计算。将法向弹性接触特性、法向粘弹性接触特性(包含摩擦副间隙变化率和摩滑速率相关的两种接触特性)、预载荷特性代入式(1-2),则摩擦片振动方程转换为

$$\ddot{x} + 2\xi\omega_0\dot{x} + \omega_0^2 x = f_p - f_{ne} - f_{nvh} - f_{nvr} \qquad (1-42)$$

式中,ω_0 为圆频率,ξ 为阻尼比,f 为归一化后的接触力或预载荷。

为了能够使上式仿真结果与试验测试结果对比时具有可行性,对式(1-42)的仿真模型边界条件做了几个假设,对动力学模型进行了简化,进而推导出计算公式并求解。这些边界条件如下。

为了保证建立的模型与试验测试条件的一致性,在对对偶钢片施加轴向预载荷之后,对偶钢片与外毂不能一起绕中心线进行旋转,仅能在法向方向上进行微位移振动。在摩擦副滑摩过程中,摩擦片沿着轴向可以自由移动(预载荷加压后,仅能进行轴向微位移振动),并可以随内毂绕轴进行自由旋转。

对模型接触的热弹性变形微凸体结构进行二次曲线假设,并考虑两个微凸体接触处在不同位置时的法向、切向接触力,即当 $0 \le r \le \sqrt{2\beta(s-h)}$ 时,接触力处于 0 和最大值之间。

热弹性变形微凸体两个接触面的法向弹性接触单元可以如代数一样进行增加,这样整个摩擦表面将会得到一个综合响应特征。

仅考虑正接触斜率,将微观切向力在 x 轴大于 0 的单元投影看作"切向力",然后利用数理统计分析法,对微凸体每一侧切向力单元进行累积或求和,这样在摩擦副接触表面的每一侧形成一个叠加的切向载荷,将此载荷视为宏观切向力。

由于讨论的内容是高线速摩滑过程中摩擦副热弹性变形引起的轴向振动机理,而未考虑出现不可逆转或疲劳失效条件下的塑性变形情况,即模型中两个

表面接触速度均为 $\dot{h} > 0$。

为了保证仿真模型处于较低的塑性变化范围内，模型接触特性函数的无量纲平均间隙 h 的取值范围是 $1\sim4$，β 的取值范围是从 $100\sim400$。

对式（1-42）在摩擦副一次结合过程中，采用龙格库塔法，进行摩擦片振动位移数值仿真求解计算，在 $h=1$，$\beta=100$ 时的仿真结果及相平面图如图 1-19 所示。

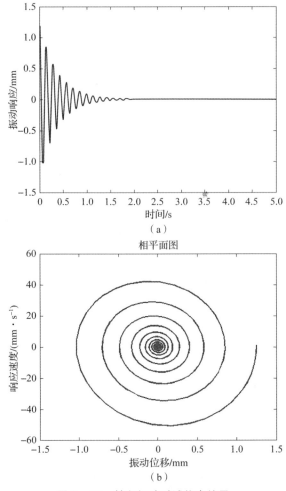

图 1-19　轴向振动时域仿真结果
(a) 时域仿真曲线；(b) 相平面图

从上图所示的仿真结果可看出，在受迫力作用下，摩擦副进行往复振荡振动，并在阻尼作用下，系统逐渐趋于稳定，系统收敛于初始原点。对时域振动数值仿真结果进行频域转换并分析，其幅频特性曲线如图 1-20 所示。

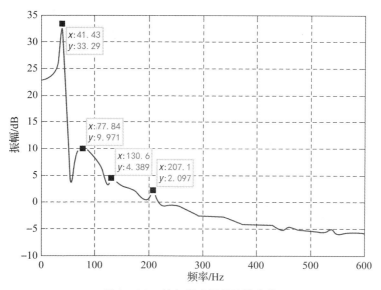

图1-20 轴向振动幅频特性曲线

从上图可以看出，摩擦副在结合摩滑过程中，振动能量主要集中在共振的前两阶，即100 Hz以内，前两阶共振能量占总能量的87%，其最大振动幅值发生在41.43 Hz位置处，此时幅频特性为33.29 dB，当频率为77.84 Hz、130.6 Hz和207.1 Hz时，会产生谐振现象，第2阶频率是第1阶频率的1.88倍，第3阶频率是第1阶频率的3.15倍，第4阶频率是第1阶频率的5倍。对仿真曲线做伯德图分析，结果如图1-21所示。

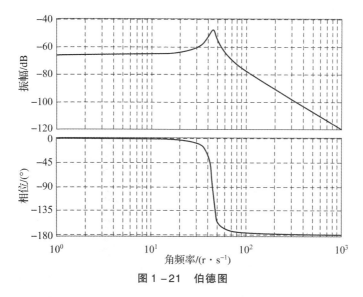

图1-21 伯德图

从上图中可以看到，主振峰值为 40~50 Hz，在低频范围内，幅值基本保持为一个恒值，相位基本为 0°；在高频范围内，每增加一个 10 倍频程，幅值下降约 42 dB，相位基本保持在 -180°附近。

第3节 结构曲率半径对振动特性的影响研究

从前面的分析中，可以看出结构曲率半径的变化与法向接触特性、切向接触特性、粘弹性接触及预载荷特性都息息相关，而这些特性最终又会影响轴向振动特性，因此，结构曲率半径是影响振动特性的不可或缺的重要因素。根据前面的仿真边界条件，结构曲率半径的取值范围为 100~400，取间隙 $h=1$，则结构曲率半径各值对系统振动特性的影响仿真结果如图 1-22~图 1-28 所示。

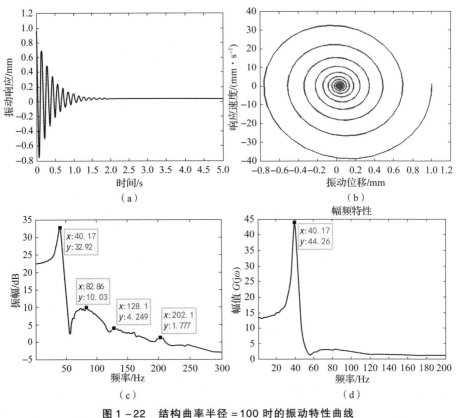

图 1-22 结构曲率半径 =100 时的振动特性曲线
(a) 时域仿真；(b) 相平面图；(c) 幅频特性分贝图；(d) 幅频特性

第1章 基于 Stribeck 效应的离合器摩擦副轴向振动特性研究

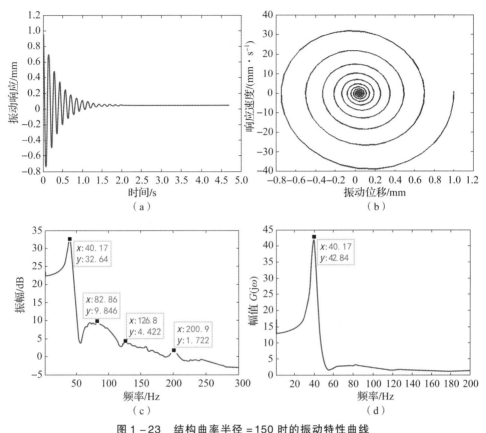

图 1-23 结构曲率半径 =150 时的振动特性曲线

（a）时域仿真；（b）相平面图；（c）幅频特性分贝图；（d）幅频特性

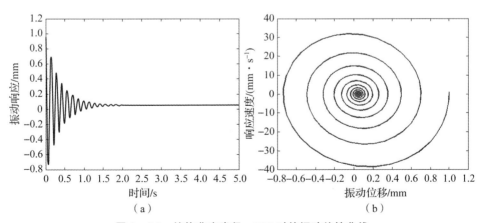

图 1-24 结构曲率半径 =200 时的振动特性曲线

（a）时域仿真；（b）相平面图

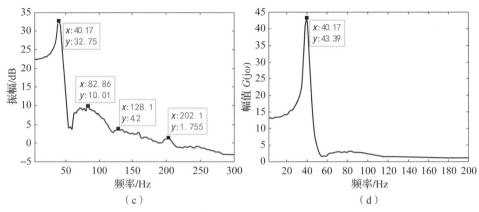

图 1-24 结构曲率半径 =200 时的振动特性曲线 （续）
(c) 幅频特性分贝图；(d) 幅频特性

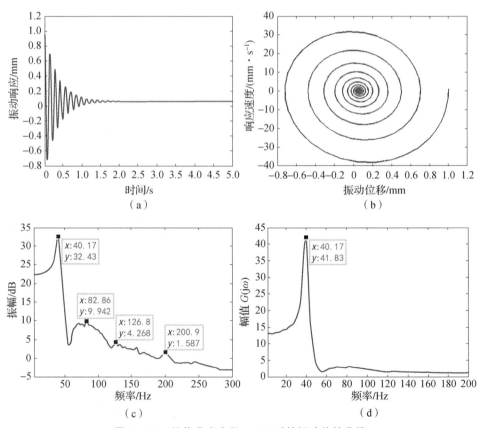

图 1-25 结构曲率半径 =250 时的振动特性曲线
(a) 时域仿真；(b) 相平面图；(c) 幅频特性分贝图；(d) 幅频特性

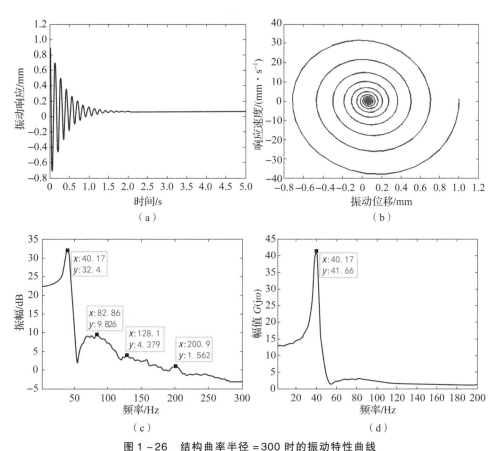

图 1-26 结构曲率半径 =300 时的振动特性曲线
(a) 时域仿真；(b) 相平面图；(c) 幅频特性分贝图；(d) 幅频特性

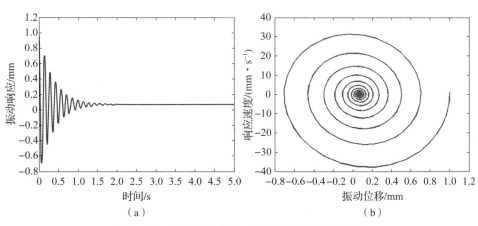

图 1-27 结构曲率半径 =350 时的振动特性曲线
(a) 时域仿真；(b) 相平面图

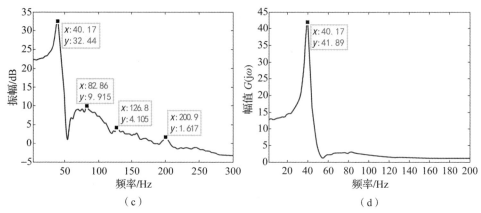

图1-27 结构曲率半径=350时的振动特性曲线（续）
(c) 幅频特性分贝图；(d) 幅频特性

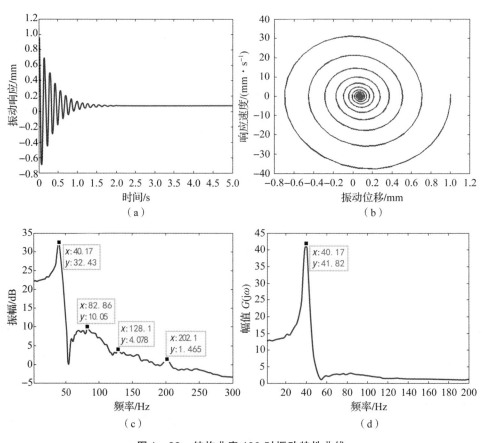

图1-28 结构曲率400时振动特性曲线
(a) 时域仿真；(b) 相平面图；(c) 幅频特性分贝图；(d) 幅频特性

从以上仿真特性可以看出，不论结构曲率半径的大小，其最大共振频率均保持不变，为 40.17 Hz，倍频程倍数仅发生微小变化，大致为 2.06，3.19 和 5。对不同无量纲结构曲率半径值，其幅频特性幅值随着结构曲率半径的增大而逐渐减小，对仿真采样值进行 2 次曲线拟合（图 1 - 29），方程如下：

$$y = 7.52 \times 10^{-6} x^2 - 0.005\,3x + 33.36 \qquad (1-43)$$

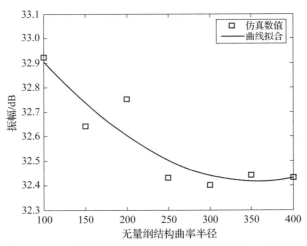

图 1 - 29　振动特性随结构曲率半径的变化情况（2 次曲线）

拟合数值（dB）与仿真值最大误差率为 0.47%。从拟合曲线可以看到，当结构曲率半径为 250 ~ 400 时，曲线斜率绝对值较为平缓，为 0.001 2 ~ 0.000 29，此时摩擦副具有较低的平面度，摩擦副在摩滑过程中能使振动响应保持在较小范围内；当结构曲率半径为 100 ~ 200 时，曲线斜率相对较大，为 0.002 7 ~ 0.003 5，此时摩擦副平面度较高，在摩滑过程中会使振动响应产生较大的变化。

第 4 节　摩擦系数对振动特性的影响研究

当研究对象为热弹性变形下的摩擦副接触作用关系及摩擦振动机理时，摩擦系数是表征摩擦副特征的重要参数，因此摩擦系数随摩擦表面热弹性变形结构特征的变化关系显得极为重要。根据前面所述内容及推导的切向和法向接触作用关系表达式，经换算，摩擦系数可表示为

$$\mu = \frac{I_{te}(h,\beta)}{\pi \beta I_{ne}(h,\beta)} \qquad (1-44)$$

式中，$I_{ne}(h,\beta)$ 和 $I_{te}(h,\beta)$ 可分别通过式（1-27）和式（1-30）求得。摩擦系数与无量纲平均间隙和结构曲率半径变化关系的仿真结果如图 1-30 所示。

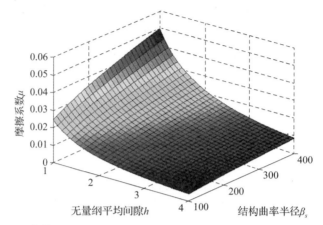

图 1-30　摩擦系数与无量纲平均间隙与结构曲率半径变化关系的仿真结果

从上图所示的仿真结果可知，摩擦系数显然是随着无量纲平均间隙和热变形结构曲率半径的变化而变化的，为动摩擦系数。当平均间隙 h 为 1 时摩擦系数最大，且随平均间隙的增大而减小，而随结构曲率半径的增大而增大。这说明摩擦副初始间隙与热弹性变形量决定着动摩擦系数的大小，并且摩擦副在磨合一段时间后，随热弹性变形量的增大动摩擦系数会增大。此外，摩擦系数的增加速率是随平均间隙的增大而减小的，其增加速率在平均间隙 $h=1$ 时最大，是平均间隙 $h=4$ 时增加速率的 5 倍，不同平均间隙下的摩擦系数增加速率如图 1-31（b）所示。

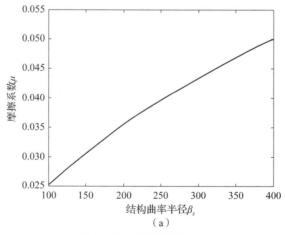

图 1-31　摩擦系数曲线
（a）$h=1$ 时的摩擦系数与结构曲率半径

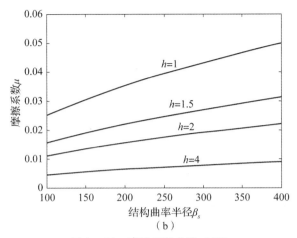

图 1-31 摩擦系数曲线（续）

（b）不同平均间隙参数下的摩擦系数

在结构曲率半径 $\beta_s = 100$ 和 400 时摩擦系数随平均间隙的变化关系如图 1-32 所示。

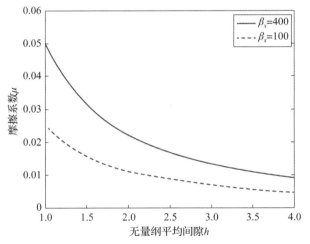

图 1-32 摩擦系数随平均间隙的变化关系

从上图可知，摩擦系数随平均间隙的增大而呈衰减趋势，且结构曲率半径大的摩擦系数衰减率高，在无量纲平均间隙为 1~4 时，$\beta_s = 400$ 时的摩擦系数衰减率约为 $\beta_s = 100$ 时的 2 倍。

针对不同摩擦系数的变化情况，在平均间隙 $h = 1$，$\beta_s = 100$ 条件下，将摩擦系数各值代入振动微分方程，可得摩擦系数对振动特性的影响，结果如图 1-33~图 1-36 所示。

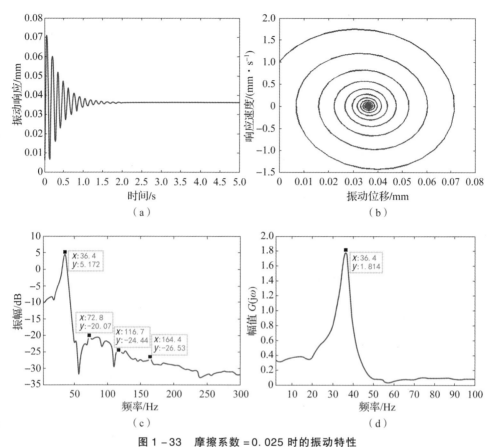

图 1-33　摩擦系数 = 0.025 时的振动特性

(a) 时域仿真；(b) 相平面图；(c) 幅频特性分贝图；(d) 幅频特性

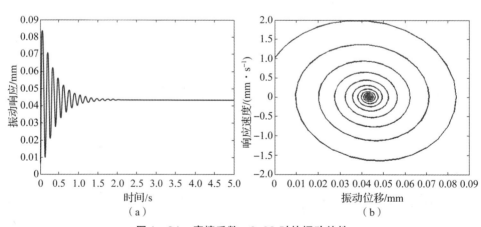

图 1-34　摩擦系数 = 0.03 时的振动特性

(a) 时域仿真；(b) 相平面图

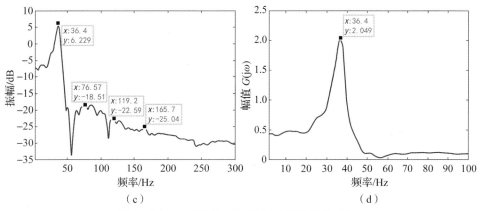

图1-34 摩擦系数=0.03时的振动特性（续）
(c) 幅频特性分贝图；(d) 幅频特性

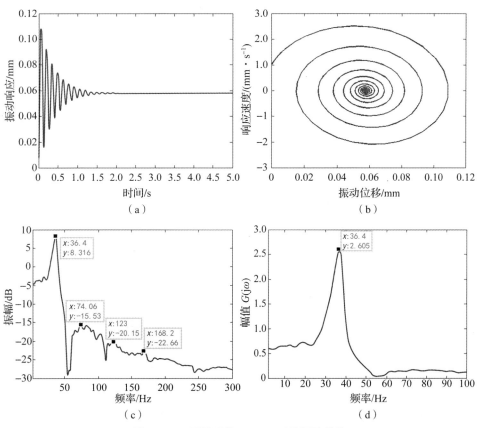

图1-35 摩擦系数=0.04时的振动特性
(a) 时域仿真；(b) 相平面图；(c) 幅频特性分贝图；(d) 幅频特性

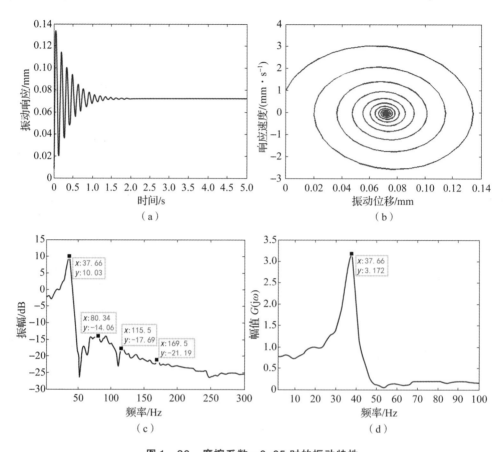

图1-36 摩擦系数=0.05时的振动特性
(a) 时域仿真；(b) 相平面图；(c) 幅频特性分贝图；(d) 幅频特性

从上面几个时域响应和相平面图中可以看出，摩擦系数从0.025，0.03，0.04变化到0.05时，振动响应是逐渐增大的，但随着时间进程从振荡过程逐渐收敛，最终稳定在某个数值。随着摩擦系数的变化，摩擦副摩滑过程中的主共振频率几乎相同，均为36.4 Hz，只有当摩擦系数为0.05时，频率为37.66 Hz，变化率为3.46%，而其最大的振动幅值却随摩擦系数的逐渐增大而增加，但倍频数基本相同，具体数值见表1-1。

从表1-1可知，2阶谐振倍频数最大差值为0.13，3阶谐振倍频数最大差值为0.3，4阶谐振倍频数最大差值为0.12。将不同摩擦系数下的倍频数用曲线表示，如图1-37所示。由图1-37可见，仅在第3阶的时候，倍频数差值为最大。

表1-1 倍频数随摩擦系数的变化关系

摩擦系数					
	0.025	频率/Hz	36.4	72.8	116.7	164.4
		倍频数	—	2	3.2	4.52
	0.03	频率/Hz	36.4	76.57	119.2	165.7
		倍频数	—	2.1	3.27	4.55
	0.04	频率/Hz	36.4	74.06	123	168.2
		倍频数	—	2.03	3.37	4.62
	0.05	频率/Hz	37.66	80.34	115.5	169.5
		倍频数	—	2.13	3.07	4.5

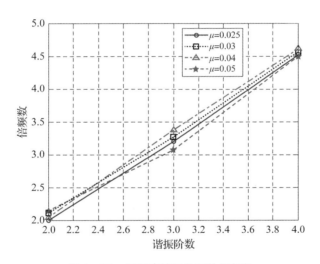

图1-37 不同摩擦系数下的倍频数

对1阶主振幅值进行3次多项式曲线拟合,可得摩擦系数变化对摩擦副摩滑过程的振动特性影响的曲线方程为

$$y = 1\,245.6x^3 + 11.09x^2 + 48.59x + 0.55 \quad (1-45)$$

式中,x表示摩擦系数,y表示摩滑过程幅频特性响应值($|G(j\omega)|$),其拟合值与仿真值最大误差为0.0187($|G(j\omega)|$),则摩擦系数变化对振动特性的影响曲线如图1-38所示。

从图1-38可见,曲线近似为一条直线,则其线性拟合方程为

$$y = 54.23x + 0.4468 \quad (1-46)$$

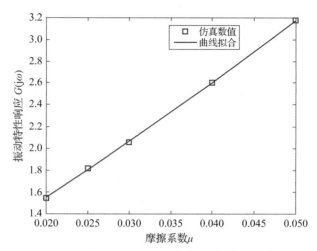

图 1-38　振动特性随摩擦系数变化情况（3 次曲线拟合）

经计算，上式与仿真采样值最大误差为 0.034 1（$|G(j\omega)|$），其线性拟合曲线如图 1-39 所示。

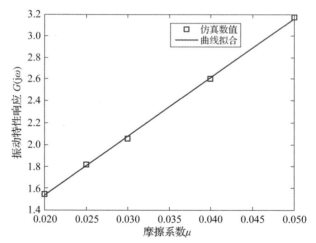

图 1-39　振动特性随摩擦系数变化情况（线性拟合）

小结：摩擦副在摩滑过程中，振动特性会随摩擦系数的变化而变化，但摩擦与制动系统的共振频率几乎相同，均为 36.4 Hz，只有当摩擦系数为 0.05 时，频率为 37.66 Hz，变化率为 3.46%。不同摩擦系数下的倍频数也几乎相同。而随着摩擦系数的变化，在摩滑过程中的振动特性响应则会发生较大的变化，其变化特征是以 54.23 为斜率的线性变化，该直线与仿真值最大误差为 0.034 1（$|G(j\omega)|$），而与 3 次曲线拟合的差值为 0.018 7。

第 5 节　振动试验测试及振动特性分析

振动特性试验测试及振动特性分析方案如图 1-40 所示。试验测试主要分为 5 个部分：首先，依据制定好的试验测试大纲进行工装准备，包括被试件及相关设备的各种机械加工和安装，传感器的标定、调试、布线，数据采集设备的调试等；其次，按照大纲要求，进行不同工况的试验测试，包括不同转速、不同润滑流量及不同压力下的摩擦副结合/分离过程轴向振动、温度、扭矩、转速等测试；再次，利用各种技术手段对获得数据进行处理，包括消除零漂、进行高频滤波、加窗（函数）、计算圆频率向量、计算二次积分、进行系数转换、消除多余频带成分、进行 FFT 逆变换、获取实部等；又次，对获得的时域振动信号进行振动特性分析，包括相位图分析、幅频特性、倍频分析等；最后，对获得的结果与前面所述的仿真结果进行模型精度验证，并提出有效的振动控制方法。

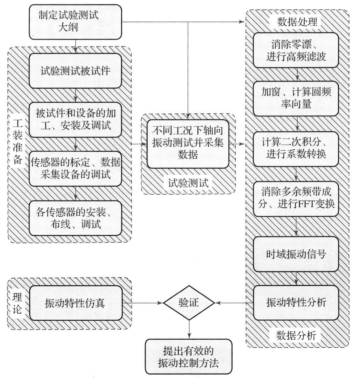

图 1-40　振动特性试验测试及振动特性分析方案

1.5.1 振动特性测试设备及工装准备

试验测试是在北京建筑大学和中国北方车辆研究所车辆传动重点实验室离合器实验台上进行的,试验内容为对某型车辆综合传动装置 405 湿式离合器摩擦片进行不同工况下的结合/分离摩滑过程中的轴向振动测试。实验台动力端及加载端为电动机控制单元,最大功率为 315 kW。实验台左端为轴向加压载荷端,与离合器外毂(对偶钢片)转速同步,右端为旋转动力端,最高可实现 4 000 r/min 的转速,与内毂(摩擦片)转速保持同步。实验台布置如图 1-41 所示。

图 1-41 实验台布置

考虑到传感器采集及布线问题,实验台布置采用左侧为轴向加压动力端,右端为摩擦片旋转动力端的方式。加速度和热电偶温度传感器安装在最左侧对偶钢片外侧(图 1-42),并通过压板孔和实验台预留孔将数据连接线引出,与数据采集设备(图 1-43)相连。进行试验测试时,首先对旋转动力端按试验测试大纲步骤进行加载,之后轴向加压端按一定的压力轴向进给,直到摩擦副完全结合,测试在结合过程中的轴向振动特性。分离过程的振动测试同上,至此完成一次工况测试。

图 1-42 加速度和热电偶传感器安装布置示意

图 1-43　数据采集设备

1.5.2　振动测试工况

在试验测试中，每个摩擦副分离间隙为 0.5 mm，加速度传感器采样频率为 1 000 Hz，热电偶温度传感器采样频率为 1 Hz，内毂带动摩擦片转速从 800 r/min 开始结合振动测试，每次增加 200 r/min，直到 3 000 r/min，之后每次增加 100 r/min，直到 3 400 r/min，满足线速度 70 m/s 的考核指标（按照摩擦片结构尺寸，转速为 3 300 r/min 时的摩擦片线速度为 70 m/s）。润滑油流量从初始的 6 L/min，随着转速的增加而变化，当转速为 1 400 r/min 时，润滑油流量变为 7.2 L/min，当转速为 3 000 r/min 时，润滑油流量变为 8.7 L/min。

1.5.3　试验测试数据

试验测试结果经数据处理（清除零漂、进行高频滤波、进行系数转换等），在转速为 3 000 r/min 时的部分测试数据见表 1-2 和表 1-3（灵敏度为 420 mV/g，频率响应为 1 000 Hz，精度为 ±0.25% FS），摩擦副连续两次结合/分离过程的加速度和温度测试曲线如图 1-44 所示。

1.5.4　振动过程数据详解

为了便于分析判断摩擦副在结合/分离过程中的变化情况，对一次振动的详细过程进行分解，结果如图 1-45 所示。

从上图可以看出，在整个摩擦副结合/分离过程中，轴向振动分为以下 6 个过程。

（1）摩擦副初始未结合：由于摩擦副带排空转，在 6 L/min 的润滑油冲击振动和动力端电动机传递动力的影响下，摩擦副会有小幅振动现象，且温度基本平稳。

表1-2 加速度振动测试部分试验测试数据

时间/s	102.629	102.630	102.631	102.632	102.633	102.634	102.635	102.636	102.637	102.638	102.639
加速度/(m·s⁻²)	0.2781	1.3909	-0.3256	-0.9729	1.2745	2.4673	-0.3401	-2.2457	0.1108	1.6236	0.3726
时间/s	102.640	102.641	102.642	102.643	102.644	102.645	102.646	102.647	102.649	102.650	102.651
加速度/(m·s⁻²)	-0.6965	0.6636	1.8782	-0.5074	-1.4020	0.4963	-0.0783	-0.8784	1.2381	-0.1292	-1.7439
时间/s	102.652	102.653	102.654	102.655	102.656	102.657	102.658	102.659	102.660	102.661	102.662
加速度/(cm·s⁻²)	0.7217	2.7364	-0.1583	-1.6202	1.6600	3.1219	-0.4638	-2.5221	0.3654	2.0964	-0.3256

表1-3 温度测试部分试验测试数据

时间/s	104	105	106	107	108	109	110	111	112	113	114
温度/℃	84.689	86.1265	90.3765	95.2515	98.0015	99.5015	100.251	100.564	100.564	100.376	99.939
时间/s	115	116	117	118	119	120	121	122	123	124	125
温度/℃	99.5015	99.064	98.439	97.689	97.0015	96.2515	95.6265	95.064	94.6265	94.0015	93.564
时间/s	126	127	128	129	130	131	132	133	134	135	136
温度/℃	93.064	92.6265	92.189	91.7515	91.314	91.0015	90.689	90.2515	90.0015	89.689	89.2515

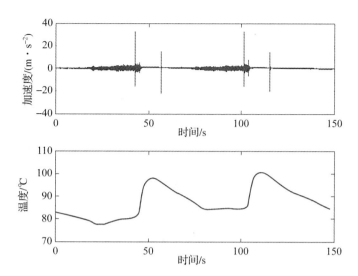

图 1-44 摩擦副连续两次结合/分离过程的加速度与温度测试曲线

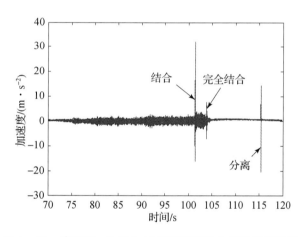

图 1-45 摩擦副一次结合/分离过程的轴向振动数据详解

（2）摩擦副开始结合：振动加速度幅值瞬间增大，表明此时摩擦副在高转速内毂和轴向压板加压的作用下开始结合，而温度曲线出现了明显拐点，并以 5.562 5 的斜率开始快速增加。

（3）摩滑：此时加速度幅值回落为正常数值，但明显大于结合之前的数值，即摩擦副在完全结合之前，由于热弹性变形作用，在高转速和轴向压板加压的作用下产生了轴向振动现象，而摩擦副温度此时达到了整个结合过程中的最大值，不再继续升高，而是出现了一个拐点。

(4) 摩擦副完全结合：此时振动加速度幅值瞬间增大，但幅值远小于摩擦副结合时产生的瞬间增大值，此时温度值开始从拐点下降。

(5) 摩擦副停转：此时摩擦副在摩擦力的作用下已基本处于停止转动状态，只是在润滑油冲击和实验台其他动力等的干扰作用下，出现小幅振动现象，此时温度开始缓慢下降，温度曲线斜率为 -0.56。

(6) 分离：此时加速度幅值瞬间增大，表明摩擦副已完全分离，此时温度继续下降，温度曲线斜率基本保持不变，直到下一个结合过程开始。

1.5.5 振动特性

对获得的轴向加速度数据进行二次积分、频域转换、相位转换、建立圆频率向量、以及 FFT 逆变换等数据处理方法，将数据转换为振动位移时域变化曲线，其结果如图 1-46 所示。

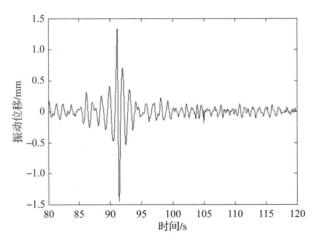

图 1-46 轴向时域振动信号

从上图中可以看出，振幅在 ±1.5 mm 之间，对曲线进行幅频特性分析，结果如图 1-47 所示，从图中可知，振动能量基本集中在前两阶共振频率内，最大振幅发生在 46.46 Hz 处，经功率谱 PSD 分析，其前两阶共振能量占总能量的 87%，且第 2 阶频率是第 1 阶频率的 1.89 倍，第 3 阶频率是第 1 阶频率的 3.11 倍，第 4 阶频率是第 1 阶频率的 5.1 倍。

摩擦副转速为 3 100 r/min 时的轴向振动测试结果如图 1-48 所示。图 1-48 所示为摩擦副 5 次结合/分离过程的加速度和温度曲线。振动的详细过程与前面所述类似，如图 1-49 所示。

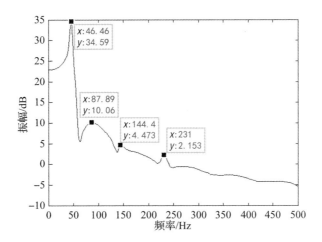

图 1-47　幅频特性分贝图（3 000 r/min）

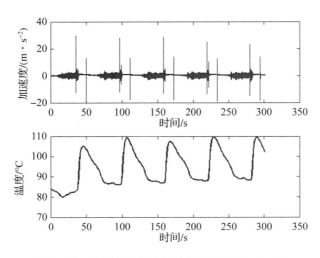

图 1-48　加速度和温度测试曲线（3 100 r/min）

从图 1-49 中可以看出，时域和频域特性与摩擦副转速为 3 000 r/min 时的特性类似，振幅在 ±1.5 mm 之间，振动能量基本集中在前两阶共振频率内，经功率谱 PSD 分析，前两阶能量占总能量的 86.22%，最大振幅频率与摩擦副转速为 3 000 r/min 时相比略有降低，为 38.92 Hz，幅值为 32.1 dB。对于倍频数，第 2 阶频率是第 1 阶频率的 1.9 倍，第 3 阶频率是第 1 阶频率的 3.16 倍，第 4 阶频率是第 1 阶频率的 5.03 倍。摩擦副转速为 3 200 r/min 时，5 次结合/分离过程的轴向振动测试结果如图 1-50、图 1-51 所示。

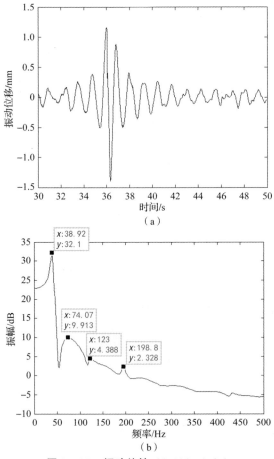

图 1-49 振动特性（3 100 r/min）

（a）时域振动曲线；（b）幅频特性曲线

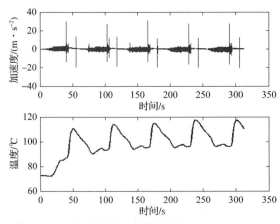

图 1-50 加速度和温度测试曲线（3 200 r/min）

第 1 章 基于 Stribeck 效应的离合器摩擦副轴向振动特性研究

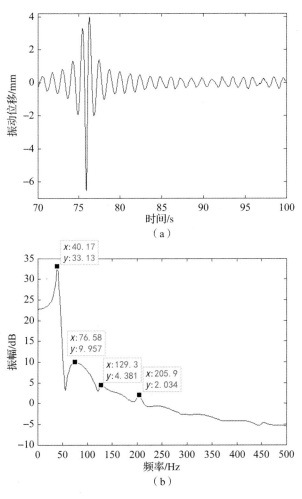

图 1-51 振动特性（3 200 r/min）
（a）时域振动曲线；（b）幅频特性曲线

摩擦副转速为 3 200 r/min 时的时域和频域特性与前面所得结果类似，但振幅变大，在 -6.5～+4 mm 之间，振动能量基本集中在前两阶共振频率内，经功率谱 PSD 计算，前两阶能量占总能量的 87%，最大振幅频率为 40.17 Hz，幅值为 33.13 dB。对于倍频数，第 2 阶频率是第 1 阶频率的 1.9 倍，第 3 阶频率是第 1 阶频率的 3.22 倍，第 4 阶频率是第 1 阶频率的 5.12 倍。摩擦副转速为 3 300 r/min 时，5 次结合/分离过程的轴向振动测试结果如图 1-52、图 1-53 所示。

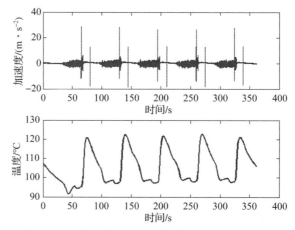

图 1-52　加速度和温度测试曲线（3 300 r/min）

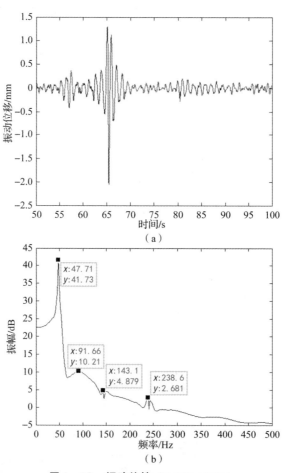

(a)

(b)

图 1-53　振动特性（3 300 r/min）

(a) 时域振动曲线；(b) 幅频特性曲线

摩擦副转速为 3 300 r/min 时的时域和频域特性与前面所得结果类似，振幅在 -2~+1.5 mm 之间，振动能量基本集中在前两阶共振频率内，经 PSD 计算，前两阶能量占总能量的 87.3%，最大振幅频率为 47.71 Hz，幅值为 41.73 dB。对于倍频数，第 2 阶频率是第 1 阶频率的 1.92 倍，第三阶是第 1 阶的 3 倍，第 4 阶是第 1 阶的 5 倍。摩擦副转速为 3 400 r/min 时，5 次结合分离过程的轴向振动测试结果如图 1-54、图 1-55 所示。

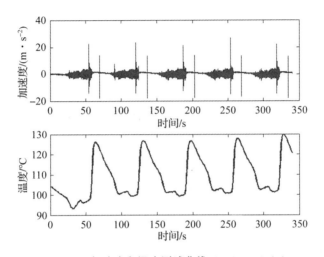

图 1-54 加速度和温度测试曲线（3 400 r/min）

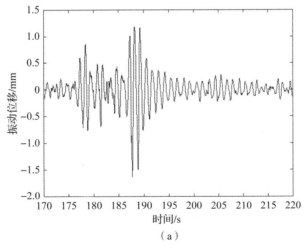

(a)

图 1-55 振动特性（3 400 r/min）
(a) 时域振动曲线

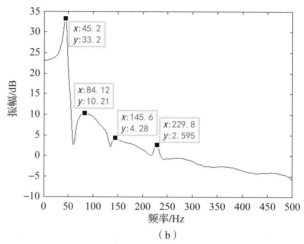

图 1-55 振动特性（3 400 r/min）（续）

(b) 幅频特性曲线

摩擦副转速为 3 400 r/min 时，振幅在 ±1.5 mm 之间，振动能量基本集中在前两阶共振频率内，经功率谱 PSD 计算，前两阶能量占总能量的 86.3%，最大振幅频率为 45.21 Hz，幅值为 33.2 dB。对于倍频数，第 2 阶频率是第 1 阶频率的 1.86 倍，第 3 阶频率是第 1 阶频率的 3.22 倍，第 4 阶频率是第 1 阶频率的 5.08 倍。

1.5.6 倍频与幅频特性

将摩擦副不同转速下测试获得的倍频数与谐振阶数的关系曲线如图 1-56 所示。

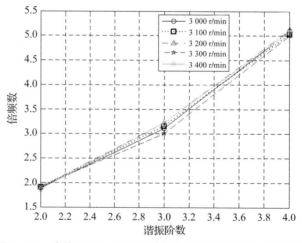

图 1-56 摩擦副不同转速下的倍频数与谐振阶数的关系曲线

从上图可以看出，摩擦副不同转速下各阶谐振频率的倍频数基本相同，其最大倍频偏差出现在 3 阶谐振，变化率为 7.3%，2 阶谐振最大变化率为 3.2%，4 阶倍频数变化率为 2.4%，这说明摩擦副在摩滑过程中产生的轴向振动，不论转速多少，其共振发生的各阶谐次必然发生在这些范围内，因此只要确定了主谐次的频率，其他各阶谐振频率范围也基本能够确定。将摩擦副不同转速下的幅频特性在谐振点处数值用曲线表示，如图 1 – 57 所示。

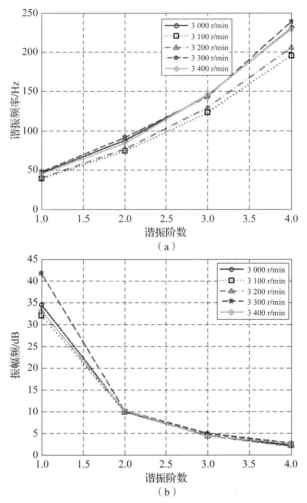

图 1 – 57　摩擦副不同转速下各阶谐振幅频特性
（a）谐振频率；（b）谐振响应

从图 1 – 57（a）可以看出，摩擦副不同转速下的各阶谐振频率基本都是在各阶共振频带范围内，但随着阶数的升高，偏差逐渐增大，其 1 阶最大偏差为 8.79 Hz，2 阶最大偏差为 17.59 Hz，3 阶最大偏差为 22.6 Hz，4 阶最大偏差为 35.2 Hz。在图 1-57（b）中，响应幅值则随着谐振阶数的升高，偏差逐渐减小，其最大偏差发生在 1 阶，偏差为 9.63 dB，2 阶响应幅值偏差为 0.297 dB，3 阶响应幅值偏差为 0.599 dB，4 阶响应幅值偏差为 0.647 dB。

第 6 节　仿真模型验证

将前面所述仿真倍频数结果与试验测试数据进行对比，对比结果如图 1-58 及表 1-4 所示。

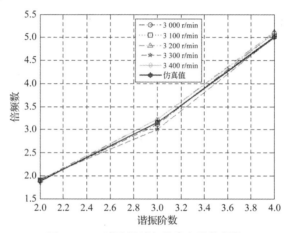

图 1-58　试验测试与仿真各阶倍频数

表 1-4　试验测试与仿真倍频数

谐振阶数	2	3	4
试验测试倍频数	1.86~1.92	3~3.22	5~5.12
仿真倍频数	1.88	3.15	5

从图 1-58 和表 1-4 中，可以看出仿真数值全部落在了试验测试范围内，说明仿真结果可靠，仿真所用数学模型准确。将仿真共振频率和幅值与试验测试数值进行对比，其结果如图 1-59 所示。

从图 1-59 可以看出，仿真值全部落在了试验测试范围内，这进一步证明了仿真模型可靠。对试验测试与仿真各阶偏差率分别进行计算，取偏差率最大值，结果表明：仿真模型精度为 87%。

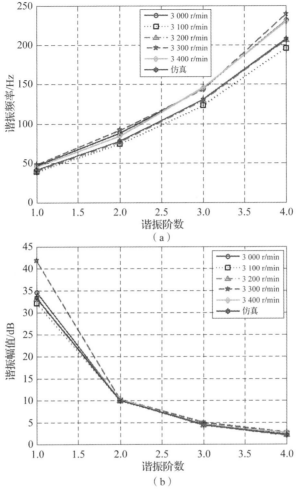

图1-59 试验测试与仿真各阶谐振幅频特性
(a) 谐振频率；(b) 谐振幅值

第7节 具有 Stribeck 效应的扭矩试验测试

试验测试边界条件与前文所述振动试验测试相同，在此不再叙述。为了增加试验测试结果的客观性，试验件分别采用 405BM 和 405HC 两种不同生产厂家的样件，并分别在 11 种不同压力工况下进行了测试，且每种工况测试并采集数据 5 次，将试验测得的数据进行筛选滤波等处理后，得到的实验曲线如图 1-60、图 1-61 所示。

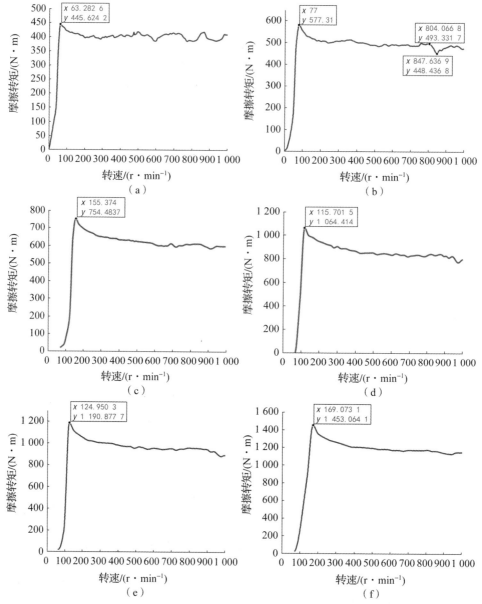

图 1-60　不同压力工况下的转速与摩擦转矩的关系曲线（405BM）

（a）轴向压力为 8 600 N；（b）轴向压力为 11 500 N；（c）轴向压力为 14 400 N；
（d）轴向压力为 20 100 N；（e）轴向压力为 23 000 N；（f）轴向压力为 28 800 N

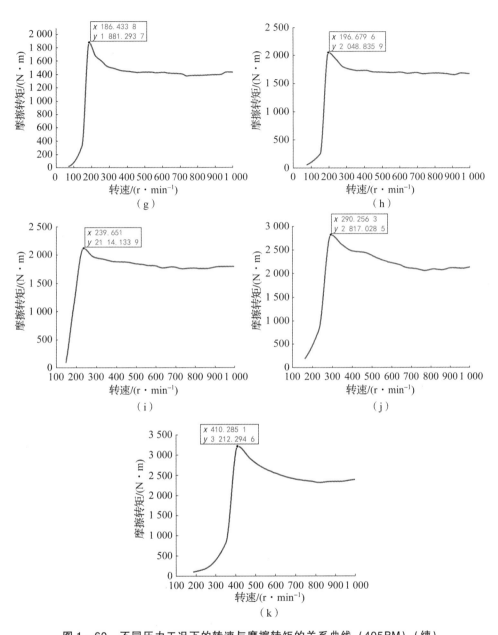

图 1-60　不同压力工况下的转速与摩擦转矩的关系曲线（405BM）（续）

（g）轴向压力为 34 500 N；（h）轴向压力为 40 200 N；（i）轴向压力为 43 100 N；
（j）轴向压力为 51 700 N；（k）轴向压力为 57 500 N

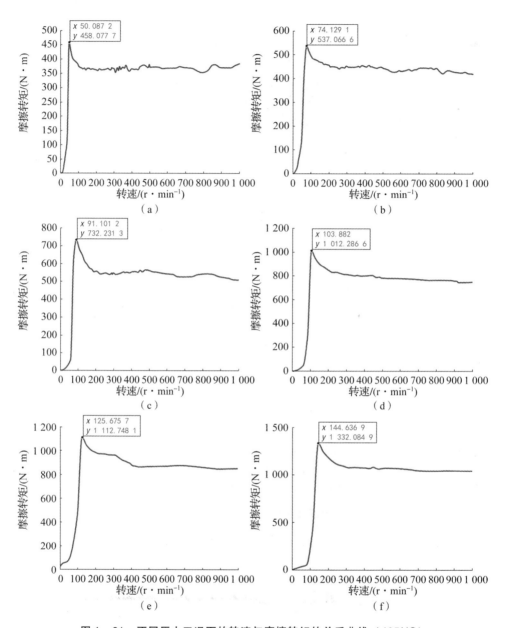

图1-61 不同压力工况下的转速与摩擦转矩的关系曲线（405HC）

(a) 轴向压力为8 600 N；(b) 轴向压力为11 500 N；(c) 轴向压力为14 400 N；
(d) 轴向压力为20 100 N；(e) 轴向压力为23 000 N；(f) 轴向压力为28 800 N

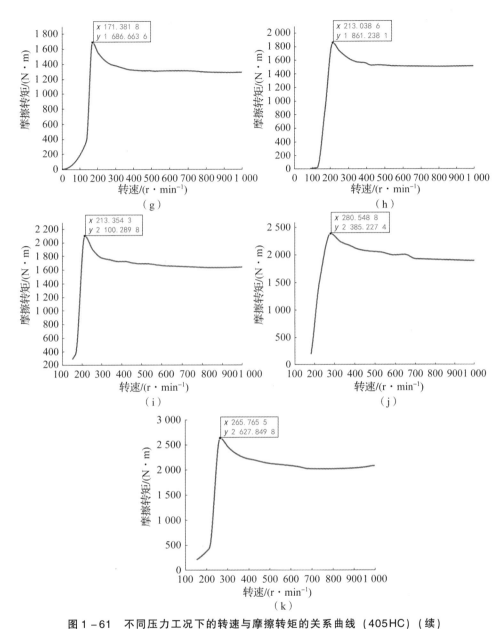

图1-61 不同压力工况下的转速与摩擦转矩的关系曲线（405HC）（续）

(g) 轴向压力为34 500 N；(h) 轴向压力为40 200 N；(i) 轴向压力为43 100 N；
(j) 轴向压力为51 700 N；(k) 轴向压力为57 500 N

为了便于对比分析，将上面的数据进行集中展示，如图1-62、图1-63所示。

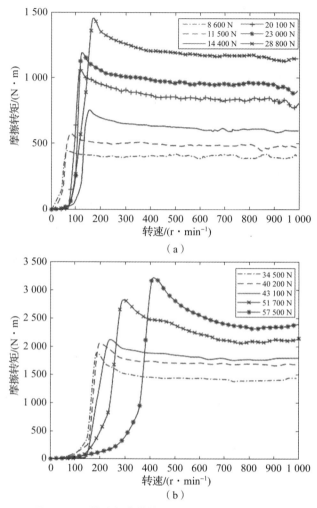

图 1-62 转速与摩擦转矩的关系曲线（405BM）

(a) 轴向压力为 8 600~28 800 N；(b) 轴向压力为 34 500~57 500 N

从图 1-62、图 1-63 中可以看出，随着轴向压力的增大，摩擦转矩在初始上升阶段向后延迟（即曲线右移），并随着轴向压力的增大，摩擦转矩的极值也随着增大；随着相对摩滑转速的增加，摩擦转矩在初始阶段急剧上升并达到极值；随着转速继续增大，摩擦转矩则开始减小并逐渐趋于平稳状态；随着轴向压力的增大，极值与稳态转矩差越大，达到稳态转矩的时间越长。从上面两图曲线中可以看出，不论轴向压力是多少，摩擦转矩具有 Stribeck 负阻尼特性的地方均出现在极值开始下降并到达稳态之前的这段区域，其斜率极值见表 1-5。

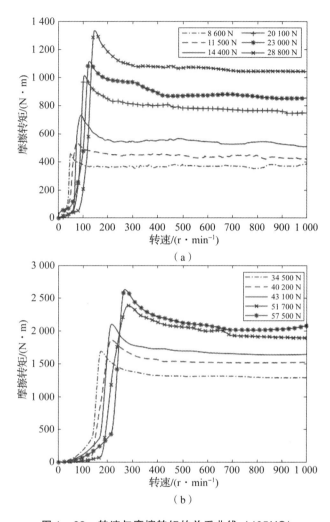

图 1-63 转速与摩擦转矩的关系曲线（405HC）
（a）轴向压力为 8 600 ~ 28 800 N；（b）轴向压力为 34 500 ~ 57 500 N

表 1-5 Stribeck 负阻尼特性斜率极值

样件	斜率极值				
	工况 1	工况 2	工况 3	工况 4	工况 5
405BM	-0.698	-1.431	-1.85	-2.864	-3.07
405HC	-1.78	-1.86	-3.11	-3.54	-2.66

续表

样件	斜率极值					
	工况 6	工况 7	工况 8	工况 9	工况 10	工况 11
405BM	-3.41	-3.54	-3.52	-3.611	-3.725	-4.8
405HC	-3.3	-4.26	-3.176	-4.94	-3.98	-4.59

对试验测试数据进行曲线拟合，结果如图 1-64 所示。从图 1-64（a）可以看出，转矩负斜率极值曲线上升可以分为 3 个线性递增部分，如图 1-64（b）。

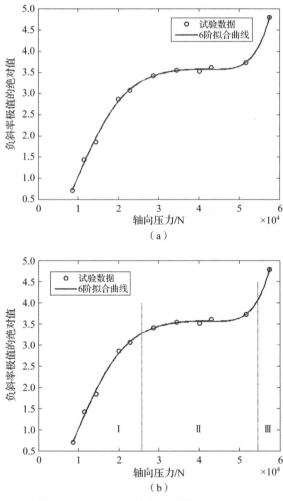

图 1-64 Stribeck 负阻尼特性（405BM）
（a）斜率极值与轴向压力；（b）分割成 3 个部分

所示。第一部分曲线处于快速上升阶段,斜率较大,说明转矩处于快速下降阶段,系统变化剧烈,易引起强烈冲击振动;第二部分曲线处于相对平缓阶段,说明轴向压力在此阶段范围内,负斜率变化较小,转矩处于相对稳态阶段,系统较平稳,振动较小;第三部分曲线斜率随轴向压力的增大而迅速增大,系统处于剧烈变化阶段,冲击振动强烈。对第一、第二部分分别进行线性曲线拟合,结果如图 1-65 所示。

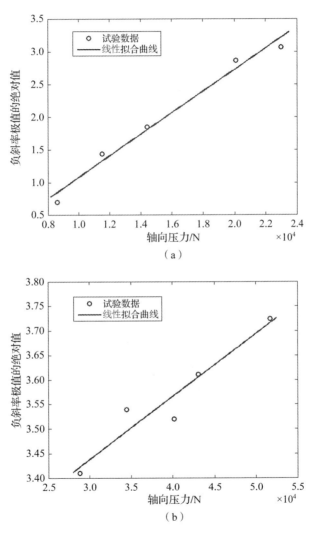

图 1-65　Stribeck 负阻尼分段特性（405BM）
（a）第一部分；（b）第二部分

第一部分线性拟合曲线斜率 $k_1 = 1.6471*10(-4)$，第二部分线性拟合曲线斜率 $k_2 = 1.2838*10(-5)$，数值对比，k_1 是 k_2 的 12.83 倍。这说明：离合器摩擦与制动系统随轴向压力的增大，摩擦转矩会迅速增大，当到达极值点后，由于负阻尼特性的存在，随摩擦副相对转速的增大开始下降，其下降的速度与轴向压力有关，当轴向压力小于 24 000 N 时，摩擦转矩下降斜率为 k_1，此时下降速度相对较快；当轴向压力在 25 000 N 和 51 700 N 之间时，摩擦转矩下降斜率为 k_2，下降速度相对缓慢，系统相对稳定；当轴向压力大于 51 700 N 时，系统处于极限加压状态，摩擦转矩尽管能够获得大幅提高，但在极值之后，在负阻尼特性的作用下，其下降斜率绝对值也迅速增大，此时系统处于极不稳定状态。

第 8 节 振动控制方法

根据前面的理论分析和仿真结果，摩擦系数与振动响应呈线性递增关系，摩擦系数越小，振动响应越平稳，而摩擦系数的大小又可以由结构平均间隙和结构曲率半径来定义。在结构平均间隙不变的条件下，摩擦系数减小，则结构曲率半径也减小，而根据结构曲率动态特性理论分析及对振动特性的影响规律，结构曲率半径的曲线斜率在 0.002 7 ~ 0.003 5 区间时，会增大振动响应，因此，可以增大结构平均间隙参数，这样既能满足摩擦系数减小的要求，又可使结构曲率半径的曲线斜率绝对值在较为平缓的范围内，即斜率为 0.001 2 ~ 0.000 29。由于在分析中使用的结构平均间隙参数为无量纲参数，根据理论定义可知，可通过增加初始间隙和减小表面微凸体高度标准差两种方法来有效控制摩擦副轴向振动。推荐具体实施的方法如下。

（1）适当减小轴向压力。在摩擦副物理属性不改变的情况下，此方法可有效增大初始间隙。

（2）适当增加润滑油流量。在摩擦副物理属性和轴向加压条件不改变的情况下，此方法可有效缓冲轴向压力，达到增大初始间隙的目的。

（3）提高摩擦表面平面度工艺技术。此方法可减小标准差，减小振动，延长摩擦元件使用寿命。

（4）使用新材料代替。新材料更耐磨和耐高温，结构性能更稳定，且具有更小的摩擦系数。此方法可增大结构曲率半径，减小标准差。

（5）将轴向压力控制在 25 000 N 和 51 700 N 之间，可避免摩擦转矩由于负阻尼特性而出现冲击振动过大的情况。

第 9 节　总结

本章提出了高线速摩擦副结合/分离过程振动机理研究总方案；基于接触力学、数理统计和摩擦学理论，建立轴向振动分析模型；完成了结构曲率半径变化对接触特性的影响，及不同结构曲率半径下的摩滑过程轴向振动特性的仿真分析；基于接触模型理论，建立了摩擦系数与结构曲率半径和结构平均间隙间的关系表达式，完成了摩擦系数对轴向振动特性的影响仿真分析；完成了高线速摩擦副结合/分离过程中不同转速、润滑油流量、压力边界条件下的温度测试和轴向振动试验测试，并对试验测试数据进行了特殊处理，获得了振动响应时域曲线，完成了幅频特性分析和振动仿真模型验证，完成了摩擦转矩负阻尼特性试验测试和分析，提出了有效改善轴向振动的控制方法。本章按照申请书规定研究内容，获得了一些具有工程设计指导意义的研究成果，为未来新一代高功率密度、高可靠性军用车辆综合传动系统离合器摩擦副动态设计提供了理论支撑。本研究成果已应用于在研某型号军用车辆 7X0B 变速离合器摩擦副结构设计，解决了以往摩擦副振动控制量不足或过量问题，提高了控制效率，节约了生产成本。该型号车辆综合传动装置现已部分装备于我国现役军用车辆中，并出口泰国、巴基斯坦等国。基于本章建立的振动分析模型，还可将该方法推广应用于干式制动器摩擦表面的振动控制中。本研究尚处于基础理论研究与试验验证的初级阶段，为实现有效的振动控制在型号上的推广应用，还需深入研究摩擦表面结构参数与实际箱体结构设计和传动操纵参数间的相互协调，以及在摩擦表面工艺方面的快速成型制造加工方法。

参 考 文 献

[1] 闫清东,张连第,赵毓芹,等. 坦克构造与设计[M]. 北京:北京理工大学出版社,2012.

[2] 郑慕侨. 坦克装甲车辆[M]. 北京:北京理工大学出版社,2003.

[3] LI J, WANG X Y, WANG Z Y. Study on interaction theory of thermal distortion friction pairs and effect on friction coefficient[J]. Applied Mechanics and Materi-

als,2014,713-715(2015):223-227.

[4] ZAGRODZKI P, TRUNCONE S. Generation of hot spots in a wet multidisk clutch during short-term engagement[J]. Wear,2003,254:474-491.

[5] ZAGRODZKI P, LAM K, BAHKALI Eal, et al. Non-linear transient behavior of a sliding system with frictionally excited thermoelastic instability[J]. ASME Journal of Tribology, 2001,123:699-708.

[6] FARHANG K,LIANG L A. A non-phenomenological account of friction-vibration interaction in rotary systems. Journal of Tribology[J], 2006,128(1):103-112.

[7] FARHANG K, OZCAN S, FILIP P. The effect of wear groove on vibration and noise of aircraft brakes:theoretical and experimental evidence[J]. SAE International Journal of Aviation Industry Development Research, 2008, 1(1):1223-1229.

[8] SEPEHRI A, FARHANG K. On elastic interaction of nominally flat rough surfaces [J]. Journal of Tribology, 2008, 130:1-5.

[9] MCCOOL. Extending the capability of the greenwood williamson microcontact model[J]. ASME Journal of Tribology, 2000,122(3):496-502.

[10] BENGISU M, AKAY A. Relation of dry-friction to surface roughness[J]. Journal of Tribology,1997,119(1):18-25.

[11] BENGISU M, AKAY A. Stick-slip oscillations:dynamics of friction and surface roughness[J]. Journal of Acoustics and Sociology, 1999,105:194-205.

[12] CHENG W, FARHANG K. A contact model of nominally flat rough surfaces based on a visco-elasto-adhesive interaction[J]. Journal of Tribology, 2009, 131(10):504-509.

[13] GREENWOOD J, WILLIAMSON J. Contact of nominally flat surfaces. [C]//Proceedings of R. Soc. London:[s. n.], 1996, 295:300-306.

[14] BORODICH F, MOSOLOV A. Fractal roughness in contact problems [J]. Journal of Applied Mathematics, 1992, 56 (5): 681-690.

[15] POLYCARPOU A, ETSION I. Analytical approximations in modeling contacting rough surfaces [J]. ASME Journal of Tribology, 1999, 121: 234-239.

[16] KOMVOPOULOS K, YANG W. Three-dimensional elastic-plastic fractal analysis of surface adhesion in micro-electromechanical systems [J]. ASME Journal of Tribology, 1998, 120 (4): 808-812.

[17] 刘富豪, 蒋汉军, 朱龙英. 汽车盘式制动器稳定性及非线性动力学分析

[J]. 振动工程学报,2014,27(6):907-914.

[18] 孟宪皆,吴光强. 汽车制动盘和摩擦片振动的数值解 [J]. 江苏大学学报,2011,32(3):291-295.

[19] 陈漫,李和言,马彪,等. 多片离合器早期故障生成机理及振动诊断方法 [J]. 机械工程学报,2015,51(1):117-122.

第 2 章

离合器摩擦片直沟槽分布状态及结构特征对温度场分布规律的影响研究

引　言

　　离合器摩擦元件常出现热弹性不稳定（Thermoelastic Instability，TEI）问题，导致车辆传动系统整体性能下降甚至失效。当摩擦副相对速度大于某临界值时，温度场的非均匀性会随时间呈指数增大，即系统进入热弹性不稳定状态。在高温高压及高速摩滑状态下，TEI 将使摩擦副产生局部高温，进而引起高频振动、翘曲变形，甚至疲劳断裂等现象。由 TEI 引起的局部高温（热斑点）是元件失效重要原因之一。为了研究局部热点所引起的问题，以及摩擦副温度场分布特征机理，建立重载车辆离合器在相同工况下具有不同分布特征沟槽的摩擦副模型，并与试验测试结果对比验证，分析热弹性耦合温度分布规律，并通过采取热点分布圆周路径上的温度数据样本的方法，以温度场平均温度、温度场不均匀系数和温度极差 3 个指标来评估直沟槽分布特征对温度场的动态影响，获得最优直沟槽分布特征，对不同直沟槽的分布数量、角度、深度和宽度等结构特征参数进行分析，研究不同状态下的热弹性应力特征和温度场分布规律。

第 1 节　沟槽分布特征对温度场影响原理分析

出现 TEI 问题是由于对偶钢片与摩擦材料的导热性相差较大，大部分摩擦热传导进入对偶钢片，摩擦材料只有表层受到热点影响，所以可以将摩擦片简化为静止的半无限大平面，而将对偶钢片简化为运动的有限厚度平面。采用二维理论模型，并假设摩擦片（材料 1）静止，对偶钢片（材料 2）以速度 V 运动，以代表摩擦副相对速度，如图 2 - 1 所示。

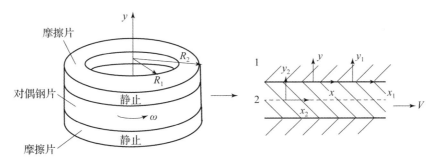

图 2 - 1　二维 TEI 分析模型示意

采用扰动量表示系统的非均匀性，假设接触压力存在一个随时间呈指数增长的余弦扰动，以绝对速度 c 沿 x 轴正方向运动，假设坐标系 (x, y) 与压力扰动固连，则此扰动可以表示为

$$p_a \cos(\lambda x) \exp(bt) = \Re\{p_a \exp(i\lambda x) \exp(bt)\} \quad (2-1)$$

式中，$\Re$ 表示取实部；$p_a \exp(bt)$ 表示压力扰动峰值；b 与 λ 分别为扰动增长系数和扰动空间频率。

由式（2 - 1）可以看出，扰动增长系数 b 的取值有 3 种情况。当 $b < 0$ 时，扰动呈指数衰减，系统稳定；当 $b > 0$ 时，扰动呈指数增加，系统不稳定；当 $b = 0$ 时，扰动为常数，系统处于稳定与不稳定的临界状态，此条件下当量摩擦半径处的相对滑动速度即临界速度。当量摩擦半径公式如下：

$$R_f = \frac{2(R_2^3 - R_1^3)}{3(R_2^2 - R_1^2)} \quad (2-2)$$

式中，R_1 和 R_2 分别为摩擦片和对偶钢片摩擦副的摩擦内径和外径。

两个局部坐标系 (x_1, y_1) 与 (x_2, y_2) 分别与摩擦材料和对偶钢片固连，其与坐标系 (x, y) 的转换关系为

$$x + c_1 t = x_1, \quad y = y_1 \quad (2-3)$$

$$x + c_2 t = x_2, \quad y - a = y_2 \quad (2-4)$$

在不考虑磨损的前提下,接触压力扰动引起的摩擦热和温度场扰动相分别为

$$Q_a = \Re\{fVp_a \exp(bt + i\lambda x)\} \quad (2-5)$$

$$T_i = \Re\{F_j(y_j) \exp\{bt + i\lambda(x_i - c_i t)\}\} \quad (j = 1, 2) \quad (2-6)$$

$$\frac{d^2 F_j}{dy_j^2} - m_j^2 F_j = 0 \quad (j = 1, 2) \quad (2-7)$$

$$m_j = \sqrt{\lambda^2 + \frac{b - i\lambda c_j}{k_j}} \quad (j = 1, 2) \quad (2-8)$$

式中,f 为摩擦系数;Q_a 表示摩擦副接触处的热流密度扰动;F 为自由未定义函数。

固体温度场分布符合瞬态热传导方程,根据传热学理论,可以表示为

$$\frac{\partial^2 T_j}{\partial x_j^2} + \frac{\partial^2 T_j}{\partial y_j^2} = \frac{1}{k_j} \cdot \frac{\partial T_j}{\partial t} \quad (2-9)$$

$$k_j = \frac{K_j}{\rho_j c_{pj}} \quad (2-10)$$

式中,k 为热扩散系数;K 为导热系数;ρ 与 c_p 为材料密度与质量定压热容。

对偶钢片(材料2)的温度场扰动分布场沿中线可能呈对称分布或者反对称分布。其中反对称分布为主要变形模态,反对称模式边界条件为

$$y_1 \to \infty, \quad T_1 = 0 \quad (2-11)$$

$$y_2 = 0, \quad T_2 = 0 \quad (2-12)$$

$$T_1(y=0) = T_2(y=0) \quad (2-13)$$

可以求解可得两种材料温度场扰动表达式分别为

$$T_1 = \Re\{F_1 \exp(bt + i\lambda x - m_1 y)\} \quad (2-14)$$

$$T_2 = \Re\{2F_2 \sinh(m_2(y+a)) \exp(bt + i\lambda x)\} \quad (2-15)$$

两种材料温度场扰动的关系为

$$F_1 = 2F_2 \sinh(m_2 a) \quad (2-16)$$

由材料温度场扰动可以求解沿 y 轴方向的热流密度扰动。假设材料1热流密度为负,材料2热流密度为正,取材料2边界处微元体为研究对象,则其热流密度为摩擦热与材料1边界处的热流密度之和,即

$$Q_{yj} = -K_j \frac{\partial T_j}{\partial y_j} \quad (2-17)$$

$$y = 0, \quad Q_{y2} = Q_a + Q_{y1} \quad (2-18)$$

由以上分析，可得能量平衡方程如下：

$$F_1 K_1 m_1 + 2 F_2 K_2 m_2 \cosh(m_2 a) = fV p_a \quad (2-19)$$

式（2-19）是一个复杂的虚实结合的方程。令方程的实部和虚部分别相等，可以得到两个方程。

以上经典理论模型并不考虑沟槽对系统稳定性的影响，为了探究沟槽分布特征对 TEI 问题的影响，必须根据经典理论模型进行适当的拓展运用。沟槽将整个模型划分为多个区块，忽略各个区块之间的直接影响，则上述经典理论分析均适用于每个区块。根据自平衡性，扰动波长不能大于每个区块的作用弧长，允许的最大波长应等于每个区块所截的当量摩擦半径弧长 L，所以每个区块至少要存在一个扰动波长，且只能存在整数个波长。沟槽分布参数直接影响了每个区块的作用弧长 L，L 和 λ 需满足 $L = 2\pi\lambda$，且波数取整数值。沟槽当量摩擦半径处的二维模型示意如图 2-2 所示。

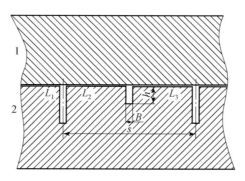

图 2-2 沟槽当量摩擦半径处的二维模型示意

图 2-2 可见，沟槽划分区块大致分为 3 种，在沟槽分布特征参数中，沟槽数目、角度和宽度明显改变了各个区块的当量摩擦半径弧长，而沟槽深度则可以同样影响每个区块的厚度，沟槽分布特征从而影响扰动波数及频率等系统稳定性参数。由此可得到 3 种区块的当量摩擦半径弧长公式：

$$L_1 = 2\pi R_f / N - 2\pi \arctan[(s+B)/R_f] \quad (2-20)$$

$$L_2 = \pi \{\arctan[(s+B)/R_f] + \theta\} \quad (2-21)$$

$$L_3 = \pi \{\arctan[(s+B)/R_f] - \theta\} \quad (2-22)$$

式中，N 为沟槽组数；B 为沟槽宽度；θ 为沟槽径向夹角；s 为每组沟槽间距。

因此，材料 2 拓展修改后温度场扰动可以表示为

$$T_{2,\text{total}} = \sum_1^n T_{2,i} \quad (i = 1, 2, 3 \cdots, n) \quad (2-23)$$

第 2 节 有限元模型的建立及仿真分析

2.2.1 模型参数及边界条件

根据 TEI 原理与沟槽分布特征的分析,可以得到摩擦副仿真模型的载荷及边界条件。摩擦片的材料性质和结构参数由实物参数可得,改变摩擦片工况参数,可以得到不同工况下的仿真结果。

研究对象为某型重载车辆湿式离合器摩擦副,摩擦片摩擦层材料为铜基粉末冶金材料,摩擦片基板材料和对偶钢片材料均为 65Mn 或 30CrMnSiA。由此,摩擦接触的摩擦系数选取 0.3。影响热弹性性能的主要材料参数有杨氏模量、热胀系数和导热系数等,具体材料参数见表 2-1。

表 2-1 材料参数

材料	铜基粉末冶金	65Mn	30CrMnSiA
弹性模量/MPa	2e5	2.1e5	2e5
泊松比	0.25	0.3	0.25
热膨胀系数/($K^{-1} \cdot 10^{-5}$)	1.1	1.27	1.14
导热系数/[$W \cdot (K \cdot m)^{-1}$]	8.5	46	45.5
密度/($kg \cdot m^{-3}$)	5 500	7 850	7 750
比热容/[$J \cdot (kg \cdot K)^{-1}$]	600	487	420

影响 TEI 的离合器结构因素有内、外径和对偶钢片半厚度等,某型离合器几何结构参数见表 2-2。

表 2-2 某型离合器几何结构参数

参数	对偶钢片	摩擦片
外径/mm	417	405.5
内径/mm	357.5	345
厚度/mm	4	5
单侧摩擦层厚度/mm	—	0.75

因模型具有对称性,为了提高计算效率,故只选取一对摩擦副的半厚度对称模型,摩擦副模型如图 2-3 所示。摩擦片与对偶钢片同轴贴合在一起,摩擦片两侧摩擦表面均分布直沟槽,对偶钢片摩擦表面为平整表面。由热弹性耦合机理分析,假设摩擦片静止,对偶钢片以一定相对转速与对偶钢片摩擦接触,在这个过程中两者保持同轴。因此,仿真模型摩擦片边界条件为对外柱面施加径向位移约束和对剖面施加 y 轴方向转动位移约

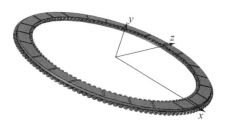

图 2-3 摩擦副模型

束;对偶钢片边界条件为半厚度剖面设定 y 轴方向位移约束,对偶钢片内柱面施加径向位移约束,并给定 y 轴方向转速约束为 3 000 r/min,即 314.159 rad/s。

离合器实际工作油压伴随着一定波动,波动形式可以选取余弦函数形式,模型摩擦片设定所受油压如图 2-4 所示。仿真时间总共为 0.5 s,从初始时刻到 $t=0.1$ s 时刻逐渐加压至 5 MPa,之后以余弦函数形式振荡。

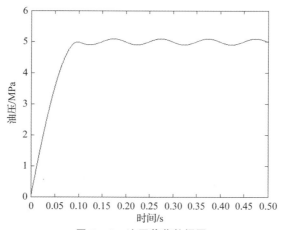

图 2-4 油压载荷数据图

具体的有限元网格模型如图 2-5 所示。

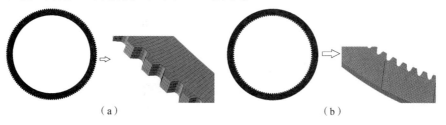

图 2-5 有限元网格模型

(a) 对偶钢片有限元网格模型;(b) 摩擦片有限元网格模型

以摩擦片直沟槽的分布特征作为变量参数,研究其对摩擦片温度场的影响。变量参数分别为沟槽组数 N、夹角 θ、沟槽深度 h 和沟槽宽度 B。沟槽组数是单个摩擦片表面分布的沟槽组的总数,每一组沟槽由3道沟槽构成;夹角 θ 是指中间沟槽与经过其沟槽长度中点直径的夹角;沟槽深度 h 是指沟槽底部与摩擦表面的垂直距离;沟槽宽度 B 是指摩擦表面为沟槽所截区域的宽度距离,如图2-6所示。由式(2-20)~式(2-22)可以得到沟槽分布参数与扰动频率的关系,从而可以定性分析沟槽分布特征与系统稳定性的关系。

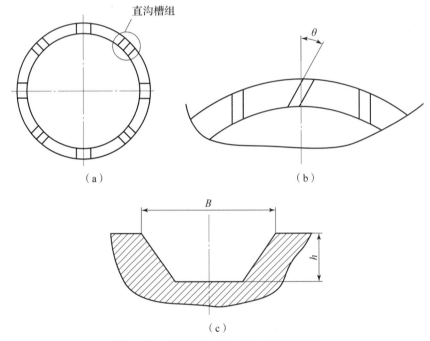

图2-6 直沟槽分布特征变量参数示意
(a) 直沟槽组;(b) 夹角;(c) 沟槽深度及沟槽宽度

2.2.2 摩擦片齿轮冲击损伤计算模型

为了预测摩擦片齿轮的疲劳寿命,必须建立摩擦片齿轮冲击损伤的计算模型。在计算摩擦片齿轮冲击损伤时,采用门槛值计算方法,只计算超出门槛值的部分。疲劳强度(δ_N)被认为是疲劳极限(δ_{-1})的一部分,即

$$\delta_N = k\delta_{-1} \tag{2-24}$$

摩擦片经过喷丸强化处理,对疲劳寿命会有一定的改善,不同的喷丸处理的强化效果不一样,引入喷丸强化因子 k_p,通常疲劳强度为疲劳极限的 0.5~0.7 倍,取其系数 $k_f = 0.6$,因此, $k = k_f k_p$。

疲劳损伤增长的幂指数公式为

$$\frac{d\Omega}{dt} = \begin{cases} A\left(\dfrac{\delta(t)}{1-\Omega} - k\delta_{-1}\right)^n, & |\delta(t)| \geq k(1-\Omega)\delta_{-1} \\ 0, & \text{其他} \end{cases} \quad (2-25)$$

式中，k 为由常规的疲劳试验获得的材料常数；A，n 均大于零，为与载荷速率有关的常数。受系统阻尼的影响，由应力冲击产生的应力幅值从最初可能超过疲劳应力门槛值衰减至门槛值以下。因此，只有阴影部分的应力对疲劳损伤有贡献作用。

为了求出第 i 次冲击导致的损伤平均增量，将疲劳损伤的幂指数公式改写为

$$\Delta\Omega_i = \frac{1}{T}\int_0^T A\left(\frac{|\delta_i(t)|}{1-\Omega_i} - k\delta_{-1}\right)^n \times H[|\delta_i(t)| - k(1-\Omega_i)\delta_{-1}]dt$$

$$(2-26)$$

$H(x)$ 为单位阶跃函数，当 $t > T_i$ 后没有阴影。T_i 由应力曲线 $\delta(t)$ 的包络线和有效应力的门槛值直线 $|k(1-\Omega_i)\delta_{-1}|$ 的最后一个交点求出。

$$T_i = \left|\frac{\delta_{\max}}{\delta_i^* \omega_i^*}\ln([k(1-\Omega_i)\delta_{-1}])\right| \quad (2-27)$$

长期的冲击引起裂纹的积累，进而表现为宏观的发展。在重复冲击中有效疲劳应力的门槛值随着损伤增长也在发生微小的降低。一次冲击的宏观损伤变量对疲劳增长幂指数的贡献可以认为是个常量，其变化非常微小，因此可以提取出来，并定义函数 $J(\Omega_i)$ 如下：

$$J(\Omega_i) = \frac{1}{T_i}\int_0^{T_i}[|\delta_i(t)| - k(1-\Omega_i)\delta_{-1}]^n \times H[|\delta_i(t)| - k(1-\Omega_i)\delta_{-1}]dt$$

$$(2-28)$$

再引进一个无量纲的量，称为损伤状态寿命因子 $j(\Omega_i) = J(\Omega_i)/J_0$，$J_0$ 为没有损伤状态的初值。损伤状态寿命因子代表了当前损伤状态和应力状态对疲劳损伤发展影响的一个无量纲因子，可得

$$\Delta\Omega_i = AJ_0 \frac{j(\Omega_i)}{(1-\Omega_i)^n} \quad (2-29)$$

损伤增长的递推公式为

$$\Omega_{i+1} = \Omega_i + AJ_0 \frac{j(\Omega_i)}{(1-\Omega_i)^n} \quad (2-30)$$

于是在 N 次冲击之后的总的损伤可写为

$$\Omega_f = AJ_0 \sum_{i=1}^N \frac{j(\Omega_i)}{(1-\Omega_i)^n} \quad (2-31)$$

2.2.3 不同滑摩时间下的仿真结果分析

湿式离合器摩擦副实际工作中的滑摩行为仅发生在接合到两者分离这一阶段，在这一阶段两者存在一定转速差。仿真过程依照这一过程的分析分为两个分析步。第一分析步为施加压力载荷的阶段，该阶段是为了预防突变载荷造成的模型不收敛问题；第二分析步为摩擦片相对对偶钢片以一定转速进行同轴转动，该分析步为热位移耦合分析步。以较为常见的 65Mn 基板摩擦片为例，在工作转速差为 3 000 r/min 的条件下各自时刻的瞬态温度场云图如图 2-7 所示。

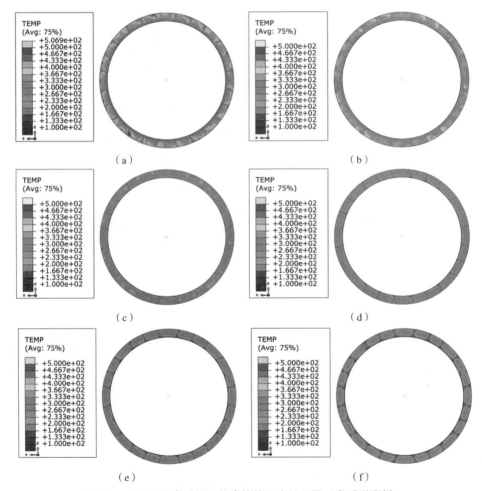

图 2-7　不同滑摩时间下的摩擦片温度场云图（书后附彩插）
(a) 滑摩 0.05 s 时的温度场云图；(b) 滑摩 0.2 s 时的温度场云图；
(c) 滑摩 0.4 s 时的温度场云图；(d) 滑摩 0.6 s 时的温度场云图；
(e) 滑摩 0.8 s 时的温度场云图；(f) 滑摩 1 s 时的温度场云图

从不同滑摩时间下的温度场云图可以看出，从滑摩时间 0.05~1 s 这段时间，高温区域是从外圆部位逐步扩散至内圆部位，摩擦层靠近内、外沿和沟槽的部位则相对于周边处于较低温度状态。不难分析得出，越靠近外沿的线速越大，摩擦热的产生也较快，而沟槽及内、外沿由于润滑油的散热作用则处于低温状态。另外，高温分布从开始的极不均匀逐步随着散热作用变得均匀，这表明摩擦片在施加了扰动压力后并未快速进入 TEI 状态，其抵抗能力良好；同时，模型整个系统趋向稳定也表明扰动值的拟合误差应该在允许范围内，并未使摩擦片温度场高温区域聚集成热点，仿真模型收敛性较为良好。

2.2.4　不同工作转速工况下的仿真分析

湿式离合器摩擦副进入热弹性失稳状态时的速度称为临界速度，摩擦片与对偶钢片的相对转速差对实际工作效果有显著影响。为了探究其影响的规律，需要计算仿真模型在不同工作转速工况下的温度场结果。依据该型号湿式离合器的实际运行转速，分别设定了转速为 1 500 r/min、2 000 r/min、2 500 r/min、3 000 r/min、3 500 r/min 和 4 000 r/min 的 6 组仿真模型，其运行 1 s 后摩擦片温度场云图如图 2-8 所示。

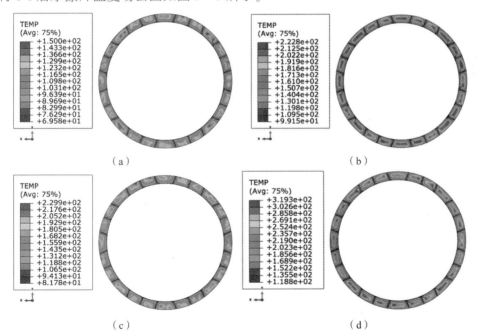

图 2-8　不同工作转速工况下的摩擦片温度场云图（书后附彩插）

（a）转速为 1 500 r/min 时的温度场云图；（b）转速为 2 000 r/min 时的温度场云图；
（c）转速为 2 500 r/min 时的温度场云图；（d）转速为 3 000 r/min 时的温度场云图

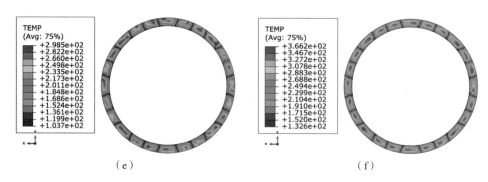

(e) (f)

图2-8 不同工作转速工况下的摩擦片温度场云图(续)(书后附彩插)

(e) 转速为3 500 r/min时的温度场云图;(f) 转速为4 000 r/min时的温度场云图

从不同工作转速工况下的摩擦片温度场云图可以看出,高温聚集区域(热点)呈现为按圆周分布在摩擦表面中部稍微靠近外径圆的位置(当量摩擦半径处)。最高温度值存在随着转速的增加而逐渐增加趋势,而热点的面积则随着转速的增加在变大和变小的状态间反复交替。出现这种现象的原因是随着转速的增加,摩擦热的产生速度变快,其中越靠近外径产生摩擦热的速度越快,从而最高温度随着转速的增加而增加;另外,转速的增加导致扰动值也发生改变,依据之前的模型理论分析,扰动波数取整数,随着转速的增加,波数显然会呈现阶次的变化,热点面积也就发生了变大与变小反复交替的现象。

2.2.5 不同摩擦片基板材料的仿真分析

湿式离合器摩擦片摩擦材料对实际工作中的滑摩结果有显著的影响,实际上摩擦片基板材料对滑摩结果也有较大的影响。某型重载车辆传动系统常用的摩擦片基板材料主要是65Mn和30CrMnSiA,为了探究两者对摩擦片在不同转速工况下滑摩结果的影响,分别计算仿真模型在工作转速差为2 000 r/min、3 000 r/min和4 000 r/min的条件下滑摩1 s后的结果,其温度场云图如图2-9所示。

从不同摩擦片基板材料的温度场云图的结果可以看出,不同摩擦片基板材料对温度场热点的影响十分明显,主要沿圆周方向分布在当量摩擦半径处。随着转速的增加,两者的热弹性不稳定性有增加的趋势。在低中转速工况下(2 000 r/min和3 000 r/min),以65Mn作为基板材料的摩擦片比以30CrMnSiA作为基板材料的摩擦片的最高温度和热点聚集程度均更低,而在高转速工况下(4 000 r/min),以65Mn作为基板材料的摩擦片则比以30CrMnSiA作为基板材料的摩擦片的最高温度和热点聚集程度更高。这种现象表明,以30CrMnSiA作为基板材料的摩擦片在高转速工况下的抵抗TEI的能力更强,而在低中转速工况下以 65Mn 作为基板材料的摩擦片的抵抗 TEI 的能力更强，这证明了在车辆使用工况为高转速、大转矩等极端情况下（10 000 r/min、18 000 Nm），以 30CrMnSiA 作为基板材料的摩擦片的适用能力效果更好。

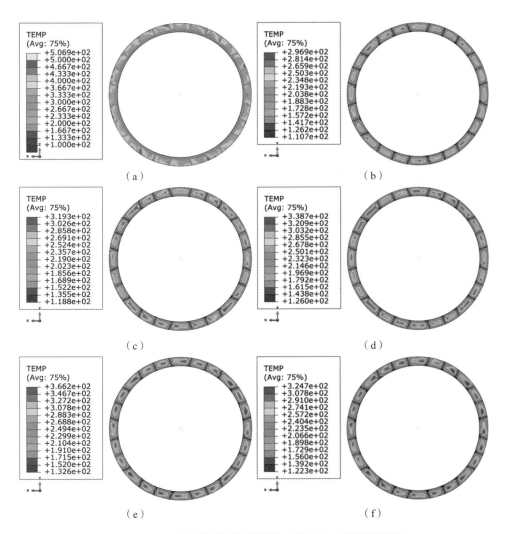

图 2-9　不同摩擦片基板材料的温度场云图（书后附彩插）

(a) 65Mn 摩擦片（2 000 r/min）的温度场云图；
(b) 30CrMnSiA 摩擦片（2 000 r/min）的温度场云图；
(c) 65Mn 摩擦片（3 000 r/min）的温度场云图；
(d) 30CrMnSiA 摩擦片（3 000 r/min）的温度场云图；
(e) 65Mn 摩擦片（4 000 r/min）的温度场云图；
(f) 30CrMnSiA 摩擦片（4 000 r/min）的温度场云图

2.2.6 不同摩擦片的仿真分析

由之前不同工况下的仿真结果可以看出，不同工况下的仿真结果展示出了摩擦片不同的抵抗 TEI 的能力，这一评价指标也可以用来优化摩擦片结构。摩擦片主要结构尺寸有内、外径大小，基板厚度，摩擦层厚度，齿轮特征参数和沟槽特征参数等。内、外径大小与齿轮特征参数均与离合器整体参数有关，其变化将影响离合器的整体性能。基板厚度与摩擦片抗压强度设计有关，摩擦层厚度与摩擦剪切强度设计有关，并且两者都会影响离合器整体尺寸。在不更改整体传动设计方案的情况下，这些结构尺寸参数均无法进行改动。因此，唯一可以改变的参数为沟槽结构特征。以沟槽特征参数为优化目标，则涉及的参数有沟槽数目、沟槽角度、沟槽宽度和沟槽深度等。

1. 不同沟槽数目的仿真分析

在沟槽特征参数的优化中，优先考虑的为沟槽数目。每组沟槽考虑强度和散热的影响，每一组沟槽间距保持原有设计。每一组沟槽外侧沟槽的中点连接成圆内接多边形，理论边数存在最大值。最大值的估算可以通过数学计算或者建模枚举的方式得出。因此，考虑计算相邻沟槽的干涉条件后，沟槽数目最多设计为 12。考虑到摩擦副的对称性以及动平衡，选取的沟槽数目必须为大于 4 的偶数，则其中沟槽组数取值为 4，6，8，10 和 12。保持其他变量参数与未优化结构一致，即夹角 θ、深度 h 和宽度 B 取值分别为 $0°$、$0.5\ \mathrm{mm}$、$3.2\ \mathrm{mm}$。分别建立沿摩擦片表面 4 组、6 组、8 组、10 组和 12 组沟槽的摩擦副有限元模型，仿真计算得到的结果如图 2-10 所示，图 2-10 (a)、(b)、(c)、(d)、(e) 所示为不同组数沟槽的温度场云图，图 2-10 (f) 所示为选取某一经过热点的直径上的节点应力图。

从图 2-10 所示的仿真结果可知，温度场被直沟槽分割成若干区块，每个区块中径位置都有局部高温区域，靠近内、外圆位置和靠近沟槽位置的温度较低；整体热点呈圆周均匀分布，分布圆周更为靠近外圆的当量摩擦半径处。随着组数增加，分割区块数目也逐渐增加，相邻沟槽组之间区块的面积逐渐减小。沟槽组数的增加影响沟槽组之间区块的温度分布，随着沟槽组数的增加，热点数目逐渐减少。

沟槽组数取值对应力场的影响较小，半径越大应力值越大，经过热点处后，应力值急剧下降。随着沟槽组数的增加，沿半径方向的应力波动加剧。

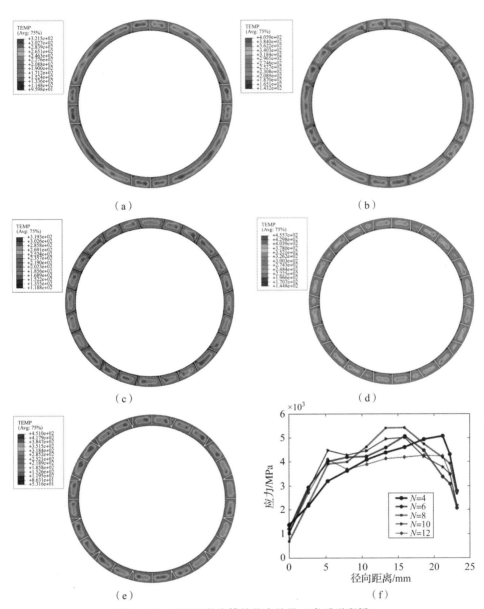

图 2-10　不同组数沟槽的仿真结果（书后附彩插）

(a) $N=4$ 时的温度场云图；(b) $N=6$ 时的温度场云图；(c) $N=8$ 时的温度场云图；
(d) $N=10$ 时的温度场云图；(e) $N=12$ 时的温度场云图；
(f) N 取值不同时的直径节点应力图

沟槽分布组数对温度场的影响主要集中在相邻沟槽组区块之间，而对应力场的影响主要在靠近内柱面侧。其主要原因为沟槽组沿圆周均匀分布，靠近内沿弧长更小，应力变化更为敏感。相邻沟槽组之间区块面积的减小使这一区域扰动波数减少,从而减少了热点数目,然而各个沟槽组内的区块形状却没有改变,其温度场变化都较小。

2. 不同沟槽角度的仿真分析

在优化沟槽数目后,考虑沟槽的形状参数,即沟槽与半径夹角。考虑对称性以及结构强度等因素,保持其他变量参数与未优化时的结构一致,即沟槽组数 N、深度 h 和宽度 B 取值分别为 8,0.5 mm,3.2 mm。沟槽组数选取 8 后,每组之间夹角为 45°。沟槽所处位置在超过 45°后必会与其他组沟槽处于相似的位置状态。另外,将摩擦片工作正转方向设为逆时针方向,考虑沟槽中润滑油的流动,夹角取值必须取顺时针锐角。为了节省计算量,夹角 θ 的取值范围为顺时针 0°~45°,将这一范围等分设组,则可取值分别为 0°,5°,15°,25°和 35°。分别建立摩擦副有限元模型,仿真计算得到的结果如图 2-11 所示,图 2-11(a)、(b)、(c)、(d)、(e) 所示为不同角度沟槽的温度场云图,图 2-11(f) 所示为选取某一经过热点的直径上的节点应力图。

从图 2-11 所示的结果可知,不同夹角下沟槽的温度场分布规律也为整体热点呈现圆周均匀分布。沟槽角度的增大影响偏转沟槽相邻区块的温度分布,随着沟槽角度的增大,偏转沟槽相邻的区块顺时针方向侧热点数目逐渐增多,逆时针方向侧区块热点数目则逐渐减少。

沟槽角度取值不同时,应力场的分布规律也是半径越大应力值越大,经过热点处后,应力值急剧下降。在靠内、外柱面处影响较小,而摩擦环面中部的影响较大。随着角度的增大,应力值波动剧烈程度先升高后降低。

沟槽角度对温度场的影响主要集中在偏转沟槽相邻的区块,而对应力场的影响主要在摩擦环面中部。其主要原因为沟槽角度的增加使相邻区块顺时针方向侧靠近外沿部分面积增大,而逆时针侧外沿部分面积减小。外沿部分弧长更大,使这一区域扰动波数增多,从而热点的数目有增多趋势。随着沟槽角度的增大,外沿部分和内沿部分弧长差值先减小后增大,应力场在摩擦环面中部的波动也是先加剧后减缓。

3. 不同沟槽宽度的仿真分析

在优化沟槽数目和夹角后,考虑摩擦面上的沟槽宽度参数。考虑对称性以及结构强度经验公式,其中沟槽宽度 B 在不影响结构强度的前提下依据设计经验取值分别为 1.6 mm,2.4 mm,3.2 mm,4.0 mm 和 4.8 mm。保持其他变量参数与未优化结构一致,即组数 N、夹角 θ 和深度 h 取值分别为 8,0°,0.5 mm。分别建立沟槽宽度 B 为 1.6 mm,2.4 mm,3.2 mm,4.0 mm 和 4.8 mm 的摩擦副有

第 2 章 离合器摩擦片直沟槽分布状态及结构特征对温度场分布规律的影响研究

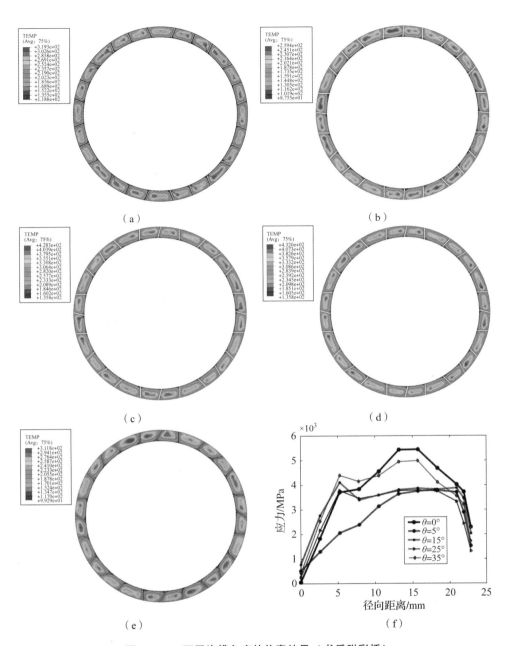

图 2-11 不同沟槽角度的仿真结果（书后附彩插）

(a) $\theta = 0°$ 时的温度场云图；(b) $\theta = 5°$ 时的温度场云图；(c) $\theta = 15°$ 时的温度场云图；
(d) $\theta = 25°$ 时的温度场云图；(e) $\theta = 35°$ 时的温度场云图；
(f) θ 取值不同时的直径节点应力图

限元模型，仿真计算得到的结果如图 2-12 所示，图 2-12（a）、（b）、（c）、（d）、（e）所示为不同宽度沟槽的温度场云图，图 2-12（f）所示为选取某一经过热点的直径上的节点应力图。

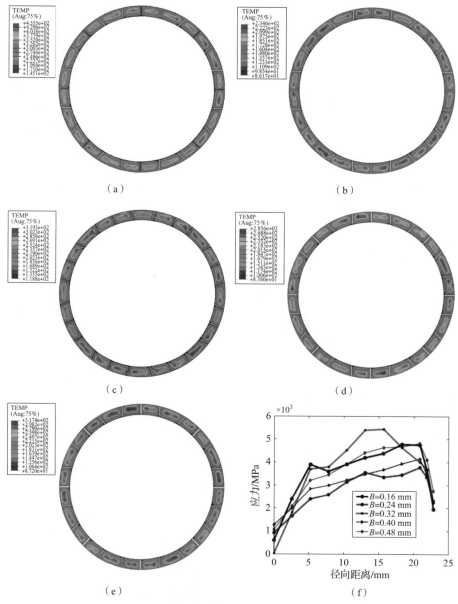

图 2-12　不同宽度沟槽的仿真结果（书后附彩插）

(a) $B=1.6$ mm 时的温度场云图；(b) $B=2.4$ mm 时的温度场云图；
(c) $B=3.2$ mm 时的温度场云图；(d) $B=4.0$ mm 时的温度场云图；
(e) $B=4.8$ mm 时的温度场云图；(f) B 取值不同时的直径节点应力图

随着沟槽宽度增大，每组沟槽内的区块面积减小。沟槽宽度主要影响沟槽组中间沟槽相邻区块的温度分布，热点数目先减少后增多。

应力场分布规律呈现两种情况：一种为随半径增大逐渐平缓地增大至最大值后急剧减小；另一种为先急剧增大后剧烈波动，达到最大值后又急剧减小。随着宽度的增大，应力波动减缓和加剧规律性地反复交替。

沟槽宽度对温度场的影响主要集中在中间沟槽相邻区块，而对应力场的影响则比较复杂，应力波动变化有一定规律性。其主要原因为沟槽宽度的增大使中间沟槽相邻区块的面积减小，扰动波数取值根据热弹性理论应为整数，面积减小使这一区域扰动波数阶梯形式地先减少后增多，从而热点的数目先减少后增多，应力波动呈现减缓和加剧反复交替变换的趋势。

4. 不同沟槽深度的仿真分析

进行沟槽深度参数优化时必须考虑摩擦片的结构及强度，摩擦片摩擦层仅有 0.75 mm，其中沟槽深度 h 的取值范围设置为 $0 \sim 0.6$ mm 较为合理。同时保持其他变量参数与优化结构一致，即组数 N、夹角 θ 和宽度 B 取值分别为 8，0°，3.2 mm。分别建立沟槽深度 h 为 0.2 mm，0.3 mm，0.4 mm，0.5 mm 和 0.6 mm 的摩擦副有限元模型，仿真计算得到的结果如图 2-13 所示，图 2-13 中（a）、(b)、(c)、(d)、(e) 所示为不同深度沟槽的温度场云图，图 2-13 (f) 所示为选取某一经过热点的直径上的节点应力图。

沟槽深度对温度场分布规律并没有较大影响。温度场整体热点同样呈现圆周均匀分布。随着沟槽深度的增大，各个区块热点面积出现减小和增大反复交替现象。对于中间沟槽相邻区块，这种规律更为明显，相邻沟槽组之间的区块同样符合这种规律，但是其程度相对更不明显。与热点面积变化趋势相反的则是热点集聚程度，热点面积越大则各个热点的形状、颜色越一致，热点面积越小则易出现少数集聚程度更深的热点。

应力场分布规律呈现波动规律性的加剧和减缓反复交替现象，与少数集聚程度更深热点的出现趋势相同。

沟槽深度对温度场的影响在中间沟槽相邻区块更为明显；应力场波动程度出现加剧和减缓反复交替的趋势。其主要原因为沟槽深度的增大使中间沟槽相邻区块的总厚度减小，对于相邻区块则更易发生热弹性变形，其内部应力减小的同时又会使摩擦热和温度场的非均匀性增大，系统稳定性因此呈现反复交替的变化。

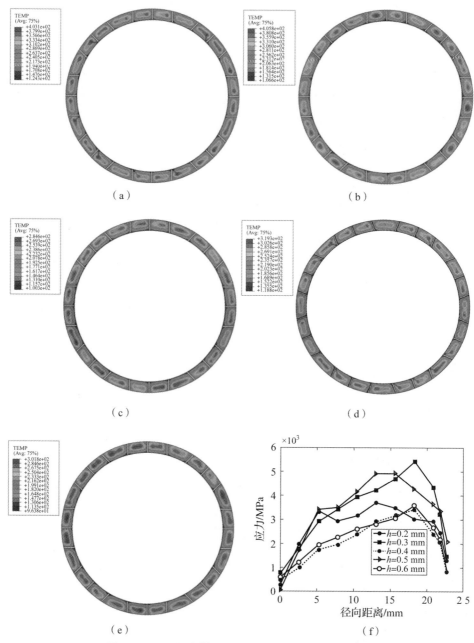

图2-13 不同沟槽深度的仿真结果（书后附彩插）

(a) $h=0.2$ mm时的温度场云图；(b) $h=0.3$ mm时的温度场云图；
(c) $h=0.4$ mm时的温度场云图；(d) $h=0.5$ mm时的温度场云图；
(e) $h=0.6$ mm时的温度场云图；(f) h 取值不同时的直径节点应力图

5. 小结

本章根据 TEI 和热弹性耦合有限元法结合的理论模型，仿真计算了不同工况下的滑摩结果，并以此为指标优化摩擦片结构。首先，由不同滑摩时间下的仿真分析，验证滑摩机理和模型收敛性；其次，通过不同转速和不同基板材料下的仿真计算，得到关于转速与基板材料对热弹性稳定性的影响，以此验证模型优化方法的可行性；最后，对尺寸结构参数进行优化，选取沟槽特征参数（数目、角度、宽度和深度）为优化目标，综合考虑优化取值范围，并分别计算仿真结果，对仿真结果进行初步分析，为后续分析确定优化结果做铺垫。

第 3 节 激光熔覆件与压制烧结件 SEM 试验

2.3.1 试验目的

在摩擦片激光熔覆制备试验的基础上，对经熔覆成型的摩擦片和传统压制烧结成型的摩擦片进行 SEM 分析的对比试验，试验验证制备样件的成型质量和材料性能，实现不同成型方法和腐蚀操作情况下的摩擦表面、切向切面、径向切面、材料分界面、基板和成型缺陷等的观察与验证。

2.3.2 试验内容

1. 电火花线切割准备

为了得到 SEM 可以良好观察的试验件而进入下一阶段试验，对熔覆成型的摩擦片和压制烧结成型的摩擦片进行电火花线切割处理，利用电火花线切割机床分别对两组试件进行切割加工，得到两组符合 SEM 电镜样品托规格的试验块。

2. 试件打磨与腐蚀操作

经电火花线切割而成的试验块，在切割表面会形成一层白质层，影响后续电镜的观察，需要利用砂纸或其他方法打磨。打磨后的试验块在 SEM 电镜观察下不同材料分辨率不足，经腐蚀操作后，成型试验块的观察效果更佳。

3. SEM 分析试验

利用扫描电镜对激光 3D 打印成型的试验件进行微观组织分析，并设置传统粉末冶金工艺成型的摩擦片对照组。观察分析主要从摩擦表面、切向表面和径向表面 3 个方向，以此形成三维立体的观察结果。

2.3.3 试验方法

1. 电火花线切割准备试验

电火花线切割准备试验是为了得到符合电镜试验规格的摩擦材料试验块，使试验块进入下一阶段试验准备，并设置不熔覆的基底进行对照试验。

试验前，将摩擦片固定在加工试验台上。由于试验块的尺寸要求符合电镜样品托规格要求，精度要求较低，可以大致估计切割位置及尺寸。另外，由于电火花线切割机床的切割金属丝不能回程的特点，事先需要规划切割路径，并基于环保和节省时间的原因，最佳路径要减少不必要的走丝。在切割准备阶段，提前释放工作液，形成导电通道后，稍微出现电火花闪烁现象时即可以进行走丝切割。

试验中通过事先规划好的走丝路径，在工作台上，利用控制系统的坐标控制进行电火花线切割加工，按照"优先切除完全不需要的部分、剩下部分先小后大、靠近缺口侧先行"的原则进行走丝，尽量减少重新固定操作，并禁止进行回程走丝。在工作台上切割小方块近似形体，再调节金属丝位置等待工作液排走，取出小方块近似体并擦拭干净，重复上述步骤，对另一组摩擦片进行电火花线切割，完成两组试验样件的电火花线切割。

试验后将两组不同摩擦片的试验块放置至干燥以防止非试验变形，并拍照记录被试件表面状态。

2. 打磨与腐蚀试验

进行电火花线切割后小方块近似体表面不规则，放置在 SEM 电镜中的图像将极度模糊，需要进行打磨及腐蚀操作。

在试验中先利用 200 目砂纸进行硬质层的去除，再使用 1 000 目砂纸进行表面预处理。在摩擦表面上打磨摩擦材料的力度需要注意，因为摩擦层厚度非常小，极易打磨穿。其中最终打磨样件表面平整，小方块近似体 6 个面选择相同的打磨操作。

打磨试验后，优先以酒精进行清洗并干燥。

进行腐蚀试验前,可以先进行 SEM 电镜观察操作,以此进行腐蚀操作的对比试验,具体操作见 3.3.3 节。

进行腐蚀试验时,将试验块分别浸入配置好的饱和 $FeCl_3$ 酒精溶液进行试验件的腐蚀操作,腐蚀时间约为 15 min。

腐蚀操作后,用试纸擦拭试验块,并用酒精清洗试验块,然后进行干燥。

3. SEM 分析试验

试验前通过导电胶将试验块粘贴在 SEM 电镜样品托表面,并用样品卡台调整样品托高度。扫描前用空压机抽取 SEM 电镜内的空气,使其形成真空氛围。

SEM 分析试验通过与 SEM 电镜相连的上位机进行操作,等待 SEM 电镜采集准备结束后,上位机出现图像,通过上位机调焦使图像达到理想的清晰度。

在试验中分别采集试验件上表面(摩擦表面)、径向切面和切向切面的 SEM 图像。

每次试验结束后导出并保存 SEM 图像,更换样品时需要解除真空氛围。

2.3.4 试验条件和设备

1. 电火花线切割试验台

电火花线切割试验台如图 2-14 所示,电火花线切割机床大致由数控装置、坐标工作台、走丝机构、锥度切割机构、脉冲电源和工作液循环装置等部分组成,试验应用其线切割加工成型能力,完成实现摩擦片 SEM 试块在规格方面的准备。

图 2-14 电火花线切割试验台

电火花线切割试验台一侧设置有试验切割工作台(图 2-14 右),工作台设置有走丝机构、锥度切割机构、脉冲电源和工作液循环装置等部分;另一侧为数控装置和坐标工作台（图2-14左），通过控制台进行走丝的相关控制。

试验时，摩擦片良好地支撑固定在试验切割工作台上，打印过程在常温大气环境下进行，以防止操作意外被保护罩挡隔。

2. 打磨砂纸与腐蚀剂

打磨砂纸所用的为普通砂纸，目数分别为200目和1 000目。腐蚀剂采用配好的饱和$FeCl_3$酒精溶液，该溶液腐蚀的成分为材料中的Cu，操作时需要佩戴普通的橡胶手套，以防止腐蚀接触。

3. SEM电镜设备

SEM分析试验采用设备型号为日立TM-1000的扫描电镜。SEM电镜设备如图2-15所示。

图2-15　SEM电镜设备

(a) SEM电镜整体布置；(b) 上位机操作界面

试验时，经制备试验成型的试验件与传统粉末冶金成型的试验件形成对照。所有试验件通过电火花线切割处理，切割成约8 mm×8 mm×6 mm的小方块近似体。

试验块通过导电胶粘贴在SEM电镜样品托表面，并用样品卡台调整样品托高度。

扫描前用空压机抽取SEM电镜内的空气，使其形成真空氛围。SEM图像通过与SEM电镜相连的上位机进行操作。

4. 被试材料情况

试验涉及两种不同材料，分别为作为基底材料的30CrMnSiA和摩擦层的铜基粉末冶金摩擦材料。铜基粉末冶金摩擦材料选用的牌号为F117S，具体信息见表2-3。

表 2-3　F117S 粉末冶金成分表　　%（质量分数）

牌号	铜	铁	锡	铅	石墨	二氧化硅
F117S	70~75	4~7	3~5	2~5	5~8	2~3

试验设置了熔覆成型的摩擦片和传统压制烧结成型的摩擦片进行对比，其经过制备完成后如图 2-16 所示。

图 2-16　两种工艺成型的试验件

试验经过电火花线切割与打磨、腐蚀操作后，熔覆成型的摩擦片和传统压制烧结成型的摩擦片形成了符合 SEM 分析试验规格的试验块，其经预处理后如图 2-17 所示。

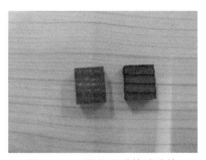

图 2-17　预处理后的试验块

2.3.5　试验流程

试验流程包括电火花线切割试验和打磨、腐蚀操作等预处理环节，SEM 电镜观察分析和最后数据保存处理等环节，其中预处理环节参照前述方法进行操作，后面 SEM 电镜观察分析以及数据保存环节按照流程图所示程序应用到相应测试环节进行操作，如图 2-18 所示。

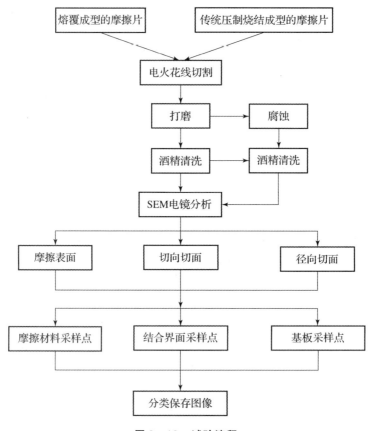

图 2-18 试验流程

2.3.6 试验数据处理与保存方法

SEM 分析试验的结果主要为 SEM 图像,其保存与处理方法为通过 SEM 电镜的前、后位置控制旋钮移动观察图像,上位机控制扫描与调焦,待图像清晰后,导出并保存 SEM 图像。在整个过程中需要注意以下几个方面的内容。

(1) 对试验中的试验件,先观察未经过 $FeCl_3$ 酒精溶液腐蚀处理的图像;

(2) 数据采集系统可实时显示 SEM 图像,适当调节聚焦以使图像清晰;

(3) 数据处理系统能将采集得到的 SEM 图像直接导出并以 JPG、BMP 等文件格式分类存储,图像分辨率设定为仪器输出最大值(1 280 像素 × 1 040 像素)。

2.3.7 试验结果

1. 未经过腐蚀操作的试验结果

试验选用的熔覆成型试验件与压制烧结成型试验件，在经过打磨、清洗等处理后，并未经过腐蚀操作的 SEM 图像如图 2-19 所示。其中左侧列为熔覆成型试验件，右侧列为压制烧结成型试验件，每列由下至上分别为摩擦表面、径向表面和切向表面的 SEM 图像。

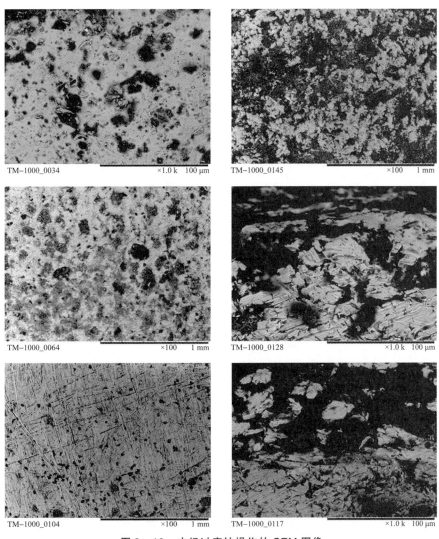

图 2-19 未经过腐蚀操作的 SEM 图像

2. 摩擦表面对比试验结果

试验选用的熔覆成型试验件（图 2-20 左侧列）和压制烧结成型试验件（图 2-20 右侧列）选取了较为直观的摩擦表面（上表面）的 SEM 图像。

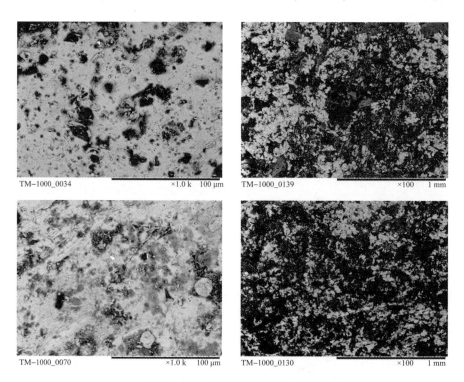

图 2-20　摩擦表面的 SEM 图像

3. 径向切面对比试验结果

试验选用的激光 3D 打印成型试验件（图 2-21 左侧列）和粉末冶金工艺成型试验件（图 2-21 右侧列）选取了较为直观的径向切面（右表面）的 SEM 图像。

4. 切向切面对比试验结果

试验选用的激光 3D 打印成型试验件（图 2-22 左侧列）和粉末冶金工艺成型试验件（图 2-22 右侧列）选取了较为直观的切向切面（前表面）的 SEM 图像。

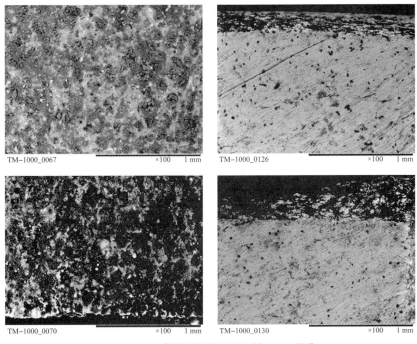

图 2-21 摩擦材料径向切面的 SEM 图像

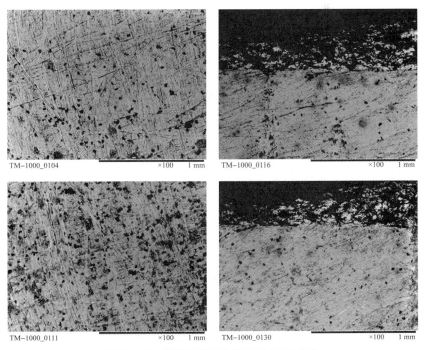

图 2-22 摩擦材料切向切面的 SEM 图像

2.3.8 试验结果分析

1. 腐蚀操作对 SEM 结果的影响分析

依据 SEM 分析试验结果，图 2-19 所示为未经过腐蚀操作处理的 SEM 图像，图 2-20～图 2-22 所示则为经过腐蚀操作处理后的 SEM 图像，由对比可知，未经腐蚀操作处理的 SEM 图像具有以下特点。

（1）对于摩擦表面，SEM 图像中白色的金属相更为明亮，然而金属相与非金属相的分界更为模糊，这种现象在压制烧结成型的试验件中更为明显。其原因在于腐蚀剂的成分为饱和 $FeCl_3$ 酒精溶液，其腐蚀原理为 Cu 与其发生置换反应，Cu 溶解成离子状态，三价铁则附着在其表面，尤其是两相分界面上接触更充分，导致金属相腐蚀后更为灰暗，两相分界面经腐蚀更为明显。压制烧结成型的试验件的此现象更为明显则表明金属相的结合程度更低。

（2）对于径向切面，未经腐蚀操作处理的 SEM 图像不仅在金属相与黑色非金属相界面上显得更为模糊，在摩擦材料与基板材料的分界面上也极为不明显，此模糊现象在熔覆成型的试验件上体现得更为突出。其原因和上述第一条原因大致相同，该现象表明熔覆成型的试验件中摩擦材料与基板材料为冶金结合，结合更为牢固，并发生了一定的稀释现象。

（3）对于切向切面，由于切向切面在短距离内近似与熔覆方向平行，受热较为一致，分布均匀性要优于摩擦表面和径向切面，腐蚀操作处理对熔覆成型的试验件的影响可以忽略不计，而对压制烧结成型的试验件的影响则表现为两相分界面更为模糊和非金属相界面模糊。其原因大致与上述原因类似，熔覆成型的试验件稳固结合且分布均匀，猜测其可能在常规腐蚀时间下切向切面腐蚀程度太低，而压制烧结成型的试验件腐蚀程度较高，极有可能在腐蚀 Cu 的同时腐蚀了未烧结的其他金属，例如 Sn 等。这种行为进而造成了平面的平整，使 SEM 电镜可以对焦更为准确，SEM 图像更为清晰。

（4）对于基体，对比分析 SEM 图像，腐蚀操作处理基本没有太大的影响。其原因则为腐蚀剂与基板材料的主要成分发生反应的速率远远不及摩擦材料，在腐蚀操作处理的短时间内变化不大。

（5）SEM 图像中存在的缺陷（C 夹杂、裂纹和缩孔等）明显经腐蚀操作处理后更为清晰，也可以观察到亮银色白球现象更为明显，而其他成分未融化的现象则更为不明显。其原因为腐蚀操作处理对有明显分界面的缺陷可以突出其边缘。未融化现象明显分为两种成分，亮银色白球大概率为 Pb 成分，其不溶于金属固溶体相和非金属相，也不与腐蚀剂反应，因此经腐蚀操作处理后更为明显。而其他未融化现象大多发生在压制烧结成型的试验件中,其成分为低熔点的金属如 Sn 等,其可以与腐蚀剂反应,经腐蚀操作处理后会发生缺陷被掩盖的现象。

2. 不同成型方法对摩擦表面 SEM 分析试验结果的影响分析

依据 SEM 分析试验的结果,图 2 – 20 ~ 图 2 – 22 均为 SEM 分析试验中挑选出来的较为理想的结果,由其对比可知,激光 3D 打印成型的试验件(熔覆成型的试验件)与传统粉末冶金成型的试验件(压制烧结成型的试验件)在摩擦表面、径向切面和切向切面上的微观组织形貌具有以下特点。

(1)对于摩擦表面,熔覆成型的试验件摩擦材料呈现 C 原子在单一平面均匀地分布在 α – Cu 固溶体相中,C 与金属粉末结合较为紧密,而对于压制烧结成型的试验件则两者互相夹杂,呈现鳞片状,结合并不紧密。其原因在于激光熔覆成型工艺加热温度要远高于压制烧结成型工艺,由于温度梯度力的原因,经过机械混合的粉末材料熔化后流动性要优于压制烧结成型工艺。

(2)对于径向切面,熔覆成型的试验件摩擦材料在该面的组织分布呈现鳞片状分布,与压制烧结成型的试验件较为相似。其原因在于熔覆成型工艺由于径向与熔覆方向垂直,又由于熔覆熔道宽度的限制,熔覆过程中温度在熔道宽度方向存在梯度,热源边缘区域温度与压制烧结温度接近,导致边缘区域的微观组织形貌与压制烧结成型的试验件极为相似。

(3)对于切向切面,熔覆成型的试验件摩擦材料微观组织分布与摩擦表面分布相似,且由于切向切面在短距离内近似与熔覆方向平行,受热较为一致,分布均匀性要优于摩擦表面。

(4)对于基体,对比分析径向切面与切向切面的 SEM 图像,压制烧结成型的试验件基体影响较小,摩擦材料与基体材料有较为明显的平缓分界面。熔覆成型的试验件则呈现摩擦材料与基体材料冶金结合的情况,分界面不太清晰,切向与径向差别较大,并且分界面沿摩擦层方向波动较大。其原因则为压制烧结成型为整体一次较低温加热过程,而熔覆成型为多道快速加热(高温)快速降温的过程,两者的不同导致压制烧结成型的试验件摩擦材料与基体均匀地机械结合,熔覆成型的试验件摩擦材料与基体不均匀地冶金结合。

(5)熔覆成型的试验件存在的缺陷较多为 C 夹杂,其原因为熔覆成型是急剧加热急剧降温的过程,C 比金属在高温时的流动性要差,在降温过程中过快降温使 C 聚集在局部。

(6)压制烧结成型的试验件存在的缺陷较多为缩孔和未融化,其原因为压制烧结成型加热温度较低,铜基粉末冶金摩擦材料中相对熔点较高的成分较易产生未融化缺陷，温度较低导致冷却时金属液收缩性能差，容易产生缩孔，并且本身工艺存在需要加压的缺陷，导致加热之前粉末组分存在分布不均匀的缺陷。

| 第 4 节　热弹性不稳定性试验测试 |

2.4.1　摩擦层熔覆制备成型与 SEM 电镜试验

摩擦层熔覆制备成型试验是为了得到具有较好表面状态的摩擦材料试验件，使试验件进入下一阶段试验验证性能，并设置不熔覆的基底进行对照试验。SEM 电镜试验是验证摩擦层熔覆制备结果性能的试验，目的是通过对比分析熔覆件与对比件的微观形貌组织，检验熔覆质量和证明熔覆件性能的优异性。

熔覆制备是在激光 3D 复合打印试验台（图 2-23）上进行的，其最大打印厚度可达 5 mm，试验应用其增减材一体的加工成型能力，完成铜基粉末冶金摩擦材料在基底材料上的制备。

图 2-23　激光 3D 复合打印试验台

试验台机座一侧设置有工作台，工作台一侧设置有多轴铣削机构，多轴铣削机构包括铣削座及刀具座，铣削座间隔设置在刀具座的一侧，铣削座下方设置有第一导轨及第二导轨，第一导轨及第二导轨垂直设置，第一导轨设置在第二导轨上方；工作台另一侧间隔设置有喷枪座，喷枪座上卡持设置有堆焊喷枪。

进行 SEM 电镜试验前采用电火花线切割机床进行切割，试验件经预处理后放入型号为日立 TM-1000 的扫描电镜中进行分析。电火花线切割机床大致由数控装置、坐标工作台、走丝机构、锥度切割机构、脉冲电源和工作液循环装置等部分组成。日立 TM 1000 扫描电镜的倍率为 20 ~ 10 000，由上位机控制扫描电镜进行观察分析，电火花线切割机床与扫描电镜如图 2 – 24 所示。

图 2 – 24　电火花线切割机床与扫描电镜

进行制备试验时，先将基板良好地支撑固定在工作台上，打印过程在氩气保护气氛下进行，并被保护罩隔绝。通过试验台第一、第二、第三导轨和各传感器等调节铣削座、喷枪座、转板、对接夹柱、堆焊喷枪等，在基体 30CrMnSiA 上，利用堆焊喷头对导入的铜基粉末冶金摩擦材料进行熔融加工。完整的技术流程是逐行逐层在工作台上堆积形成单层或多层近似体，再调节铣削夹座、刀臂架等，对近似体进行 5 轴精密减材加工，重复上述步骤，直到最后形状加工完毕，完成试验件的制备。

为了观察熔覆成型质量和验证熔覆成型工艺的优异性，仅熔覆单层近似体。对近似体进行电火花加工，切割成约 8 mm × 8 mm × 6 mm 的小方块。在进行 SEM 电镜试验前对不同摩擦材料的试验件进行放置处理以防止非制备试验变形，并拍照记录被试件表面状态。利用电火花线切割设备对激光 3D 打印成型试验件和传统粉末冶金成型试验件分别进行切割，以此形成对照试验。切割后的样件先采用 200 目砂纸进行硬质层的去除，再使用 1 000 目砂纸进行表面预处理。在 SEM 电镜试验中将试验件浸入 $FeCl_3$ 酒精溶液进行腐蚀操作，腐蚀时间约为 15 min。腐蚀操作完成后利用酒精进行清洗，清洗和干燥后进行扫描电镜观察。试验块通过导电胶粘贴在扫描电镜样品托表面，并用样品卡台调整样品托高度。扫描前用空压机抽取扫描电镜内的空气，以形成真空氛围。SEM 图像通过与扫描电镜相连的上位机进行操作。试验中分别采集试验件上表面（摩擦表面）、径向切面和切向切面的 SEM 图像。

每次试验结束后导出并保存 SEM 图像。

2.4.2 摩擦片热弹性滑摩试验

摩擦片热弹性滑摩试验是对摩擦片性能的一项重要测试,其可测试滑摩的温度、应力及振动状态等,同时也可以验证仿真计算结果的准确性。摩擦片热弹性滑摩测试是在离合器试验台上进行的,试验内容为对某型离合器摩擦片进行在实际工况下的摩滑过程中的温度测试。整个试验台包括动力端、加载端、上位机、传感器及其采集线等,其中动力端与加载端为电动机控制单元,最大功率为 315 kW。离合器试验台、数据采集设备与传感器布置如图 2-25 所示,试验台左侧为轴向加压动力端,右侧为摩擦片旋转动力端,这是由于考虑到传感器布线问题。加速度、应变片和热电偶温度传感器安装在最左侧对偶钢片外侧,数据连接线通过压板孔和实验台预留孔引出与数据采集设备相连。试验台左侧的轴向加压载荷端与离合器外壳(对偶钢片)转速同步,右侧的旋转动力端与内毂(摩擦片)保持同步转速,其最高转速为 4 000 r/min。

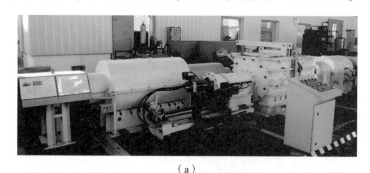

(a)

(b)

图 2-25 离合器试验台、数据采集设备与传感器布置
(a)离合器试验台;(b)数据采集设备与传感器布置

考虑到传感器布线问题,试验台左侧为轴向加压动力端,右侧为摩擦片旋转动力端。加速度、应变片和热电偶温度传感器安装在最左侧对偶钢片外侧,并通过压板孔和试验台预留孔将数据连接线引出,与数据采集设备相连。试验

测试时,首先对旋转动力端进行加载,之后轴向加压端按一定的压力轴向进给,直到摩擦副完全结合,测试摩滑过程中的温度数据。

试验测试中,设定的每个摩擦副分离间隙为 0.5 mm,热电偶温度传感器采样频率为 1 Hz。内毂带动摩擦片开始结合后以每次增加 200 r/min 的转速增量从 800 r/min 增加到 3 000 r/min,之后改变转速增量为每次增加 100 r/min,最终增加至 3 400 r/min。在这个过程中,润滑油流量从初始的 6 L/min,随着转速的增加而变化。当转速大于 1 400 r/min 时,润滑油流量变为 7.2 L/min,当转速大于 3 000 r/min 时,润滑油流量变为 8.7 L/min。这个做法是为了保证摩擦片润滑效果和散热,进而保护试验台可以循环利用。同时,利用逐步加速并逐步增加润滑油流量的测试可以进行多次结合滑摩测试,进而得到多次测量的数据(图 2 - 26)。

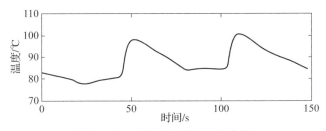

图 2 - 26　试验测试部分数据曲线

试验结果中摩擦片和对偶钢片的高温区呈热点周向均匀分布在摩擦表面的特点,具体实物如图 2 - 27 所示。对偶钢片上出现黑色烧灼斑点,其为高温析出的碳成分粘结在对偶钢片摩擦表面上所导致的结果。仿真结果与试验结果中的高温区分布规律大致相同,这证明了热弹性不稳定性理论的正确性,也验证了仿真试验的准确性。

图 2 - 27　摩擦片与对偶钢片实物

2.4.3　成型结构对热弹性稳定性的影响

分别以沟槽分布数目 N、夹角 θ、沟槽深度 h 和沟槽摩擦表面宽度 B 作为参数变量,研究不同分布状态及结构特征的沟槽对温度分布规律的影响。不同分布特征的温度场离散温度数据无法直接对比,需要建立统一的评价指标进行评价。结合数理统计中的一般评价方式，选取温度场平均温度 μ、温度场方差 σ 和温度极差 R 等 3 个指标。

沟槽不同分布特征的有限元仿真结果中，温度场被沟槽分割成若干区块，每块区块中间都有着局部高温区域，整体热点呈现圆周均匀分布。

选取热点分布的圆周作为采样路径，采取圆周上的仿真节点温度数据，图 2-28 所示为沿热点圆周路径的仿真采样数据。随着分布参数、特征参数的增大，热点圆周温度场的变化并不是线性的。沟槽分布数目 N 的增大导致了接触面积减小，摩擦表面应力集中在接触面积上，引起压力扰动加剧；夹角 θ 增大时，沟槽与内、外柱面的夹角也在变化，从而引起摩擦表面应力分布出现变化；沟槽深度 h 的增大会降低摩擦层的刚度，摩擦片变形的增加导致压力扰动加剧；沟槽摩擦表面宽度 B 的增大也会导致接触面积减小，摩擦表面应力集中在接触面积上，引起压力扰动加剧。因此，随着沟槽分布特征参数的增大，某部分区域温度场和应力场发生改变，系统稳定性随之变化。通过温度场评价指标，可以得到最优化的沟槽分布特征参数。

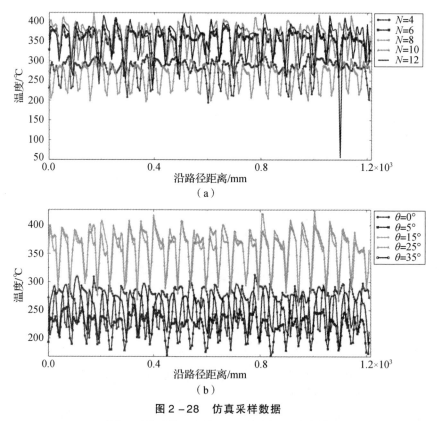

图 2-28 仿真采样数据

(a) 不同 N 时的采样温度图；(b) 不同 θ 时的采样温度图

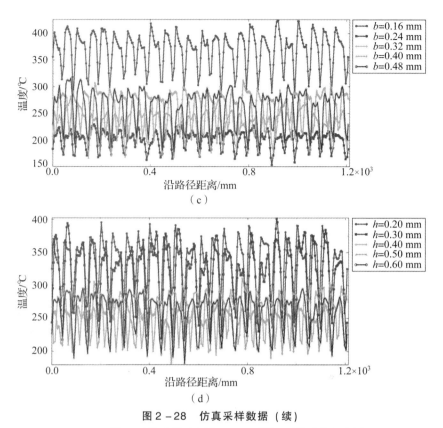

图 2-28 仿真采样数据（续）

（c）不同 B 时的采样温度图；（d）不同 h 时的采样温度图

根据图 2-28 所示的采样数据，可较为明显地观测到，当 $N=8$，$\theta=5°$，$h=0.4$ mm，$B=0.24$ mm 时，采样温度数据曲线都处于最下方，可以判定平均温度值和温度极差值为最小。评估温度场不均匀程度的方差系数无法从采样数据中直接获得，为此，采用直接计算温度评估指标的方法，计算结果见表 2-4。

表 2-4 温度场热弹稳定性评价结果

沟槽参数	平均温度 μ	温度极差 R	温度方差 σ
$N=4$	283.283 069 5	123.469 345 1	0.077 531 769
$N=6$	355.488 777 3	141.803 192 1	0.068 811 926
$N=8$	267.381 066 5	114.550 766	0.095 576 061
$N=10$	365.313 443 3	140.176 239	0.079 104 937
$N=12$	359.353 069 8	123.469 345 1	0.109 604 323

续表

沟槽参数	平均温度 μ	温度极差 R	温度方差 σ
$\theta = 0°$	267.381 066 5	114.550 766	0.095 576 061
$\theta = 5°$	223.787 743 8	89.953 231 81	0.087 757 486
$\theta = 15°$	359.895 014 8	153.487 121 6	0.088 816 806
$\theta = 25°$	361.294 467 7	166.062 042 2	0.084 181 642
$\theta = 35°$	259.470 400 3	114.550 766	0.098 876 876
$B = 0.16$ mm	373.102 019 7	154.185 699 5	0.088 253 895
$B = 0.24$ mm	202.571 749 4	77.032 379 15	0.077 613 22
$B = 0.32$ mm	267.381 066 5	114.55 076 6	0.095 576 061
$B = 0.40$ mm	234.234 844 5	109.789 016 7	0.101 724 642
$B = 0.48$ mm	266.095 194 7	154.185 699 5	0.112 875 321
$h = 0.20$ mm	340.447 452 6	157.056 655 9	0.100 085 531
$h = 0.30$ mm	324.478 367 1	184.445 541 4	0.127 191 147
$h = 0.40$ mm	246.218 347 7	105.710 693 4	0.082 673 089
$h = 0.50$ mm	267.381 066 5	114.550 766	0.095 576 061
$h = 0.60$ mm	261.017 305 8	157.056 655 9	0.098 263 861

表 2-4 所示的计算结果表明，评价指标（包括平均温度、温度极差、摩擦副内温度场方差）与沟槽分布参数之间的关系较为复杂。根据理论分析，评价指标值可能以高阶三角函数的形式呈现振荡变化，如图 2-29 所示。随着沟槽分布参数的增大，温度场平均温度和温度极差呈现先减小后增大的趋势。随着沟槽组数的增多，温度场不均匀系数波动范围为 6.88% ~ 10.96%，呈现减小和增大反复交替的趋势；随着夹角的增大，温度场不均匀系数基本保持不变，为 8% 左右；随着沟槽宽度的增大，温度场不均匀系数从 8.82% 增加到 11.28%，呈现增大趋势；随着沟槽深度的增大，温度场不均匀系数从 10.01% 减小到 9.83%，呈现减小趋势。

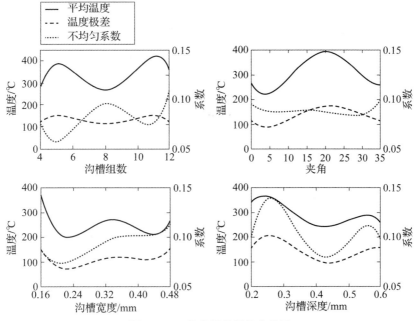

图 2-29 仿真评价指标曲线图

第 5 节 总 结

本章通过直沟槽不同分布特征和结构参数分析，对摩擦副进行了热弹性仿真与试验测试研究，获得了热点分布规律及结构特征最佳优化参数。经仿真与试验数据对比，验证了仿真结果的正确性。研究得到如下结论：

（1）直沟槽分布参数增大，温度场平均温度和温度极差呈现先减小后增大的趋势。

沟槽组数的增多使温度场不均系数在 6.88% ~ 10.96% 范围内减小和增大反复交替；沟槽角度对温度场不均匀系数影响较小，均为 8% 左右；沟槽宽度的增大使温度场不均匀系数从 8.82% 增大到 11.28%；沟槽深度的增大使温度场不均匀系数从 10.01% 减小到 9.83%。

（2）随着沟槽组数的增多，相邻沟槽组之间区块热点数目逐渐减少，沿半径方向的应力波动加剧。

（3）随着沟槽角度的增大，偏转沟槽相邻的区块顺时针方向部分热点数目逐渐增多，逆时针方向部分热点数目则逐渐减少，在摩擦环面中部的应力所受影响较大，应力值波动程度为先升高后降低。

（4）随着沟槽宽度的增大，热点数目先减少后增多，应力波动则呈现较为规律的减缓和加剧反复交替的趋势。

（5）随着沟槽深度的增大，各个区块热点面积减小和增大反复交替，热点面积越小则易出现少数颜色更深的热点，应力场波动加剧和减缓反复交替。

熔覆制备工艺质量直接对比无法形成直观有效的标准，需要通过 SEM 电镜试验结果评价熔覆制备工艺对摩擦材料的影响，直观反映成型效果，为后续对摩擦片性能试验做铺垫。结合热弹性滑摩试验与滑摩仿真结果的数据，不仅验证了仿真结果的准确性与可靠性，还通过更便捷的仿真计算优化了摩擦片沟槽结构，以此提高摩擦片的性能。最后，通过冲击损伤测试得到的数据，以非线性损伤计算方法预测摩擦片寿命。试验的效果符合预期目标，得到了较好的结论。试验计算所得到的摩擦片齿轮寿命，保证了滑摩试验是在齿轮有效寿命条件下进行的，排除了齿轮损伤后受力变化对试验的影响，提高了滑摩试验结果的准确性。

参 考 文 献

[1] BARBER J R. Thermoelastic Instabilities in the Sliding of Conforming Solids[J]. Proc. Roy. Soc., 1969, 312A:381 – 394.

[2] BURTON R A. Thermoelastic Instability in a Seal – Like Configuration[J]. Wear, 1973, 24:177 – 188.

[3] LEE K, BARBER J R. Frictionally – excited thermoelastic instability in automotive disk brakes[J]. ASME Journal of Tribology, 1993, 115:607 – 614.

[4] ZELENTSOV V B, MITRIN B I, AIZIKOVICH S M. Dynamic and quasi – static instability of sliding thermoelastic frictional contact[J]. Journal of Friction and Wear, 2016, 37 (3):213 – 220.

[5] 马彪,赵家昕,陈漫,等. 摩擦材料特性对离合器热弹性不稳定性的影响[J]. 机械工程学报,2014,50(08):111 – 118.

[6] 马彪,赵家昕,李和言,等. 离合器结构参数对其热弹性不稳定性的影响[J]. 吉林大学学报(工学版),2014,44(04):933 – 938.

[7] 杨立昆. 离合器接合过程摩擦振颤特性研究[D]. 北京:北京理工大学,2016.

[8] MAO J J, KE L L, YANG J, et al. The coupled thermoelastic instability of FGM coatings with arbitrarily varying properties: in – plane sliding[J]. Acta Mechanica,

2018,229(7):2979-2995.

[9] 赵斌斌. 湿式多盘制动器热—结构耦合分析与优化[D]. 西安:西安科技大学,2018.

[10] MAO J J,KE L L,YANG J,et at. Thermoelastic instability of functionally graded coating with arbitrarily varying properties considering contact resistance and frictional heat [J]. Applied Mathematical Modelling,2017,43.

[11] 范芳,何锋,余国宽,等. 基于ANSYS的湿式制动器摩擦盘温度场分析[J]. 现代机械,2016(03):5-7.

[12] 夏德茂,奚鹰,朱文翔,等. 摩擦片材料和结构对制动器热弹性失稳影响[J]. 同济大学学报(自然科学版),2016,44(01):119-127.

[13] 夏德茂,奚鹰,朱文翔,等. 二维轴对称摩擦制动器瞬态热弹性失稳的研究[J]. 机械工程学报,2015,51(20):144-155.

[14] YI Y B,BENDAWI A,LI H Y,et al. Finite element analysis of thermoelastic instability in intermittent sliding contact[J]. Journal of Thermal Stresses,2014,37(7).

[15] 沈健. 制动器摩擦接触表面温度场分布特性研究与实验验证[J]. 机械传动,2014,38(11):131-135.

[16] 郜庚虎. 结合红外测温与有限元分析的平面往复滑动摩擦温度场研究[D]. 合肥:合肥工业大学,2016.

[17] 杨世铭,陶文铨. 传热学[M]. 北京:高等教育出版社,2006.

[18] 曲在纲,黄月初. 粉末冶金摩擦材料[M]. 北京:冶金工业出版社,2005.

第3章
高能摩擦副齿部高频动态非线性冲击原理研究

引 言

在离合器摩擦片与对偶钢片结合/分离的过程中，摩擦片内齿与内毂外齿处于浮动支撑啮合状态，且传动轴的动力传输表现为高频特征的非平稳性，这导致摩擦片齿部所受冲击载荷呈现高频的强非线性冲击碰撞。经多次试验测试，啮合齿部碰撞频率为 120~180 Hz，而这种强非线性高频冲击碰撞特性将影响摩擦副的性能及使用寿命，极易产生振动、塑变、裂纹，甚至断裂现象，造成摩擦片损伤和整体失效，影响离合器和传动系统的使用寿命。由于某型重载车辆离合器摩擦副使用条件的苛刻性（传递转矩载荷为 18 200 Nm，能量密度为 1 300 kJ/m^2，线速度为 70 m/s，冲击频率大于 120 Hz），目前国内外关于齿部高频冲击振动的研究文献较少，仅作者所在的课题组在进行相关系统性研究。随着我国大功率重载车辆传动系统功率密度越来越高，主轴工作转速达到 10 000 r/min，摩擦副的工作环境将更加复杂苛刻，由此引发的摩擦副齿部高频冲击损伤问题将会更加突出，因此，传动系统的性能研究和使用寿命设计显得极为迫切和重要。

第 1 节　建立浮动支撑摩擦副齿部动态冲击数学模型

为了得到内毂和芯板间的冲击力，建立基于赫兹接触理论的内毂和芯板的动力学冲击理论模型。冲击理论模型引入等效冲击力来代替所有实际冲击力，假定发生碰撞的齿数是固定的，以及碰撞都发生在节圆位置（假设与实际情况存在差别），通过理论计算得到内毂和芯板之间的冲击力和冲击频率。

内毂和芯板的冲击理论模型公式为

$$F = \begin{cases} -(1 + p(\dot{x}_1 - \dot{x}_2))H(x_1 - x_2 - d/2)^{3/2}, & x_1 - x_2 - d/2 > 0 \\ (1 + p(\dot{x}_1 - \dot{x}_2))H(-x_1 - d/2)^{3/2}, & x_2 - x_1 - d/2 > 0 \\ 0, & 其他 \end{cases}$$

式中，p 为冲击能量损失系数；x 为摩擦片芯板和内毂自由度；d 为摩擦片芯板与内毂齿部间隙；H 可由下式计算：

$$H = (4/3)Er^{1/2}$$

式中，E 为芯板与内毂齿部等效弹性模量，r 为综合曲率半径。

由上两式可得，摩擦片齿部冲击碰撞力大小与碰撞齿间相对速度成正比，与齿间碰撞挤压变形位移有关，所以，摩擦片齿部冲击碰撞力不仅受碰撞前齿间相对速度大小影响，还受齿间碰撞挤压位移影响。

内毂和芯板之间的碰撞示意如图 3-1 所示。摩擦片随内毂转动时，由于惯性力的作用，摩擦片与内毂将随转速增大而逐渐趋于同心，因此，理论模型的建立基于内毂和芯板同心假设基础。由渐开线齿廓性质可知，齿部碰撞冲击力沿齿面法向与基圆相切。

扭转振动造成内毂的速度波动，由扭转特性知，速度波动可以用正弦函数来表示：

$$w = w_0 + A\sin(2\pi ft)$$

式中，w 为内毂输入转速；w_0 为恒定转速；A 为转速波动幅度；f 为扭转频率。

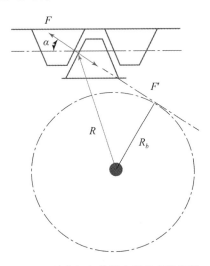

图 3-1　内毂和芯板之间的碰撞示意

内毂与芯板碰撞产生的冲击力矩促使芯板转动，内毂与芯板齿部发生冲击碰撞，内毂与芯板动力学微分方程分别为

$$\ddot{\theta}_1 = 2\pi f A \cos(2\pi f t) + (nFR_b - c_1\dot{\theta}_1)/J_1$$

$$\ddot{\theta}_2 = (-M - c_2\dot{\theta}_2)/J_2$$

根据图 3-1，内毂与芯板齿部碰撞力 F 可改写为

$$F = \begin{cases} -[1+p(\dot{\theta}_1-\dot{\theta}_2)R\cos(\alpha)]H[(\theta_1-\theta_2-d'/2R)R\cos(\alpha)]^{3/2}, & \theta_1-\theta_2-d'/2R>0 \\ [1+p(\dot{\theta}_2-\dot{\theta}_1)R\cos(\alpha)]H[(\theta_2-\theta_1-d'/2R)R\cos(\alpha)]^{3/2}, & \theta_2-\theta_1-d'/2R>0 \\ 0, & 其他 \end{cases}$$

式中，J_1/J_2 为内毂与芯板转动惯量之比；c_1/c_2 为结构阻尼；R 为节圆半径；d' 为内毂和芯板分度圆等效齿侧间隙；α 为节圆压力角。

由前面公式所示的浮动支撑摩擦片高频冲击理论推导过程可知，影响摩擦片齿部冲击碰撞的主要参数有：齿部材料参数、齿部几何参数（包括模数、齿数、压力角等）、转动惯量、齿部冲击能量损失系数、齿部碰撞相对速度以及相对位移、齿侧间隙、参与接触的齿数，以及内毂转速波动幅值与频率。其中，压力角（20°~50°）、齿侧间隙（0.1~1.5 mm）、内毂转速波动幅值（0.000 4~0.003 5 rad）与频率（30~160 Hz）是摩擦片齿部动态冲击研究中的主要分析参数。因此，本章以浮动支撑摩擦片冲击理论为基础，以试验测试与有限元分析为验证手段，开展摩擦副齿部动态冲击原理以及主要参数对齿部冲击的影响研究。

第 2 节 摩擦副齿部动态冲击仿真

3.2.1 低频动态冲击激励仿真

在频率为 7.874 Hz 的动态激励下，模数为 3 mm 的摩擦片齿部冲击碰撞响应稳定状态的时域曲线如图 3-2 所示。激振速度波动幅值由原理样机试验台五点凸轮机构设计参数确定，为 1.155 rad/s。为了研究摩擦片碰撞过程，绘制内毂激励速度与芯板运动速度时域曲线，如图 3-2 所示。其中，红色粗实线表示内毂激励速度，蓝色带星号细实线表示芯板运动速度。内毂激励速度从 0 逐渐增大，当内毂激励速度大于芯板运动速度时，内毂齿部逐渐"追赶"靠近芯板齿部，产生碰撞，芯板运动速度突然增大，如图 3-2 中（1）处速度

突跳所示。此时,芯板运动速度大于内毂激励速度,二者齿部接触分离;随着内毂激励速度进一步增大,当内毂激励速度大于芯板运动速度时,内毂齿部"追赶"芯板齿部,再次产生碰撞,如图 3-2 中(2)处芯板运动速度突跳所示,碰撞后芯板运动速度进一步增大。随着内毂由加速变为减速,内毂激励速度小于芯板运动速度。此时,芯板齿部"追赶"内毂齿部,产生反向碰撞,如图 3-2 中(3)处所示。碰撞后,芯板运动速度突降,并小于内毂激励速度,但随着内毂激励速度进一步减小至小于芯板运动速度时,芯板齿部再次"追赶"上内毂齿部,产生反向碰撞,如图 3-2 中(4)处所示。此时,芯板由于碰撞导致其速度反向。随着内毂激励速度逐渐降至 0,并反向加速至速度超过芯板运动速度时,内毂齿部"追赶"芯板齿部,二者逐渐靠近并产生碰撞,如图 3-2 中(5)处所示。依此类推,可分析图 3-2 中(6)~(8)处以及后续的碰撞过程。由此可见,芯板运动速度总体上随内毂激励速度周期性波动,但在内毂动态激励各个周期内,齿部碰撞发生时对应的内毂激励速度与位置不同,呈现碰撞周期不规则性,导致动态响应频谱频率与激振频率存在一定偏差。

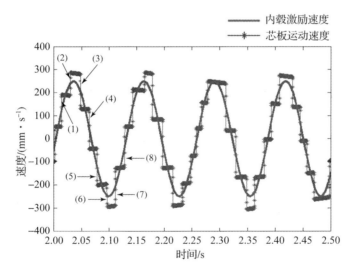

图 3-2 内毂激励速度与芯板运动速度时域曲线(冲击激励频率为 7.874 Hz 时)

为了详细分析摩擦片齿部冲击原理,提取碰撞力、齿间相对速度以及相对位移时域曲线,如图 3-3 所示。同时,为了反映齿部冲击碰撞是正碰(两齿沿啮合线运动速度方向相反)还是追碰(两齿沿啮合线运动速度方向相同),提取芯板运动速度与内毂激励速度的乘积,如图 3-3 中齿间相对速度方向所示的时域曲线,正碰时速度乘积为负,追碰时速度乘积为正。

从图 3 - 3 中齿间相对速度曲线来看，激励频率为 7.874 Hz 时的齿间相对速度波动范围为 -0.1 ~ 0.1 m/s。当齿部发生碰撞时，由于芯板运动速度会发生突变，芯板与内毂齿间相对速度亦会发生突变。碰撞时齿间相对速度由正变为负，则冲击碰撞力为正，反之为负，与图 3 - 2 中的运动速度分析结果一致。从冲击碰撞力幅值与碰撞前、后齿间相对速度幅值的关系来看，总体上碰撞前齿间相对速度幅值越大，对应的碰撞力幅值越大，由碰撞引起的齿间相对速度变化幅值越大，但在齿部个别碰撞过程中，碰撞前较小的齿间相对速度会引起稍大的碰撞力，这是由于碰撞力除了受碰撞前齿间相对速度大小的影响外，还受齿部相对挤压位移的影响，该现象反映出的碰撞规律与碰撞力理论计算与分析结果一致。同时，从碰撞前齿间相对速度幅值与碰撞力幅值的关系来看，该现象还可以反映出齿间挤压变形相对位移对碰撞力的影响较碰撞前齿间相对速度对碰撞力的影响小，碰撞前齿间相对速度幅值包络曲线趋势与碰撞力幅值包络曲线趋势一致，从总体上仍可认为摩擦片齿部碰撞力主要由碰撞前齿间相对速度幅值决定。

由图 3 - 3 中齿间相对速度方向曲线可知，大部分碰撞下齿间相对速度方向曲线为正值，这表明大多数碰撞发生时内毂激励速度与芯板运动速度方向一致，属于"追碰"；仅在少数碰撞发生时齿间相对速度方向曲线为负值，此时，内毂激励速度与芯板运动速度方向相反，属于"正碰"。通过与图 3 - 2 中的运动速度曲线对比分析发现，"正碰"发生在内毂动态激励速度曲线方向发生变化时，即内毂运动方向反向时，如图 3 - 2 中（4）与（8）处所示。同时，图 3 - 3 显示，"正碰"产生的冲击碰撞力幅值较大。

图 3 - 3 所示的齿间相对位移曲线由于碰撞发生改变，能够直观反应齿部单侧碰撞与双侧碰撞，与碰撞力方向变化一致。

低频冲击理论仿真结果表明，低频冲击激励下齿部碰撞具有以下规律：①单齿侧发生数次碰撞后，齿部接触分离，导致齿部另外一侧发生碰撞，该现象发生在内毂加速与减速交替过渡过程中；②齿部两侧发生碰撞的次数、频率，以及对应内毂转速、位置不同；③齿部大部分碰撞为"追碰"，仅在内毂动态速度激励方向反向时发生"正碰"，且"正碰"产生的碰撞力幅值较大；④碰撞力大小受碰撞前齿间相对速度影响较大，受齿间接触挤压变形位移影响较小，主要由碰撞前齿间相对速度大小决定。

3.2.2　中频动态冲击激励仿真

冲击激励频率为 60 Hz 时，内毂激励速度与芯板运动速度波动曲线如图 3 - 4 所示。这里，除冲击激励频率与低频激励不同之外，其余参数（包括

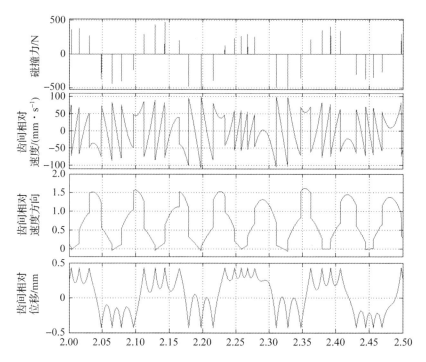

图 3-3 摩擦片齿部冲击动态响应（冲击激励频率为 7.874 Hz 时）

内毂转动位移波动幅值）保持不变。摩擦片在中频冲击激励作用下，齿部碰撞规律分析过程与图 3-2 所示的低频冲击激励作用下的碰撞过程相同，这里不再赘述。值得注意的是，虽然内毂转动位移波动幅值不变，但其速度波动幅度由于冲击激励频率的升高而增大，由 -250~250 mm/s 增大至 -1 900~1 900 mm/s。

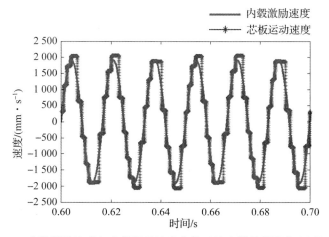

图 3-4 内毂激励速度与芯板运动速度曲线（冲击激励频率为 60 Hz 时）

3.2.3 高频动态冲击激励仿真

冲击激励频率为 120 Hz 时,内毂激励速度与芯板运动速度曲线如图 3-5 所示。这里,除冲击激励频率与低频激励不同之外,其余参数(包括内毂转动位移波动幅值)均保持不变。摩擦片在高频冲击激励作用下,齿部碰撞规律分析过程亦与图 3-2 所示的低频冲击激励作用下的碰撞过程相同,这里不再赘述。值得注意的是,虽然内毂转动位移波动幅值不变,但其速度波动幅度由于冲击激励频率的升高而增大。

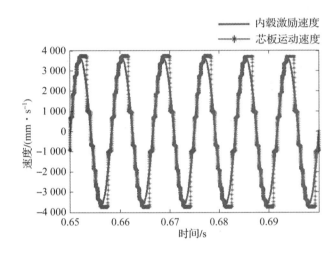

图 3-5 内毂激励速度与芯板运动速度曲线(冲击激励频率为 120 Hz 时)

在高频冲击激励作用下,摩擦片齿部冲击碰撞动态响应参数如图 3-6 所示。与图 3-3、图 3-5 所示的低频和中频冲击激励作下的动态响应类似,摩擦片齿部发生正、反冲击碰撞,单边出现连续数次冲击碰撞,且大部分为"追碰"。与低频、中频冲击激励作用下的规律不同的是,高频冲击激励作用下摩擦片单边碰撞次数略为增多,碰撞力幅值增大,并且"正碰"产生的冲击力幅值增大比例相比速度由增速转为减速产生的冲击力幅值增大比例较低、中频激励工况时进一步减小。另外,高频冲击激励作用下摩擦片动态响应较低频、中频激励周期性更均匀。冲击激励频率为 120 Hz 时,齿间相对速度波动范围为 -1.8 ~ 1.8 m/s。

仿真结果表明:①与低、中频激励工况类似,单齿侧发生数次碰撞后,齿部接触分离,导致齿部另外一侧发生碰撞,该现象发生在内毂加速与减速交替过渡过程中;②单齿侧碰撞次数随冲击激励频率的升高而增多;③齿部两侧发

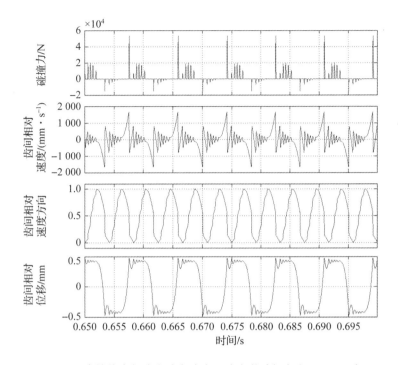

图 3-6　摩擦片齿部冲击动态响应（冲击激励频率为 120 Hz 时）

生碰撞的次数、频率，以及对应内毂转速、位置几乎相同，碰撞冲击周期性更均匀；④齿部大部分碰撞为"追碰"，仅在内毂动态速度激励方向反向时发生"正碰"，但"正碰"产生的碰撞力幅值相对更小；⑤碰撞力大小受碰撞前齿间相对速度影响较大，受齿间接触挤压变形位移影响较小，主要由碰撞前齿间相对速度大小决定。

3.2.4　不同齿侧间隙对动态特性的影响

保持其他参数不变，在 1∶1 台架试验工况下，不同齿侧间隙下的摩擦片齿部冲击碰撞速度与相对速度理论仿真曲线如图 3-7 所示。其运动规律与不同冲击激励频率作用下的分析一致，这里不再赘述。由图 3-7 可知，同一时间段内的齿部碰撞次数（频率）随齿侧间隙的增大而减小，齿间相对速度波动幅值随齿侧间隙的增大而增大。

综上所述，在不同冲击激励频率下（即低、中、高频），摩擦片齿部冲击碰撞具有相同的特点：①单齿侧发生数次碰撞后，齿部接触分离，导致齿部另外一侧发生碰撞，该现象发生在内毂加速与减速交替过渡过程中；②齿部大部分碰撞为"追碰",仅在内毂动态速度激励方向反向时发生"正碰";③碰撞力大小受碰撞前齿间相对速度影响较大,受齿间接触挤压变形位移影响较小。

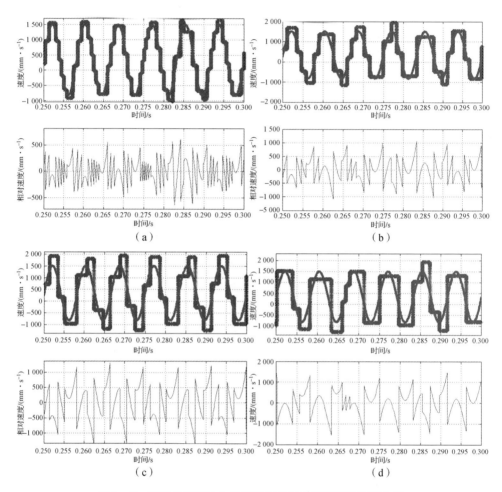

图 3-7　摩擦片齿部冲击碰撞速度与相对速度理论仿真曲线
(a) 间隙为 0.25 mm; (b) 间隙为 0.75 mm; (c) 间隙为 1.25 mm; (d) 间隙为 1.5 mm

此外,冲击激励频率对摩擦片齿部冲击碰撞特性亦具有显著影响:①单齿侧碰撞次数随冲击激励频率的升高而增多;②碰撞力幅值、相对速度波动幅值随冲击激励频率的升高而增大;③齿部两侧发生碰撞的周期性随冲击激励频率的升高更加均匀;④齿部"正碰"产生的碰撞力幅值相对比例随冲击激励频率的升高而减小。

第3节　齿部冲击等效模型与试验结果

3.3.1　等效模型原理

实际模数的摩擦片芯板齿部面积较小,为测试研究工作带来严峻的挑战,尤其对于齿部应力分布测试、齿间相对位移及齿间相对速度测试,以及加速度测试等。为了更好地获得齿部局部应力分布,需要加大齿部尺寸,即使模数变大,同时,为了使这种增大模数的摩擦片试验结果与实际模数的摩擦片试验结果具有等效性,本书提出了基于齿根弯曲应力相等的等效准则,推导了等效情况下,摩擦片结构参数、运行工况条件参数之间的相互关系,建立了齿部冲击等效模型,为摩擦片齿部碰撞理论研究与测试创造了有利条件,为深入研究齿部碰撞特性及损伤机理奠定了基础。

等效定义:不同模数摩擦片内毂芯板等效时,其芯板的齿根应力相等。

等效关系的建立依据:通过相似原理、内毂芯板的角动量定理和内齿的齿根应力模型,建立不同模数的等效关系,具体推导请参考"等效模型报告"。

大、小模数与实际模数的内毂芯板的等效理论关系如下式所示:

$$\frac{f_{10}^2}{f_3^2} = 1.37 \frac{n_{10}}{n_3} \cdot \frac{B_{10}}{B_3} \cdot \frac{m_{10}}{m_3} \cdot \frac{y_{\alpha_3}\alpha_{\sigma_3^*}}{y_{\alpha_{10}}\alpha_{\sigma_{10}^*}} \cdot \frac{r_{10}}{r_3} \cdot \frac{J_3}{J_{10}} \cdot \frac{(1+P_3)}{(1+P_{10})}$$

将具体参数代入上式,可获得等效时的激励频率关系为

$$\frac{f_{10}}{f_3} = 1.8$$

式中,f_{10} 表示模数为 10 mm 的摩擦片冲击激励频率;f_3 表示模数为 3 mm 的摩擦片冲击激励频率。

根据上述等效理论关系,针对模数为 3 mm 与 10 mm 的摩擦片,设计了 A、B 两组等效工况下的冲击激励频率(即 16.66 Hz ≈ 1.8 × 9.25 Hz 与 25 Hz = 1.8 × 13.89 Hz),见表 3-1、表 3-2。

表 3-1　等效工况及理论仿真结果

等效工况	A 组	B 组
碰撞频率(模数3)/Hz	9.25	13.89

续表

冲击力/N	162	221
碰撞频率（模数10）/Hz	16.66	25
冲击力/N	235（242.8）	373（321.8）

表3-2 等效工况及试验齿根应变结果

等效工况	A组	B组
碰撞频率（模数3）/Hz	9.25	13.89
应变/με	523	830
碰撞频率（模数10）/Hz	16.66	25
应变/με	515	890

表3-1中括号里的数值代表按静态标定转换所得的等效工况下的冲击力，与大模数摩擦片冲击理论仿真结果接近，A组等效工况计算结果误差为3.32%，B组等效工况计算结果误差为13.7%。浮动支撑摩擦片冲击理论计算结果证明了提出的等效方法的正确性。

通过静力标定，获得的大、小模数摩擦片节圆处等效冲击力与齿根应变的关系式如下：

$$F_{10} = 1.54\varepsilon_{10} + 4.4$$

$$F_3 = 1.15\varepsilon_3 - 15.3$$

由于等效工况是基于齿根应力相等的原则建立的，故令上两式中的应变相等，则获得等效工况下大、小模数碰撞力之间的关系，如下式所示：

$$F_{10} = 1.34F_3 + 25.7$$

由表3-2所示的试验结果可知，A组等效工况下，模数为3 mm的齿根应变值是523 με，模数为10 mm的齿根应变值是515 με，两者误差为1.5%；B组等效工况下，模数为3 mm的齿根应变值是830 με，模数为10 mm的齿根应变值是890 με，两者误差为7.2%。

理论计算与试验结果同时表明，A、B两组等效工况对应的大、小模数摩擦片结果基本一致，误差较小，这验证了本书提出的等效原理及推导的等效关系式的正确性，从而可实现采用大模数代替小模数摩擦片开展实际齿部局部冲击特性的研究工作。

3.3.2 实际模数试验结果

1. 基于齿根动态应力的齿部冲击碰撞分析

模数为 3 mm 的摩擦片样件在原理样机试验台试验的结果如图 3-8 所示。由于小模数齿部面积有限,限制了位移、加速度等其他参量的测试,故仅对齿部齿根应力进行测试。由图 3-8 可得,在 13.89 Hz 动态激励下,摩擦片齿部发生冲击碰撞,引起齿根冲击应力波,冲击应力随齿部碰撞变化。冲击侧齿部齿根应力为拉应力,幅值为正;另一侧为压应力,幅值为负。图 3-8 中时间范围为 17.52~17.6 s 的数据显示,一个激励周期内,发生了 4 次正向碰撞和 3 次反向碰撞。从图 3-8 中整个应力曲线来看,不同激励周期对应的正、反碰撞次数略有变化,正向碰撞次数为 3~4 次,反向碰撞次数为 3~5 次。该试验结果与低频冲击激励下摩擦片理论分析结果一致,从而验证了浮动支撑摩擦片高频冲击理论模型的正确性。

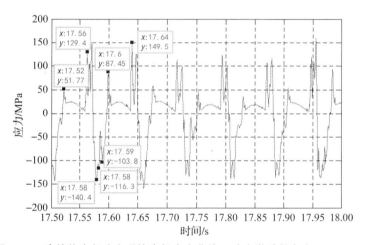

图 3-8 摩擦片齿部冲击碰撞齿根应力曲线(冲击激励频率为 13.89 Hz)

2. 试验测试结果与高频冲击理论仿真结果的对比分析

通过施加不同载荷,获得了摩擦片齿根应变与节圆啮合线上所加载荷的关系(图 3-9),即静态标定。齿根应变与载荷的关系式如下:

$$F = 1.15 \times \varepsilon - 15.3$$

式中,F 与 ε 分别为施加的载荷与相应的齿根应变值。

通过摩擦片齿根应变与载荷的静态标定关系式，获得内毂激励频率分别为 8.33 Hz、9.25 Hz 和 13.83 Hz 时，原理样机试验台实测的冲击碰撞力曲线如图 3-10（a）、图 3-11（a）和图 3-12（a）所示；同时，对这 3 种冲击激励频率下的摩擦片冲击碰撞进行理论仿真计算，结果如图 3-10（b）、图 3-11（b）和图 3-12（b）

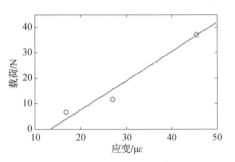

图 3-9 齿根应变与载荷标定关系

所示。通过对比发现，两者反映的碰撞趋势相同，碰撞力幅值基本一致。碰撞力峰值的平均值与理论仿真结果的误差见表 3-3。3 种冲击激励频率的理论仿真结果与试验结果吻合良好，其最大误差不超过 10%，即摩擦片齿部冲击碰撞理论模型计算精度优于 85%。

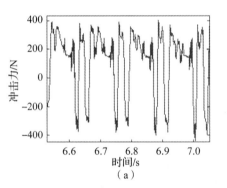
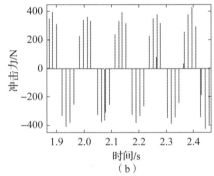

图 3-10 摩擦片齿部冲击碰撞力时域曲线（冲击激励频率为 8.33 Hz）
（a）试验结果；（b）仿真结果

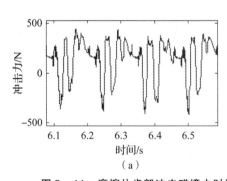
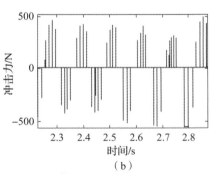

图 3-11 摩擦片齿部冲击碰撞力时域曲线（冲击激励频率为 9.25 Hz）
（a）试验结果；（b）仿真结果

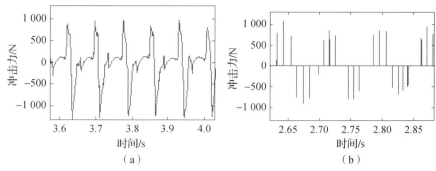

图 3-12　摩擦片齿部冲击碰撞力时域曲线（冲击激励频率为 13.83 Hz）

（a）试验结果；（b）仿真结果

表 3-3　理论分析结果与试验结果的对比

编号	冲击激励频率/Hz	碰撞频率/Hz		碰撞力		
		仿真值	试验值	仿真值/N	试验值/N	误差/%
1	8.33	8.33	7.87	410.3	388.0	5.44
2	9.25	9.25	8.73	442.2	407.8	7.78
3	13.83	13.83	12.97	958.5	905.0	5.58

3.3.3　大模数试验结果

基于齿部冲击等效模型，进行大模数（$M=10$ mm）试验，即与实际模数冲击激励频率 13.89 Hz 等效的大模数冲击激励频率为 25 Hz。大模数齿部可同时采集齿根应变、齿间相对位移和芯板周向加速度，其结果如图 3-13 所示。图中，齿间相对速度通过齿间相对位移微分获得。齿部冲击碰撞同时引起应力、齿间相对位移与齿间相对速度，以及芯板周向加速度产生冲击脉冲，且正、反向碰撞的周期与激励周期相等。无论齿部正碰还是反碰，当齿部单侧碰撞时，除第一次碰撞引起的较大冲击脉冲信号外，后续还存在数次幅值较小的齿部碰撞，一个激励周期内正向碰撞次数为 3~5 次，反向碰撞次数为 3~4 次，与摩擦片理论分析结果和小模数试验结果一致，再次验证了浮动支撑摩擦片高频冲击理论和等效模型的正确性。

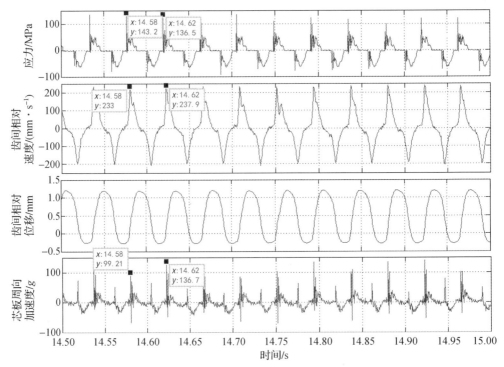

图 3-13 摩擦片齿部冲击碰撞动态响应（冲击激励频率为 25 Hz）

利用高精度高速摄像技术所测得的齿间相对位移如图 3-14 所示，其中，齿间相对速度曲线由齿间相对位移曲线微分获得。对比图 3-13 与图 3-14 中的齿间相对位移与齿间相对速度曲线，两者无论在曲线形状还是幅值大小上都较接近，反应的齿部冲击碰撞规律一致，相互验证了两种测试方法的正确性，同时，再次证明了应力应变以及加速度振动信号反应的摩擦片齿部冲击碰撞规律的正确性。

试验测试结果与理论模型仿真结果如图 3-15 所示。这里，激励位移幅值为 5.37 mm，齿间相对速度波动幅值为 0.771 m/s。由图 3-15 可知，试验测试值与理论仿真值幅值接近，亦同时存在正、反碰撞，单边存在多次碰撞冲击，这也表明实际碰撞频率高于冲击激励频率。

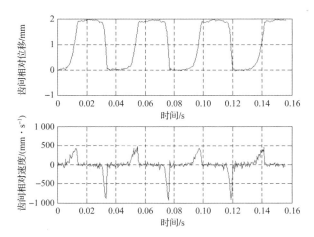

图 3-14　高速摄像摩擦片齿间相对运动关系（冲击激励频率为 25 Hz）

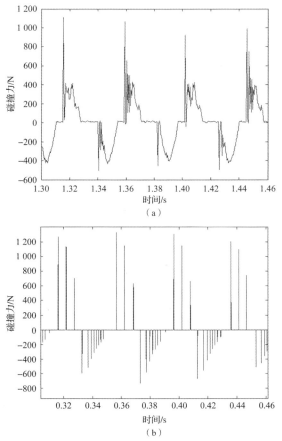

图 3-15　摩擦片齿部冲击力时域波形（冲击激励频率为 25 Hz）
（a）试验值；（b）理论仿真值

第4节 摩擦片浮动支撑高频动态冲击及其损伤试验

3.4.1 试验目的

测试摩擦片在浮动支撑条件下，摩擦副啮合齿部在1∶1试验台的高频动态冲击振动下的应力特性，并结合由齿部冲击原理性试验所得到的应力测试结果及规律进行综合分析，获得摩擦片在浮动支撑条件下的齿部冲击应力规律。

在摩擦片动态强度台架试验台上对摩擦片啮合齿在激励源高频冲击下（典型使用工况）的疲劳损伤特性进行测试，复现摩擦片断裂、塑性变形两种损伤形式，确定疲劳断裂损伤形式，为下一步摩擦副结构优化和强度设计建立疲劳断裂载荷谱提供试验依据。

3.4.2 引用标准

引用标准为 Q/AT 201.078—2007《摩擦片动态强度实验方法》。

3.4.3 试验方案及原理说明

1. 试验方案

在17实验室摩擦片动态强度试验台，对大改变速C1摩擦片进行浮动支撑条件下齿部高频动态冲击应力测试及其疲劳损伤测试。试验采用12V150L发动机作为动力源和内轴式输出轴连接两个转速测速盘、内毂、变速摩擦片等试验装置。试验模拟C1内毂振动工况，并采用IMC、扭振测试仪采集仪、专用微小型存储式应力采集系统，以及高速摄像视频采集设备等进行摩擦片齿部高频冲击特性和寿命统计分析。由于本次试验采用的发动机共振主谐次为6次，因此，将6次激励下的工况作为试验过程中的重点关注点。试验台工装图如图3-16所示。

2. 试验原理

试验通过采用应变粘贴方式及实时存储式数据采集方法，获得摩擦片试验件在高频率条件下的冲击受力情况，取得浮动支撑条件下的摩擦片台架齿部冲击应力规律，为下一步摩擦片疲劳损伤的量化分析进行试验数据铺垫。

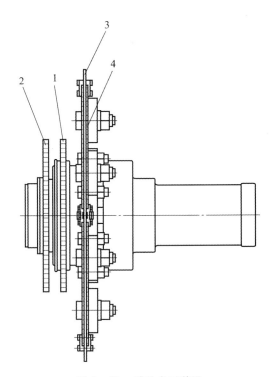

图 3-16　试验台工装图

1—测速齿盘 1；2—测速齿盘 2；3—试验件；4—试验内毂

通过损伤试验测试，复现摩擦片齿部机械疲劳断裂、塑性变形两种损伤形式，确定损伤的疲劳评价机制，并为建立试验研究用摩擦片齿部强度载荷谱奠定试验数据基础。试验直接模拟了摩擦片实际冲击载荷振动工况，在台架试验台上通过高频振动疲劳冲击和高速摄像综合测试方法，实现变速摩擦片浮动支撑条件下齿部疲劳损伤特性分析。

利用高速摄像设备，不但能够获得摩擦片相对内毂的冲击速度、频率等运动规律参数，而且能够验证在摩擦片原理性冲击应力试验台上获得的弹性碰撞系数试验测试结果。

3.4.4　非线性冲击损伤计算方法

摩擦片内齿与内毂外齿处于啮合状态，实物如图 3-17 所示。在离合器摩滑过程中，由于动力载荷传输的非平稳性，啮合齿部处于高频冲击碰撞状态，在传递功率和动态载荷的作用下，摩擦片齿部易产生塑性变形，齿根产生裂纹，甚至出现断裂现象，如图 3-18 所示。因此，对摩擦片齿部高频冲击疲劳损伤的计算和寿命预测显得极为重要。

图3-17 摩擦副啮合状态

图3-18 摩擦片齿根裂纹

为了能正确评估齿根状态的变化情况,对齿根进行实际啮合应力测试,其结果如图3-19、图3-20所示,图3-19所示为实测齿根应力变化曲线,图3-20所示为局部细化图,$+\sigma_{\lim}$和$-\sigma_{\lim}$为门槛值,其值由材料属性决定。

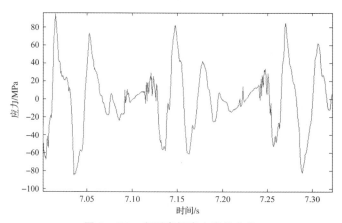

图3-19 实测齿根应力变化曲线

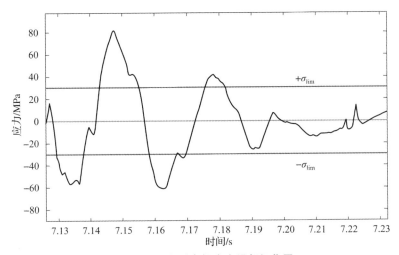

图 3-20　实测齿根应力局部细化图

根据齿部高频冲击损伤强非线性的特点，疲劳损伤理论应力变化曲线如图 3-21 所示。图 3-21 中将冲击应力波曲线划分为两部分，即介于门槛值（$+\sigma_{lim}$ 和 $-\sigma_{lim}$）之间的应力部分和大于门槛值的应力部分（即阴影区域的应力）。其中，介于门槛值之间应力部分等效于恒幅应力波动，理论上这部分应力对疲劳贡献较小；大于门槛值的应力部分对疲劳具有较大的贡献，T_i 表示应力曲线 $\sigma_i(t)$ 衰减到门槛值以下的时间。具有非线性冲击性特点的机械应力波，其应力峰值随时间逐渐衰减。

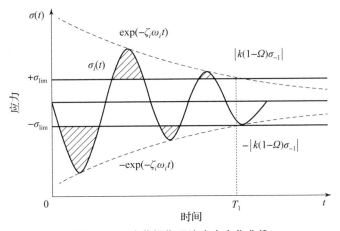

图 3-21　疲劳损伤理论应力变化曲线

对比图 3-19、图 3-20 中的实测齿根应力变化曲线与图 3-21 中的疲劳损伤理论应力变化曲线，它们的变化趋势一致，说明该疲劳损伤计算方法能够适用于摩擦片齿部冲击损伤及疲劳计算。

在疲劳损伤中只有超出门槛值的那部分应力才对疲劳损伤有贡献。疲劳强度（δ_N）被认为是疲劳极限（δ_{-1}）的一部分，即

$$\delta_N = k\delta_{-1} \qquad (3-1)$$

式中，k 为材料常数，摩擦片经过喷丸强化处理，对疲劳寿命会有一定的改善，不同的喷丸处理强化效果不一样，引入喷丸强化因子 k_p，通常疲劳强度为疲劳极限的 0.5~0.7 倍，取其系数 $k_f = 0.6$，因此

$$k = k_f k_p \qquad (3-2)$$

疲劳损伤增长的幂指数公式如下：

$$\frac{d\Omega}{dt} = \begin{cases} A\left(\dfrac{\delta(t)}{1-\Omega} - k\delta_{-1}\right)^n, & |\delta(t)| \geq k(1-\Omega)\delta_{-1} \\ 0, & \text{其他} \end{cases} \qquad (3-3)$$

式中，Ω 为损伤变量；t 为时间；$\delta(t)$ 为时变应力，可由常规的疲劳试验获得；$A > 0$，$n > 0$ 均为与载荷速率有关的常数。

由于系统阻尼的影响，由应力冲击产生的应力幅值最初可能超过疲劳应力门槛值，随后衰减至疲劳应力门槛值以下。因此只有阴影部分对疲劳损伤有贡献作用。

为了求出第 i 次冲击导致的疲劳损伤平均增量，疲劳损伤增长的幂指数公式改写为

$$\Delta\Omega_i = \frac{1}{T}\int_0^T A\left(\frac{|\delta_i(t)|}{1-\Omega_i} - k\delta_{-1}\right)^n \times H[|\delta_i(t)| - k(1-\Omega_i)\delta_{-1}]dt \qquad (3-4)$$

$H(x)$ 为单位阶跃函数，当 $t > T_i$ 后没有阴影。T_i 由应力曲线 $\delta(t)$ 的包络线和有效应力的门槛值直线 $|k(1-\Omega_i)\delta_{-1}|$ 的最后一个交点求出。

$$T_i = \left|\frac{\delta_{max}}{\delta_i^* \omega_i^*}\ln([k(1-\Omega_i)\delta_{-1}])\right| \qquad (3-5)$$

长期的冲击引起裂纹的积累，进而表现为宏观的发展。在重复冲击中有效疲劳应力的门槛值随着疲劳损伤的增长也在发生微小的降低。在一次冲击中，宏观的损伤变量 Ω_i 变化非常微小，对疲劳损伤增长的幂指数的贡献可以认为是个常量，因此可以提取出来，并定义函数 $J(\Omega_i)$ 如下：

$$J(\Omega_i) = \frac{1}{T_i}\int_0^{T_i}[|\delta_i(t)| - k(1-\Omega_i)\delta_{-1}]^n \times H[|\delta_i(t)| - k(1-\Omega_i)\delta_{-1}]dt \qquad (3-6)$$

引进一个无量纲的量，称为损伤状态寿命因子 $j(\Omega_i) = J(\Omega_i)/J_0$，式中 J_0 为没有损伤状态的初值。损伤状态寿命因子代表了当前损伤状态和应力状态对疲劳损伤发展影响的一个无量纲因子，可得

$$\Delta\Omega_i = AJ_0\frac{j(\Omega_i)}{(1-\Omega_i)^n} \qquad (3-7)$$

疲劳损伤增长的递推公式则为

$$\Omega_{i+1} = \Omega_i + AJ_0 \frac{j(\Omega_i)}{(1-\Omega_i)^n} \qquad (3-8)$$

于是在 N 次冲击之后的总的疲劳损伤可写为

$$\Omega_f = AJ_0 \sum_{i=1}^{N} \frac{j(\Omega_i)}{(1-\Omega_i)^n} \qquad (3-9)$$

3.4.5 试验对象及编号

日本 522 湿式摩擦片；

北京北摩 428 湿式摩擦片。

3.4.6 试验保障条件要求

1. 试验设备

摩擦片动态强度试验台。

2. 试验仪器

主要试验仪器见表 3-4。

表 3-4 主要试验仪器

名称	数量
磁电式转速传感器	4
自由端输出转速编码器传感器	1
机油进口压力传感器	1
机油出口压力传感器	1
水温传感器	1
油温传感器	1
数据采集监控系统（采用德国 IMC）	1
扭振测试分析系统	1
高速动态摄像装置	1
微型存储式多通道信号采集仪	1
日本 Anbe 微型应变片	100

3.4.7 试验工况

(1) 瞬态试验:转速由 800 r/min 到 1 900 r/min,时间为 90 s;

(2) 稳态试验:转速为 1 200 r/min,时间为 180 s。

3.4.8 测试点布置

试验测试点主要分布于 3 个区域,以 120°分布方式分别布置于摩擦片上(图 3 - 22),在每个区域一共布置了 5 片应变片,如图 3 - 22 所示,有 4 片(43 号、44 号、46 号、47 号)应变片用于测试齿根,1 片(45 号)应变片用于测试接触法向应变,如图 3 - 23 所示。

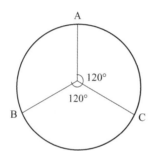

A区域:31~35号应变片
B区域:36~38号、41号、42号应变片
C区域:43~47号应变片

图 3 - 22 3 个区域应变片分布示意

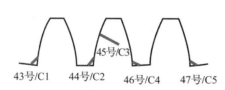

43号、44号、46号和47号应变片用于测试齿根应变

45号应变片用于测试冲击接触法向应变

为了便于数据的表示,分别对应C1~C5

图 3 - 23 区域 C 中 5 片应变片布置示意

3.4.9 数据说明

测试应变仪通道对应应变片编号见表 3 - 5。

表 3 - 5 测试应变仪通道对应应变片编号

应变仪通道	应变片编号	应变仪通道	应变片编号
10	31 号/A1	18	41 号/B4
11	32 号/A2	19	42 号/B5

续表

应变仪通道	应变片编号	应变仪通道	应变片编号
12	33 号/A3	20	43 号/C1
13	34 号/A4	21	44 号/C2
14	35 号/A5	22	45 号/C3
15	36 号/B1	23	46 号/C4
16	37 号/B2	24	47 号/C5
17	38 号/B3	—	—

3.4.10 标定

1. 静态标定

为了消除信号采集系统的误差，以及获得应变片电压信号与力之间的关系，测试系统进行了标定试验。标定加载原理示意如图 3-24 所示，逐个通道进行标定。载荷是空载、载荷 1（9.939 kg）、载荷 2（16.994 kg），分别由采集板和日本 DRA30 应变仪进行信号采集，最后获得电压值与应变值的拟合曲线。标定试验台布置如图 3-25 所示。

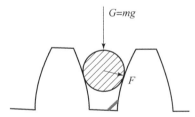

图 3-24 标定加载原理示意

图 3-25 标定试验台布置

2. 载荷值与应变测试值的转换关系

15 个应变片对应的日本 DRA30 应变仪的应变数据和微型采集板通道所对应的电压数据，分别见表 3-6 和表 3-7。

表 3-6 标定测试应变仪采集应变数据

应变片编号	第一次加载测试应变 $\mu\varepsilon$	第二次加载测试应变 $\mu\varepsilon$
31 号/A1	97.75	146.92
32 号/A2	144.22	206.45
33 号/A3	-69.30	-89.97
34 号/A4	179.12	276.12
35 号/A5	147.97	231.10
36 号/B1	-128.10	-193.20
37 号/B2	88.20	147.00
38 号/B3	-14.70	-21.19
41 号/B4	154.05	220.20
42 号/B5	124.85	230.10
43 号/C1	82.23	164.75
44 号/C2	76.14	121.35
46 号/C4	161.24	246.80
47 号/C5	63.12	74.36

表 3-7 标定测试上位机采集板采电压数据

应变片编号	初始电压/mV	第一次加载后电压/mV	第二次加载后电压/mV
31 号/A1	1 530.90	1 539.20	1 550.00
32 号/A2	862.15	871.75	887.55
33 号/A3	824.70	799.34	787.59
34 号/A4	1 452.90	1 475.50	1 503.70
35 号/A5	1 457.00	1 478.40	1 501.60

续表

应变片编号	初始电压/mV	第一次加载后电压/mV	第二次加载后电压/mV
36 号/B1	1 396.20	1 406.00	1 424.40
37 号/B2	938.84	978.66	1 000.20
38 号/B3	1 394.70	1 394.40	1 392.80
41 号/B4	895.16	905.99	927.02
42 号/B5	1 207.50	1 216.90	1 239.00
43 号/C1	1 621.00	1 627.40	1 634.50
44 号/C2	1 233.40	1 239.70	1 252.50
46 号/C4	852.76	869.84	893.26
47 号/C5	834.68	839.30	848.07

图 3-26 所示为 6 个测试点对应的电压与应变关系，从图中的拟合曲线可得出每个测点的电压与应变之间的关系。

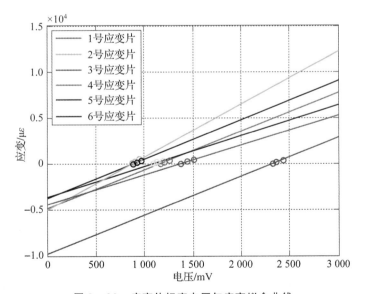

图 3-26 应变片标定电压与应变拟合曲线

将加载力等效为单齿载荷力，设定静扭加载所有齿在节圆均匀接触，因此单齿载荷为

$$F = 0.5 \times G \times \sin[\pi/9 - \pi/(2z)]$$

载荷见表 3-8。

表 3-8 载荷　　　　　　　　　　　　　　　　　　　　　　N

加载次数	第一次加载	第二次加载
加载载荷	90.49	180.58
等效节线载荷	136.108 9	271.616 1

对所有测试点的载荷和应变统计结果进行拟合,最终获得各测试点的载荷与应变的对应关系,如图 3-27 所示。

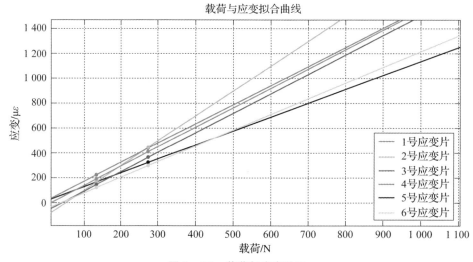

图 3-27 载荷与应变关系

1 号测试点位置载荷曲线：$F = 0.645\ 3x + 10.281$

2 号测试点位置载荷曲线：$F = 0.501\ 9x + 50.79$

3 号测试点位置载荷曲线：$F = 0.642\ 2x + 39.777\ 1$

4 号测试点位置载荷曲线：$F = 0.654\ 6x + 12.491$

5 号测试点位置载荷曲线：$F = 0.897\ 4x + 14.654\ 5$

6 号测试点位置载荷曲线：$F = 0.797\ 1x + 37.27$

3. 转速变化过程

发动机转速处于从 800 r/min 增大到 1 900 r/min,然后减小至 986 r/min,最后再增大至 1 200 r/min 的稳速状态,具体情况如图 3-28 所示。

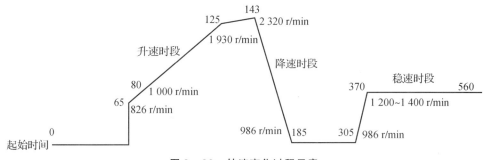

图3-28 转速变化过程示意

3.4.11 试验测试结果及分析

1. 浮动支撑高频动态冲击应力测试

摩擦片齿部高频冲击疲劳是一种具有强非线性特点的损伤形式。基于前面理论论述的冲击疲劳损伤算法,通过试验模拟出摩擦片在实际使用过程中的典型工况,进行试验测试研究,并结合前文提出的疲劳损伤算法,定量预估不同边界条件下的全寿命周期,探究摩擦副啮合齿部的冲击规律,进而找出齿根和接触位置的疲劳损伤破坏机理,为摩擦片结构优化设计及可靠性的提高提供依据。试验台结构布置图如图3-29所示。

图3-29 试验台结构布置

试验采用 12V150L 柴油发动机为动力输出源，利用自主设计的内轴式输出轴连接 2 个转速测速盘、内毂、变速摩擦片等试验装置。试验模拟某型车辆变速箱 C1 离合器内毂振动工况，并采用 IMC 数据采集监控系统、磁电式转速传感器、压力传感器、温度传感器、日本 Anbe 微型应变片、扭振测试仪采集仪、自主设计的专用微小型存储式多通道应力采集系统，以及高速摄像视频采集设备等进行摩擦片齿部高频冲击疲劳特性分析。

按试验工况要求，完成瞬态和稳态应力测试，测试结果的时域波形与频谱如图 3-30、图 3-31 所示。

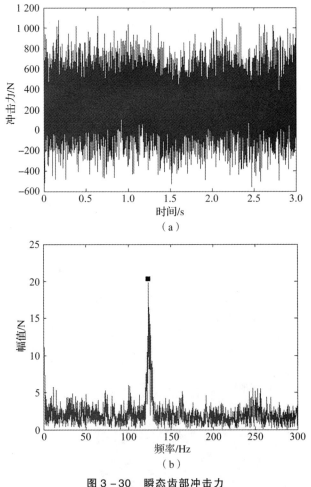

图 3-30 瞬态齿部冲击力

（a）时域波形；（b）频谱

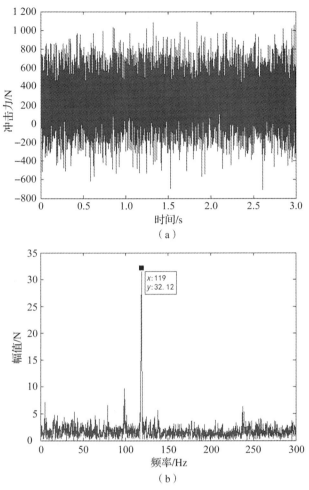

图 3-31 稳态齿部冲击力

(a) 时域波形；(b) 频谱

试验分为瞬态冲击应力测试和稳态冲击疲劳应力测试两个过程，发动机转速变化过程：从 800 r/min 升速到 1 900 r/min，然后降速至 986 r/min，完成瞬态冲击应力测试，接着，再升速至 1 200 r/min 的稳速状态，进入稳态冲击应力测试。齿侧间隙为 1.5 mm 的齿部冲击应力试验测试结果如图 3-30、图 3-31 所示。

在瞬态试验工况下，摩擦片齿部冲击力时域波形与频谱如图 3-30 所示。从冲击碰撞力幅值来看，主要集中在 -500~1 100 N 范围内。选取升速过程中第一个共振峰等效冲击力进行频谱分析，如图 3-30(b) 所示，冲击碰撞频率是 123.8 Hz。

在发动机台架试验中,标称转速为 1 200 r/min 时,节圆处等效冲击力及其频谱如图 3-31 所示。由图 3-31 可知,冲击应力幅值在 -600~1 000 N 范围内波动,其齿部冲击碰撞频率以 119 Hz 为主。

图 3-30、图 3-31 显示冲击力波形呈正负交替趋势,这表明齿部发生了正、反碰撞,且正向冲击力幅值大于反向冲击力幅值。

通过高速摄像设备获得扭振测试曲线如图 3-32 所示。图 3-32(a)所示为通过标定所获得的振动幅值和振动频率变化情况,图 3-32(b)所示为摩擦副各阶扭振测试曲线。其中最大值为 6 阶扭振工况下,转速为 1 217 r/min 时,扭振幅值为 1.699 mm(0.372 9°),此时测得的共振频率为 122 Hz。低阶扭振幅值如 1 阶和 4.5 阶最大值分别为 0.426 mm(0.093 5°)和 0.441 9 mm(0.097°)。

根据载荷与应变值对应关系式,将典型冲击载荷表示为时域曲线,如图 3-33、图 3-34 所示。

从以上两图可以看出,瞬态冲击载荷主要集中在 -500~1 100 N 范围内,稳态冲击载荷主要集中在 -600~1 000 N 范围内。

对日本 522 摩擦片在浮动支撑条件下进行不同齿侧间隙下(通过改变内毂公法线方式)的应力测试,以检验载荷的均载系数和载荷变化规律。内毂公法线测量值见表 3-9。原内毂工装下齿部冲击应力如图 3-35 所示,新内毂工装下齿部冲击应力如图 3-36 所示。

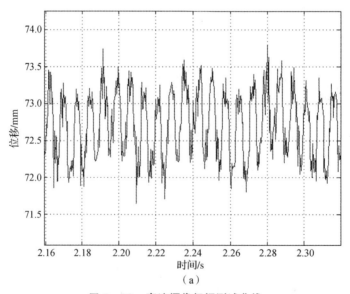

图 3-32 高速摄像扭振测试曲线

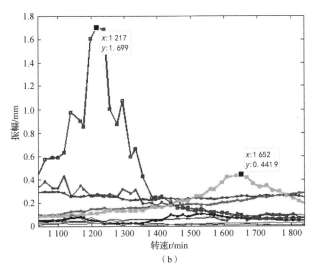

(b)

图 3-32 高速摄像扭振测试曲线（续）

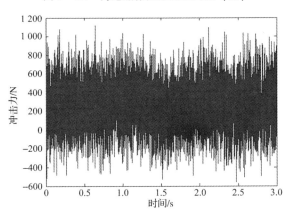

图 3-33 瞬态齿部冲击力

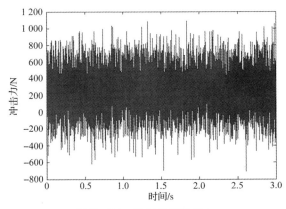

图 3-34 稳态齿部冲击力

表 3-9　内毂公法线测量值（原日本 522 摩擦片内毂）

公法线值	152.07	152.09	152.08	152.16	152.14	152.14	152.09	152.12
平均值	152.111 2							
标准差	0.033 1							
更换后日本 522 摩擦片内毂公法线								
测量值	151.45	151.63	151.40	151.40	151.46	151.41	151.45	151.46
平均值	151.457 5							
标准差	0.074 4							

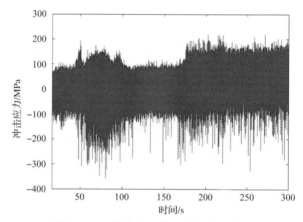

图 3-35　原内毂工装下齿部冲击应力

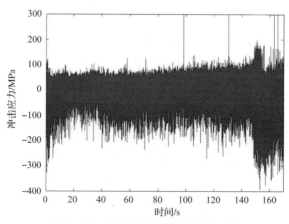

图 3-36　新内毂工装下齿部冲击应力

根据齿根冲击应力数据，计算试验过程中各阶段的均载系数变化情况，结果如图 3-37 所示。

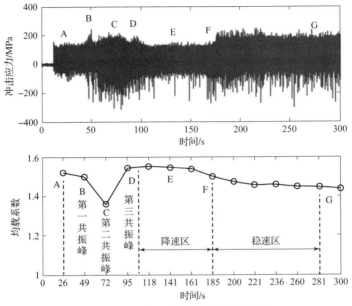

图 3-37 冲击应力与均载系数变化

图 3-37 中，B，C，D 位置处对应 3 个共振峰，其中 C 位置处对应的共振区均载系数最小，表明此时摩擦片周向载荷分布最均匀；降速区均载系数较大，摩擦片周向载荷分布不均匀；稳速区均载系数随运行时间的增加逐渐减小。结果表明，随着运行时间的增加，摩擦片周向载荷分布越来越均匀。

通过前面标定所得到的载荷与应力换算关系式，可得原齿侧间隙下齿部冲击应力如图 3-38 所示，改变齿侧间隙后齿部冲击应力如图 3-39 所示。由此可知，通过改变内毂形状（公法线尺寸减小，齿侧间隙增大），摩擦副动态冲击载荷明显变小，其稳态冲击载荷为 -600~900 N，减小了约 10%。

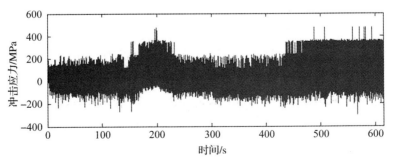

图 3-38 原齿侧间隙下齿部冲击应力

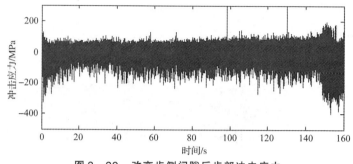

图 3-39 改变齿侧间隙后齿部冲击应力

针对发动机台架试验的稳态工况,利用浮动支撑摩擦片高频冲击理论模型对该工况进行仿真,仿真冲击碰撞力曲线如图 3-40 所示。从碰撞规律来看,齿部冲击碰撞力在 -700~800 N 范围内变化,正向碰撞冲击力幅值整体上大于反向碰撞冲击力,理论仿真冲击力幅值的大小和分布与图 3-31 中 1∶1 台架实测结果接近,说明理论仿真结果与发动机台架实测结果一致,这证明了理论模型的正确性。

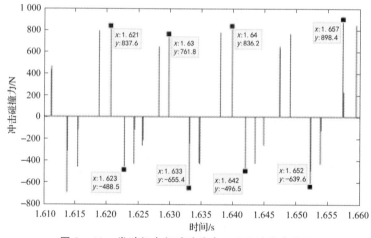

图 3-40 发动机台架试验稳态工况理论仿真结果

2. 疲劳寿命预测

根据试验测试中应变片分布特征,获得的齿根应力变化测试曲线之一如图 3-41 所示。

从图 3-41 可以看出,在摩擦片齿部冲击过程中,其疲劳强度为疲劳极限的 0.2~0.7 倍,取其系数 $k_f = 0.3$,喷丸处理具有强化的效果,$k_p = 1.2$,因此,$k = k_f k_p = 0.36$;$A > 0$,$n > 0$ 为与载荷速率有关的常数,经多次相关试验获得经验值,可设定为 $A = 985 \times 10^{-10}$,$n = 2.6$,从而计算摩擦片齿部冲击疲劳损伤。

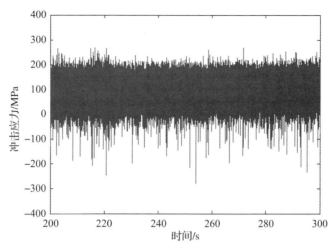

图 3-41　齿根冲击应力变化测试曲线之一

试验测试时间区间为 200～210 s 的应力曲线如图 3-42 所示，图中红色直线代表门槛值。齿部经过 10 s 冲击碰撞之后造成的疲劳损伤按照前文所述理论公式计算。通过非线性损伤累积，可以计算获得 10 s 时间内摩擦片齿部冲击累积损伤为 Damage = 0.005 9。按照所述方法，可计算在整个时间段（即 100 s）的摩擦片齿部冲击累积损伤，计算结果见表 3-10。齿部在承受 100 s 冲击碰撞后，摩擦片冲击累积损伤为 Damage = 0.065 2。经累积计算，在摩擦片连续运行的情况下，预测其工作寿命为 25.56 min = 1 533 s。

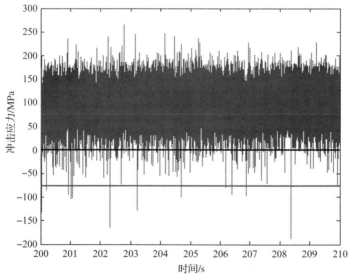

图 3-42　200～210 s 的冲击应力曲线

表 3-10 冲击累积损伤发展状况

时间/s	10	20	30	40	50	60	70	80	90	100
Damage ($\times 10^{-3}$)	5.9	12.5	18.7	24.7	30.9	37.2	43.7	50.1	57.4	65.2

3. 机械疲劳损伤测试

试验件种类、齿侧间隙、共振峰值、频率等见表 3-11。

表 3-11 试验测试结果

型号	428Cr-BS-N-bm	428Cr-LS-N-bm	428Cr-LS-SP-bm	428Cr-LC-N-bm	日本 522
加工工艺方法	插齿	插齿	插齿、喷丸	线切割	插齿
设计齿侧间隙/mm	0.76~1.16	0.18~0.68	0.18~0.68	0.18~0.68	0.76~1.16
实测齿侧间隙平均值/mm	0.915	0.527 5	0.584	0.35	0.91
裸机共振频率/Hz	168.8				132
裸机共振振幅（最大峰值）/(°)	0.556				0.445
安装被试件后共振频率/Hz	160.8	159	158.4	154.9	121.7
共振振幅（最大峰值）/(°)	0.267	0.41	0.376	0.348	0.372 9
时间/s	1 330	2 176	5 655	4 470	1 440
目前应用状况	Ch1XX0A 正样	Ch1XX0A	无	Ch1XX0B	无

某变速摩擦片齿部断裂和塑变如图 3-43 所示。

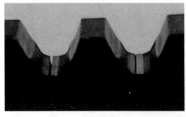

图 3-43 某变速摩擦片齿部断裂和塑变

从对以上前 4 种相同尺寸（某型号军用车辆变速用）不同工艺型号摩擦片的试验情况来看，对比前 2 次试验，齿侧间隙小时，尽管共振幅值增大了，但共振频率却降低了，共振时间成倍增加，说明其动态强度也相应地提高了；对比第 2、3 次试验，对齿部进行喷丸强化处理，其共振频率会进一步略微降低，但共振时间却是未喷丸被试件的 3 倍左右，这说明对齿部进行强化处理能有效提高摩擦片强度；由于线切割摩擦片改善了加工工艺技术，其共振频率平均值继续降低，啮合齿配合更为精确，齿侧间隙更小，虽然寿命不如喷丸工艺，但也比普通工艺大大延长，因此，建议对摩擦片使用线切割工艺并进行喷丸强化处理，这样虽然成本大幅提高，但摩擦片寿命将会得到显著延长，车辆制动/离合寿命和可靠性也会得到极大的提高。

从日本 522 摩擦片试验情况来看，减小了试验台内轴尺寸，且内毂转动惯量增大，导致试验台空载和加载时共振频率大大降低，但加载后的共振振幅与大改变速用摩擦片基本相同，其使用寿命为 1 440 s，这与仿真计算使用寿命 1 533 s 基本吻合，误差为 6.458%，说明仿真计算方法正确。

4. 不同齿侧间隙下的摩擦片疲劳寿命预估

为对比边界条件下的摩擦片冲击疲劳损伤，进行不同齿侧间隙下的试验测试，试验测试结果如图 3 - 44 所示。

摩擦片齿部冲击过程中，疲劳强度为疲劳极限的 0.2～0.7 倍，取其系数 $k_f = 0.25$，不考虑喷丸处理，因此，$k = k_f = 0.25$；$A > 0$，$n > 0$ 为与载荷速率有关的常数，根据合金钢材料冲击特性，经试验获得经验值，其疲劳极限值为

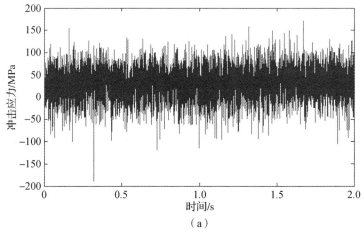

图 3 - 44 不同齿侧间隙下的齿根冲击应力

（a）齿侧间隙为 0.75 mm 时的试验测试结果

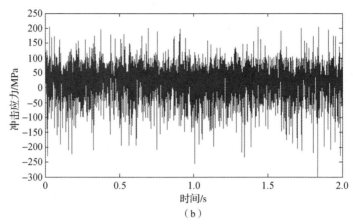

(b)

图 3-44　不同齿侧间隙下的齿根冲击应力（续）
（b）齿侧间隙为 1.25 mm 时的试验测试结果

237 MPa，$A = 1.2 \times 10^{-11}$，$n = 2.3$，从而计算冲击疲劳损伤。由此可知，齿侧间隙越小，齿部冲击应力越小，其冲击应力均方根变化率为 23.05%。这表明均载系数的发展变化规律与实际摩擦片疲劳损伤一致，目前摩擦片公法线设计公差合理，实际摩擦片周向动态载荷分布均匀。

取出 0.2 s 的数据作为一个循环，对 0~0.2 s 的测试应力确定出超出损伤极限的应力部分，在 0.75 mm 间隙和 1.25 mm 间隙下如图 3-45 所示。

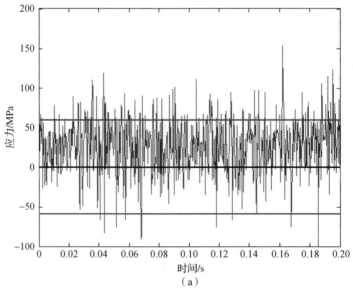

(a)

图 3-45　不同齿侧间隙下的损伤应力边界曲线
（a）齿侧间隙为 0.75 mm 时的试验测试结果

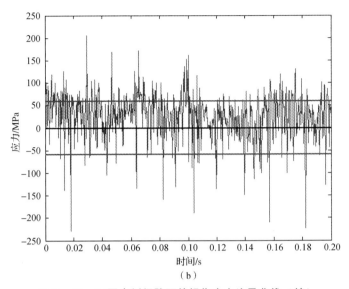

图 3-45　不同齿侧间隙下的损伤应力边界曲线（续）

（b）齿侧间隙为 1.25 mm 时的试验测试结果

冲击损伤以 0.2 s 为一个循环，按照疲劳损伤增长的幂指数公式求解在初始 0.2 s 的冲击损伤。在未开始之前设定冲击损伤为 0。经过 0.2 s 之后形成的冲击损伤按照幂指数评价公式计算，将图 3-12 转化为损伤幂指数积分图，如图 3-46 所示。

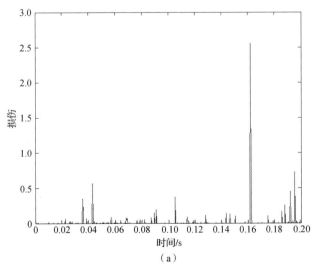

图 3-46　不同齿侧间隙下的损伤幂指数积分图

（a）齿侧间隙为 0.75 mm 时的冲击损伤

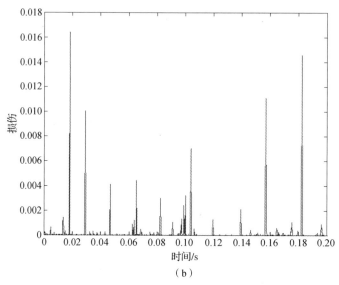

图3-46 不同齿侧间隙下的损伤幂指数积分图（续）
（b）齿侧间隙为1.25 mm时的冲击损伤

对图3-46进行疲劳幂指数积分处理，齿侧间隙为0.75 mm时的冲击损伤 Damage = 2.4625×10^{-5}，齿侧间隙为1.25 mm时的冲击损伤 Damage = 1.5367×10^{-4}，冲击损伤是累积和叠加的过程，第一次冲击损伤会对第二次冲击损伤产生影响，将这2 s的冲击损伤叠加于下一次冲击损伤可以得出整个过程中的冲击损伤。经过计算得出在2 s内的冲击损伤发展预测。冲击损伤参数见表3-12、表3-13。

表3-12 齿侧间隙为0.75 mm时的冲击损伤发展预测

时间/s	0.2	0.4	0.6	0.8	1.0	1.2	1.4	1.6	1.8	2.0
Damage ($\times 10^{-3}$)	0.0246	0.0650	0.0810	0.1122	0.1382	0.1696	0.2110	0.2587	0.2973	0.3307

表3-13 齿侧间隙为1.25 mm时的冲击损伤发展预测

时间/s	0.2	0.4	0.6	0.8	1.0	1.2	1.4	1.6	1.8	2.0
Damage ($\times 10^{-3}$)	0.1537	0.2844	0.4165	0.5295	0.6369	0.7687	0.8825	0.9648	1.1	1.3

齿侧间隙为 0.75 mm 时，摩擦片总损伤为 Damage = 0.330 7 × 10^{-3}，于是可预估摩擦片的工作寿命为 100.786 4 min。齿侧间隙为 1.25 mm 时，摩擦片总损伤为 Damage = 1.3 × 10^{-3}，预估摩擦片的工作寿命为 25.968 8 min。

第 5 节 总结

本章通过对摩擦片齿部冲击碰撞动态特性仿真与试验测试研究，获得了摩擦片齿部动态冲击规律，总结如下。

（1）摩擦片齿部冲击碰撞同时存在"正碰"与"追碰"，其中大部分碰撞为"追碰"，仅当内毂运动方向反向时发生"正碰"，且"正碰"产生的碰撞力幅值较大。

（2）在内毂动态激励各个周期内，齿部碰撞发生时对应的碰撞次数、频率、内毂激励速度与位置不同，呈现碰撞周期不规则性。

（3）摩擦片齿部碰撞力主要由碰撞前齿间相对速度决定，总体上碰撞前相对速度越大，对应的碰撞力越大，由碰撞引起的相对速度变化也越大。

（4）经不同模数样件在原理样机试验台的试验结果对比，两者误差（理论与实际）小于8%，从而验证了等效原理及推导的等效关系式的正确性，表明在今后的试验中可采用大模数的方法开展摩擦片齿部冲击研究。

（5）原理样机试验台试验及发动机台架试验结果表明：浮动支撑动态冲击理论研究结果是正确的，并且其理论仿真计算精度高于70%。

（6）偏心可能是引起摩擦副周向应力分布不均的主要原因，在外部载荷不变的情况下，偏心会使摩擦副周向载荷分布处于时变状态，部分齿将承受较大载荷。此外，公法线的差异也会导致摩擦片周向载荷分布不均。

本章针对冲击碰撞强非线性问题提出了一种摩擦片齿部碰撞非线性冲击损伤算法，考虑了齿根喷丸强化的影响因素，对具有强非线性特点的摩擦片齿部冲击碰撞疲劳失效损伤，进行了定量的评价。运用新算法对离合器摩擦片齿轮齿部的疲劳寿命进行了预测，对不同齿侧间隙下的疲劳寿命预估进行了研究，得到如下结论。

（1）提出了一种适用于高频齿部冲击的疲劳损伤理论计算方法，通过试验测试与理论推导计算相结合的方法，获得了不同边界条件下的全寿命周期定量预估值。

（2）基于瞬态和稳态应力试验测试，获得有效时间下的累积损伤值，结合该理论方法，可推出摩擦片全寿命周期总损伤值，并获得使用寿命的预估值，经计算，其工作寿命为25.56 min。

（3）利用该计算方法，保持其他边界条件不变，仅当齿侧间隙为0.75 mm时，可得摩擦片预估工作寿命为100.7864 min；当齿侧间隙为1.25 mm时，摩擦片预估工作寿命为25.9688 min，这说明随着齿侧间隙的增大，有效工作寿命缩短。

（4）考虑到目前我国重载车辆摩擦片的材料制造、齿形加工、离合器装配等因素造成的质量非一致性及稳定性，进行多次实际跑车试验，结果说明该方法的便捷与高效特点特别适用于当前实际情况。

参 考 文 献

[1] 马建,孙守增,芮海田,等. 中国筑路机械学术研究综述:2018[J]. 中国公路学报. 2018,31(6):1-164.

[2] 翟涌,唐高强,胡宇辉,等. 并联混合动力客车模式切换过程控制研究[J]. 北京理工大学学报,2016, 36(1):53-58.

[3] 王晓燕,李杰,张志凯,等. 离合器摩擦副摩滑过程轴向振动特性研究[J]. 振动与冲击. 2017,36(4):81-86.

[4] LI J,WANG X Y. Study on Interaction Theory of Thermal Distortion Friction Pairs and Effect on Friction Coefficient[J]. Applied Mechanics and Materials,2015, 713-715:223-227.

[5] WANG X Y,LI J. Analysis of temperature field of wet clutch based on non-Fourier [C]. 2015 7th International Conference on Intelligent Human-Machine Systems and Cybernetics. 2015 IEEE Computer Society,part Ⅱ:332-335.

[6] 师路骐,马彪,李和言,等. 全程转速下浮动支撑湿式离合器带排转矩计算模型与验证[J]. 兵工学报, 2018, 39(9):1665-1673.

[7] 潘向南. S38C车轴冲击损伤疲劳性能研究[D]. 成都:西南交通大学,2018.

[8] JANTORE H,JORGEN R K,BERNT J L. Impact of model uncertainties on the fatigue reliability of offshore wind turbines[J]. Marine Structures,2019,64:174-185.

[9] JACOPO S,BERND S,ALFRED W,et al. Impact of temperature on the fatigue and crack growth behavior of rubbers[J]. Procedia Structural Integrity,2018,13:

642-647.

[10] SONG Z J,JIANG L H,LI W,et al. Impact of compressive fatigue on chloride diffusion coefficient in OPC concrete:an analysis using EIS method[J]. Construction and Building Materials,2016,113:712-720.

[11] CHRISTORS KASSAPOGLOU. Static and fatigue analysis of notched composite laminates[J]. Journal of Composite Materials,2016,50(30):4307-4317.

[12] FERNANDINO D O,BOERI R. Fracture of pearlitic ductile cast iron under different loading conditions[J]. Fatigue & Fracture of Engineering Materials & Structures,2015,38(1):80-90.

[13] 黄龙文,李正美,安琦. 轮轨滚动接触疲劳寿命的计算方法[J]. 华东理工大学学报,2018,44(6):918-927.

[14] 向东,蒋李,沈银华,等. 电机齿轮箱在随机风载下的疲劳损伤计算模型[J]. 振动与冲击,2018,37(11):115-123.

[15] 李秀红,李刚,任家骏,等. 高速动车组斜齿轮的齿根裂纹萌生寿命数值计算[J]. 中国机械工程,2018,29(09):1017-1024.

[16] 李广全. 高速列车齿轮箱箱体动态特性及疲劳可靠性研究[D]. 北京:北京交通大学,2018.

[17] 牟彦铭,方宗德,张西金. 弧齿锥齿轮啮入冲击理论分析[J]. 华中科技大学学报,2018,46(8):7-11.

[18] 尹桩,苟向锋,朱凌云. 考虑齿面冲击及摩擦的单级齿轮系统动力学建模及分析[J]. 振动工程学报,2018,31(6):974-983.

[19] 吕媛波,卓轶,张文东. 齿轮接触疲劳累积损伤的概率模型[J]. 机械强度,2017,39(04):957-960.

[20] 林小燕,魏静,赖育彬,等. 基于非线性疲劳损伤累积理论的齿轮传动剩余强度模型及其动态可靠度[J]. 哈尔滨工程大学学报,2016.

[21] 胥永刚,孙兴芝,崔玲丽,等. 高频疲劳损伤齿轮磁记忆效应的仿真[J]. 无损检测,2015,37(3):28-32.

[22] 王萌,李强,孙守光. 耦合作用下各载荷对结构疲劳损伤影响程度的评估方法[J]. 中国铁道科学,2015,36(3):94-99.

第 4 章

高线速摩擦副摩滑瞬变温度试验测试研究

引 言

高能摩擦副接触摩滑过程中，大量的动能转化为热能，引起摩擦副表面温度快速升高，导致摩擦副上出现高热区及热变形等，严重影响传动系统的性能与可靠性。瞬态滑摩过程温度分布对于揭示摩擦副之间热机失稳现象的发生规律，正确评判摩擦副的设计效果具有重要意义。但是，国内外对高能摩擦副接触滑摩过程中温度分布的研究仅限于理论方面，对试验或实车测试摩擦副的温度分布研究较少。

本章通过高温高速测量系统建立一套试验装置和试验方法，对实际接触滑摩过程中大、小摩擦副温度分布进行测量，研究摩擦副在接触滑摩过程中的温度变化，建立摩擦副温度场分布以及周向瞬变温度场分析模型，进而为综合考虑热机耦合的摩擦副摩擦失效研究提供试验技术和数据支撑，为验证理论分析结果的有效性提供依据。

第 1 节 测试的关键技术点

4.1.1 高能摩擦副摩滑过程温度测试难点及其关键技术

1. 传感器的安装与布置

1）大摩擦副的传感器安装与布置

（1）热电偶的安装与布置。

要准确获得摩擦副摩滑过程中摩擦层的温度，必须使热电偶直接接触摩擦副（或者对偶钢片，因为对偶钢片与摩擦副紧密接触，可认为对偶钢片摩擦表面与摩擦副摩擦表面温度相同）进行测量。在摩擦副摩滑过程中，摩擦副和对偶钢片结合摩擦。要使热电偶不被摩擦损坏，必须在摩擦副上开槽将热电偶埋入。在考虑热电偶的尺寸以及不影响摩擦效果的情况下，在摩擦副同一位置圆上的不同区域布置热电偶，3 个测试点圆周均匀间隔 120°，如图 4-1 所示。

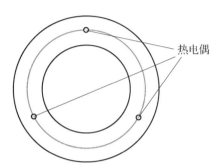

图 4-1　摩擦副热电偶的布置

在考虑热电偶的尺寸以及不影响摩擦效果的情况下，在对偶钢片上 3 个不同位置圆上的不同区域布置热电偶，3 组测试点圆周均匀间隔 120°，每组有在同一径向不同位置圆的 3 个测试点，如图 4-2 所示。

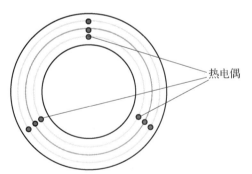

图 4-2　对偶钢片热电偶的布置

（2）红外光纤测温仪测试点的布置及其探头安装。

为了避免在摩擦副上开过多的槽而影响摩擦效果，导致摩擦副温度与实际不符，引入红外光纤测温仪，通过非接触红外线测量摩擦副线温度。在考虑实际测试情况的条件下，在摩擦副的同一半径上布置 4 个红外光纤测温仪（图 4-3）来测量摩擦副摩擦表面线温度，且根据红外光纤测温仪的使用说明，为了发挥其最快的反应速度，调整红外光纤测温仪的探头与摩擦副的距离，使测试效果达到最佳。红外光纤测温仪测试点布置如图 4-4 所示。

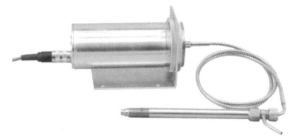

图 4-3　红外光纤测温仪

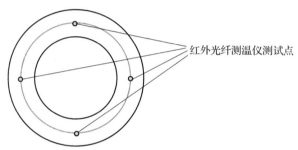

图 4-4　红外光纤测温仪测试点布置

2）小摩擦副的传感器安装与布置

（1）热电偶的安装与布置。

要准确获得摩滑过程中摩擦副的温度，必须使热电偶直接接触摩擦副（或者对偶钢片，因为对偶钢片与摩擦副紧密接触，可认为对偶钢片摩擦表面与摩擦副摩擦表面温度相同）进行测量。在摩擦副摩滑过程中，摩擦副和对偶钢片结合摩擦。在考虑热电偶的尺寸以及不影响摩擦效果的情况下，在对偶钢片同一位置圆上的不同区域各布置 2 个热电偶，如图 4-5 所示，左边为对偶钢片 2，右边为对偶钢片 3。

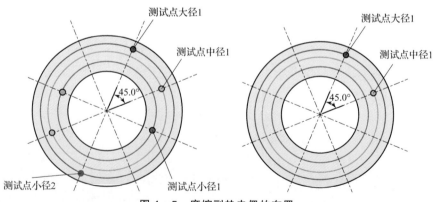

图 4-5　摩擦副热电偶的布置

（2）红外光纤测温仪测试点的布置及其探头安装。

为了避免在摩擦副上开过多的槽而影响摩擦效果，导致摩擦副温度与实际不符，引入红外光纤测温仪，通过非接触红外线测量摩擦副线温度。在考虑实际测试情况的条件下，在摩擦副上布置4个红外光纤测温仪来测量摩擦副摩擦表面线温度，且根据红外光纤测温仪的使用说明，为了发挥其最快的反应速度，调整红外光纤测温仪的探头与摩擦副的距离，使测试效果达到最佳。红外光纤测温仪测试点布置如图4-6所示。

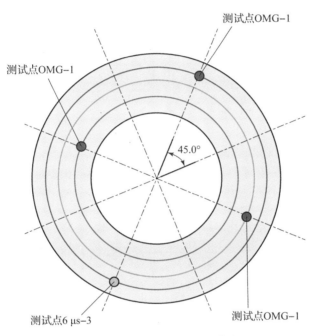

图4-6 红外光纤测温仪测试点布置

2. 高温高速动态测量系统的集成技术

1）大摩擦副温度测量系统的集成

要想成功获取摩擦副在摩滑过程中的真实温度分布，就必须在摩擦副摩滑过程中，利用相应的测温元件对其进行温度测量。只有搭建正确可行的温度测量系统，才能成功获得摩滑过程中摩擦副的真实温度分布。大摩擦副温度测量系统如图4-7所示。

在图4-7中，热电偶测得的摩擦副内部温度数据通过嵌入式微型数据采集仪采集并存储，然后将数据导入计算机进行分析、显示和存储。红外光纤测温仪采集的数据直接利用日本NR500数据采集仪同步采集，在计算机中显示、

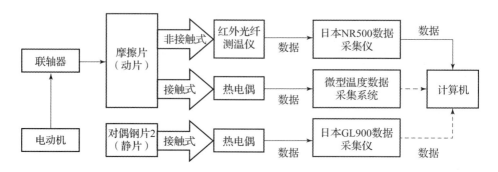

图4-7 大摩擦副温度测量系统

存储、分析。热电偶测得的对偶钢片内部温度数据通过日本 GL900 数据采集仪采集并存储，然后将数据导入计算机进行分析、显示和存储。

2）小摩擦副温度测量系统的集成

要想成功获取摩擦副在摩滑过程中的真实温度分布，就必须在摩擦副摩滑过程中，利用相应的测温元件对其进行温度测量。只有搭建正确可行的温度测量系统，才能成功获得摩滑过程中摩擦副的真实温度分布。小摩擦副温度测量系统如图4-8所示。

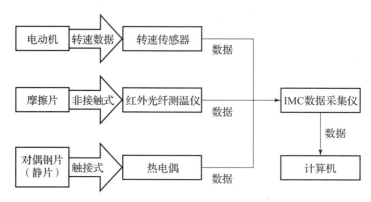

图4-8 小摩擦副温度测量系统

在图4-8中，热电偶测得的对偶钢片内部温度数据、红外光纤测温仪采集的数据、转速传感器的转速数据都通过 IMC 数据采集仪同步采集并存储，然后将数据导入计算机进行分析、显示和存储。

3. 温度测量系统的标定

摩擦副摩滑过程动态温度测量系统由多种温度传感器、数据采集仪器集成而来，系统较为复杂，因此温度测量的准确性、响应时间等参数对获得摩擦副真实温度至关重要。

4.1.2 摩滑过程温度测量系统的设计

1. 设计指导思想和原则

（1）温度测量元件的选择及温度测量系统的集成，必须保证获取温度数据的正确性和精确性。

（2）摩擦副的测试环境与实际摩滑环境相同。

（3）方案设计应尽量简单、可靠，符合低成本、高精度的要求。

2. 温度测量系统的详细设计

1）方案论证

（1）本试验的主要目的是测取摩擦副摩滑过程中的最高温度，因此，高温高速动态测量系统的集成是本试验方案的核心。温度测量系统主要由热电偶及其数据采集系统、红外光纤测温仪及其数据采集系统，以及辅助工装夹具等构成。

（2）由于摩擦副在摩滑过程中产生最高温度的位置及时间无法事先预测，所以只能采用定点的累积温度测试与定点的周向瞬态温度测试相结合的办法。定点累积温度测试是采用热电偶测量摩擦副摩滑过程中某些点（对偶钢片与摩擦副上的测试点）的累积温度。定点的周向瞬态温度测试是采用红外光纤测温仪测量摩擦副的周圈线温度。

（3）摩擦副摩滑过程动态温度测量系统由多种温度传感器、数据采集仪器集成而来，系统较为复杂，为了保证系统能够获得摩擦副摩滑过程中的最高温度，需要对温度测量系统进行标定，并获得温度补偿关系。标定分为红外光纤测温仪的标定以及热电偶数据采集仪的标定。

（4）传感器的安装位置及防护方案。

①热电偶的布置：在摩擦副摩滑过程中，摩擦副跟对偶钢片（静片）结合摩擦。要使热电偶不被摩擦损坏，必须在摩擦副上开槽将热电偶埋入。

②红外光纤测温仪的布置：考虑试验台实际尺寸，4个红外光纤测温仪布置在摩擦副同一位置的圆上，且根据红外光纤测温仪的使用说明，为了发挥其最快的反应速度，调整红外光纤测温仪的探头与摩擦副的距离以使其测试效果最佳。

③传感器和数据采集系统安装后，采用集成的高温高速动态测量系统测量摩擦副摩滑过程中的温度，根据温度补偿公式获取摩擦副的真实温度，最后根

据已知点的真实温度采用有限元分析,获得摩擦副的温度分布。

2)对偶钢片内表面温度测量系统的设计

(1)测量系统的构成。

测量系统由摩擦试验台、日本 anbe 热电偶、热电偶延长线、日本 GL900 数据采集仪 2 台、具有盲孔的对偶钢片、计算机组成,如图 4-9 所示。

图 4-9 测量系统

(2)传感器及其数据采集仪器的选择。

热电偶的选型主要考虑被测件温度范围、精度、使用环境、测定对象的性能、响应时间和经济效益等。本试验方案拟测定的温度范围为 0~1 000 ℃,其正常工作温度初步认为是 600 ℃,同时要求响应时间尽可能短。本试验采用日本 anbe 热电偶,其测量范围为 -200~1 200 ℃,响应时间为 40 μs。日本 anbe 热电偶如图 4-10 所示。

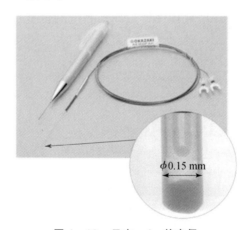

图 4-10 日本 anbe 热电偶

由于对偶钢片的测试点多,要求同步,且要求采样频率高,因此本试验采用日本 GL900 数据采集仪,其测量精度高、采样频率高(本次试验的采样频率为 1 000 Hz)。日本 GL900 数据采集仪如图 4-11 所示。

3)摩擦副摩擦层内部温度测量系统设计

(1)测量系统的构成。

整个测量系统由摩擦副、热电偶、多路微型温度采集板、导电滑环、计算机组成,如图 4-12 所示。

图 4 – 11 日本 GL900 数据采集仪

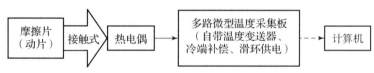

图 4 – 12 测试原理图

（2）传感器、数据采集仪及其辅助设备的选型。

热电偶的选型主要考虑被测件温度范围、精度、使用环境、测定对象的性能、响应时间和经济效益等。本试验方案拟测定的温度范围为 0~1 000 ℃，其正常工作温度初步认为是 600 ℃，同时要求响应时间尽可能短。本试验采用日本 anbe 热电偶，其测量范围为 –200~1 200 ℃，响应时间为 40 μs。

由于本试验空间密闭、测试点多，且测试环境温度较高（大约为 100 ℃），故要求测试仪器具有存储功能、耐高温、可测多路信号、体积小。本试验采用自行开发的多路微型温度采集板，其各项参数完全满足要求，见表 4 – 1。

表 4 – 1 多路微型温度采集板性能参数

	工作时长/h	4~5
多路微型温度数据采集仪	单路采样频率/(kbit·s^{-1})	80
	单路采样精度	14 bit 和 16 bit 两挡
	可测信号路数	10
	工作环境温度/℃	加涂层后为 150~200

由于对偶钢片的测试点多，要求同步，且要求采样频率高，因此本试验采用日本 GL900 数据采集仪，其测量精度高、采样频率高（本试验采样频率为

1 000 Hz)。

本试验温度较高,若采用电池直接给多路微型温度采集板供电,危险性较大,因此采用深圳森瑞普公司的高精度导电滑环对多路微型温度采集板进行外部供电。高精度导电滑环如图 4 – 13 所示。

图 4 – 13 高精度导电滑环

(3) 导电滑环的工装及盲孔的加工。

为了将导电滑环及多路微型温度采集板固定于试验台架内毂上,本试验专门设计了工装夹具,如图 4 – 14 所示。

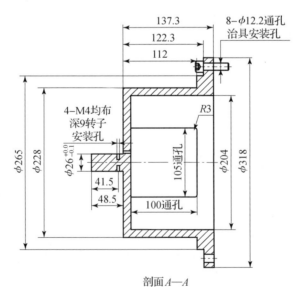

图 4 – 14 导电滑环及多路微型温度采集板的工装设计

4) 摩擦副接触摩擦瞬变温度测量系统设计

(1) 测量系统的构成。

本测量系统由摩擦试验台(北京提供)、6 μs 红外光纤测温仪(1 台)、OMG 红外光纤测温仪(3 台)、日本 NR500 数据采集仪、计算机组成,如图 4-15 所示。

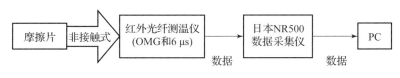

图 4-15　测量系统框图

(2) 传感器及其数据采集仪器的选择。

由于摩擦副摩滑过程中其表面温度瞬时变化,因此测温传感器应采用响应时间短、非接触式的温度传感器。为了满足高动态响应的测试要求,本试验采用响应速度分别达到 6 μs 和 1 ms 的 6 μs 红外光纤测温仪和 OMG 红外光纤测温仪对摩擦副表面进行无接触温度测量,其性能参数见表 4-2。

表 4-2　6 μs 红外光纤测温仪和 OMG 红外测温仪性能参数

名称		技术参数
OMG 红外测温仪	直径/mm	7.8
	响应时间/ms	1
	测量范围/℃	300~1 200
6 μs 红外光纤测温仪	响应时间/μs	6
	测量范围/℃	200~1 000

本次试验采用 3 个 OMG 红外光纤测温仪与 1 个 6 μs 红外光纤测温仪,共 4 个红外光纤测温仪对摩擦副进行温度测量,要求同步采集温度数据,且要求采样频率高,因此选择日本 NR500 数据采集仪,其可满足 4 路数据同步采集,采样间隔最小可达到 5 μs。

摩擦试验台的主要结构已定,根据其结构,安装红外光纤测温仪探头,离合器摩擦试验台(压板,静片,动片和内、外壳)的装配简图如图 4-16 所示。

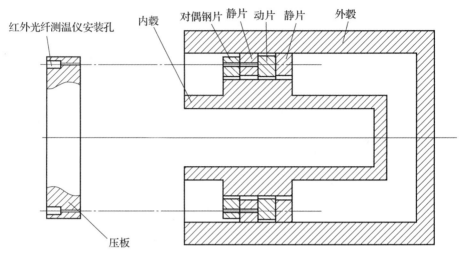

图 4-16 离合器摩擦试验台的装配简图

4.1.3 温度测量系统的分析标定

1. 热电偶选型分析

现有日本 anbe 热电偶、航天 704 热电偶、威斯特中航热电 3 种热电偶供选择，为了从中选出一种最优（反应速度最快、测温最精确）的热电偶用于摩擦副的温度测量，进行热电偶选型试验。

试验步骤如下。

（1）连接日本 GL900 数据采集仪，包括连接 3 个热电偶到数据采集仪的接线端子，连接数据采集仪的接地线、电源线等，并完成数据采集仪的参数设置，构成热电偶温度测量系统。

（2）将 3 个热电偶同时浸入且同时拿离热水，获得 3 个热电偶的测温数据。

（3）将日本 anbe 热电偶和威斯特中航热电偶侧头放在一起，同时用打火机火焰靠近并同时离开，获得测温数据。

（4）完成试验后，收拾仪器。

将试验数据画成曲线图，如图 4-17、图 4-18 所示。

由试验结果可知，在进行热水测温试验时，日本 anbe 热电偶和威斯特中航热电偶相对于航天 704 热电偶表现出了相当的优越性，反应速度快，且测温准确。

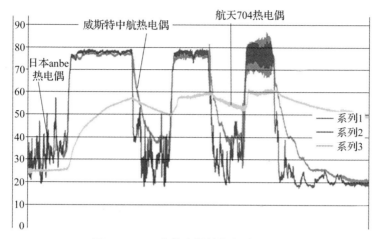

图4-17 3个热电偶的热水测温结果

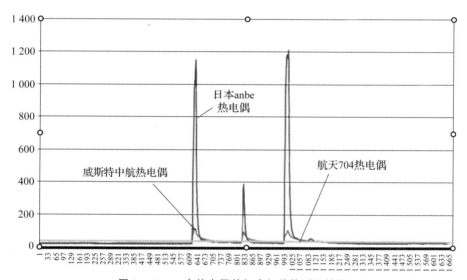

图4-18 3个热电偶的打火机外焰测温结果

在热水测温试验中,威斯特中航热电偶和日本 anbe K 型热电偶在反应速度和测温准确度上都表现很好,无法得知谁优谁劣。但是,由图 4-18 可知,在测量打火机外焰温度(即高温)时,日本 anbe 热电偶相对于威斯特中航热电偶无论在反应速度还是准确度方面都表现出极大的优越性。(因为航天 704 热电偶无法取出与另两个热电偶进行打火机外焰温度的测量对比——其实已没必要进行对比,因此未参加打火机外焰测温试验)。

综上所述,日本 anbe 热电偶是 3 热电偶中反应速度最快、测温最准确的。

2. 微型温度采集系统的标定分析

以日本 anbe 热电偶测得的温度为标准,验证具有冷端补偿装置的 k 型热电偶温度采集板所记录温度是否正确。

本试验使用 1 个日本 anbe 热电偶测试电烙铁通电时温度快速升高的情况,分别使用日本 GL900 数据采集仪和 k 型热电偶温度采集板采集日本 anbe 热电偶温度。日本 anbe 热电偶布置如图 4 – 19 所示。

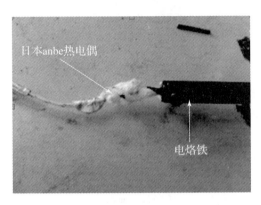

图 4 – 19　日本 anbe 热电偶布置

试验步骤如下。

(1) 使用日本 GL900 数据采集仪测试电烙铁温度;

(2) 使用 k 型热电偶温度采集板测试日本 anbe 热电偶温度。

试验结果及分析如下。

通过试验测得常温下 k 型热电偶温度采集板测得室温为 21 ℃,日本 GL900 数据采集仪测得室温为 19.2 ℃,以日本 GL900 数据采集仪为标准,可知 k 型热电偶温度采集板系统误差为 1.8 ℃(21 ℃ – 19.2 ℃),如图 4 – 20 所示。

将 k 型热电偶温度采集板的每个数据减去系统误差 1.8 ℃进行修正,以每次电烙铁通电后温度开始上升进行时间同步,日本 GL900 数据采集仪和修正后的 k 型热电偶温度采集板的温度曲线如图 4 – 21 所示,由于是两次加热电烙铁所测的温度,每次加热的最高温度并不相同,所以升温部分曲线一致,降温部分曲线不一致。

单独放大看升温部分,由图 4 – 22 可知日本 GL900 数据采集仪和 k 型热电偶温度采集板(修正后)所测升温部分曲线十分一致。

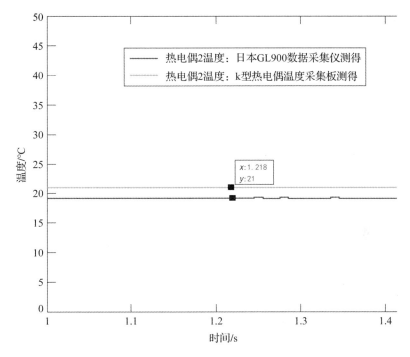

图4-20 k型热电偶温度采集板系统误差

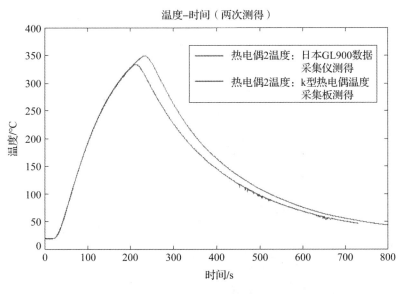

图4-21 温度比较

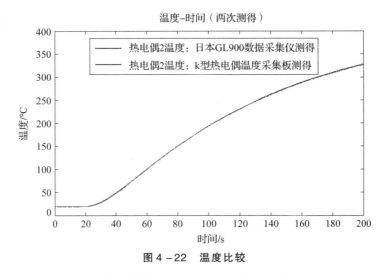

图 4-22 温度比较

结论：k 型热电偶温度采集板可准确测温，误差较小。

3. OMG 和 6 μs 红外光纤测温仪发射率的校核标定

以日本 anbe 热电偶测得的温度为标准，在大功率加热工况下获取 OMG 红外光纤测温仪和 6 μs 红外光纤测温仪对对偶钢片的正确发射率。

本试验最主要的准备工作是连接新的红外测温系统，在连接红外测温系统时应注意以下几点。

（1）两个红外光纤测温仪的对焦距离是不同的，因此要根据两个红外光纤测温仪自身的对焦距离放置两个红外光纤测温仪的红外探头，如图 4-23 所示。

图 4-23 两个红外光纤测温仪的红外探头相对对偶钢片的放置距离

(2) 两个红外光纤测温仪的聚焦光斑都必须打在对偶钢片盲孔的正背面，即必须使两个红外光纤测温仪的测温点尽量接近日本 anbe 热电偶的测温点，如图 4-24 所示。

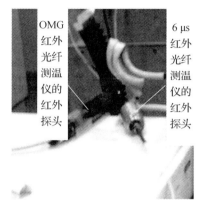

图 4-24　两个红外光纤测温仪测温点的位置

6 μs 红外光纤测温仪的量程是 200~1 000 ℃，而 OMG 红外光纤测温仪的量程是 300~1 200 ℃，因此，本试验工况制定如下。

(1) 利用高频加热器在最低功率下（加热电流为 188 A）将对偶钢片从低温（低于 200 ℃）加热至 200~300 ℃，校正 6 μs 红外光纤测温仪的发射率。

(2) 将高频感应加热的加热电流调节到 300 A、500 A，并在这两种加热功率下验证工况（1）中调节的 6 μs 红外光纤测温仪发射率的正确性。

(3) 利用高频加热器在最低功率下（加热电流为 188 A）将对偶钢片从低于 300 ℃ 加热至 300 ℃ 以上，校正 OMG 红外光纤测温仪的发射率。

(4) 将高频感应加热的加热电流调节到 300 A、500 A，并在这两种加热功率下验证工况（3）中调节的 OMG 红外光纤测温仪发射率的正确性。

本试验中搭建的温度测量系统主要由高频感应加热器及其冷却系统、日本 anbe 热电偶、OMG 红外光纤测温仪、6 μs 红外光纤测温仪、热电偶数据和电压数据采集器——日本 GL900 数据采集仪组成。

在此系统中，日本 anbe 热电偶安装于对偶钢片的盲孔中，两个红外光纤测温仪的测温点在对偶钢片盲孔的正背面，以日本 anbe 热电偶测得的温度为标准，通过对比日本 anbe 热电偶和两个红外光纤测温仪测得的温度来校正两个红外光纤测温仪对对偶钢片的发射率。

此系统将日本 anbe 热电偶的温度数据、6 μs 红外光纤测温仪的温度数据和 OMG 红外光纤测温仪的温度数据都用日本 GL900 数据采集仪来采集，实现了 3 个数据的严格同步。试验步骤如下。

(1) 搭建温度测量系统。

(2) 接通电源，开机，进行红外光纤测温仪配套软件和日本 GL900 数据采集仪的各项参数设置。

(3) 启动高频加热器冷却系统，然后开启高频加热器，并设置加热电流。

(4) 在常温下，进行一次温度测量，检验各传感器、仪器是否工作正常。

(5) 将高频加热器的加热电流调节到较小的 200 A（便于对比红外光纤测温仪与热电偶的温度）对对偶钢片进行加热，当对偶钢片温度进入 6 μs 红外光纤测温仪量程范围内时，快速对比 6 μs 红外光纤测温仪和日本 anbe 热电偶所测温度，并同时快速调节 6 μs 红外光纤测温仪的发射率，当发射率调节为 0.85 时，两者所测温度在一段时间内都保持基本相同，停止加热。

(6) 将高频加热器的加热电流先后调节到 300 A 和 500 A 并对对偶钢片进行加热，验证步骤（5）中获取的 6 μs 红外光纤测温仪的发射率。

(7) 对 OMG 红外光纤测温仪进行步骤（5）、（6）操作，得到其对对偶钢片的发射率为 0.88，完成其发射率的校正和验证。

(8) 测试完毕，收拾仪器，完成试验。

操作步骤（5），得到 6 μs 红外光纤测温仪对对偶钢片的发射率为 0.85，然后在 300 A 的加热电流下对其进行验证，验证结果如图 4 – 25 所示。

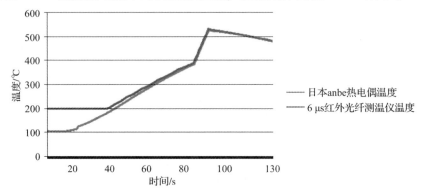

图 4 – 25　6 μs 红外光纤测温仪发射率在加热电流为 300 A 时的验证曲线

在 500 A 的加热电流下，对其进行验证，验证结果如图 4 – 26 所示。

从图 4 – 25 和图 4 – 26 可以看出，在加热电流分别为 300 A 和 500 A 时，日本 anbe 热电偶测得的温度和发射率调节为 0.85 的 6 μs 红外光纤测温仪测得的温度几乎完全重合，除了图 4 – 25 中在对偶钢片温度刚开始进入 6 μs 红外光纤测温仪量程时出现了一点不重合。经过询问高频加热器厂家得知，被高频加热器加热的金属是从外到里升温的，即外层金属会先升温，且这种现象在低功率时更严重，因为大功率时金属里层也会被瞬间加热，这就解释了为什么

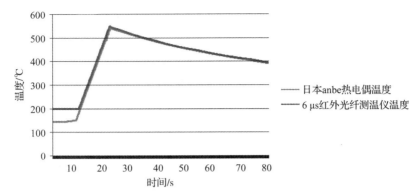

图4-26　6 μs红外光纤测温仪发射率在加热电流为500 A时的验证曲线

图4-25在200 ℃时的重合度要高于图4-26。

因此，认为0.85即6 μs红外光纤测温仪对对偶钢片的发射率。

操作步骤（7），得到OMG红外光纤测温仪对对偶钢片的发射率为0.88，然后在300 A的加热电流下，对其进行验证，验证结果如图4-27所示。

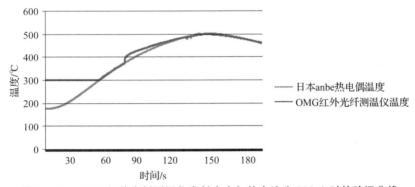

图4-27　OMG红外光纤测温仪发射率在加热电流为300 A时的验证曲线

在500 A的加热电流下，对其进行验证，验证结果如图4-28所示。

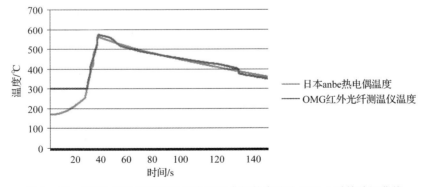

图4-28　OMG红外光纤测温仪发射率在加热电流为500 A时的验证曲线

从图4-28和图4-29可以看出,在加热电流分别为300 A和500 A时,日本anbe热电偶测得的温度和发射率调节为0.88的OMG红外光纤测温仪测得的温度曲线几乎完全重合,除了一些突然的波动。分析认为,出现波动的原因是对偶钢片被多次重复加热后材质出现了变化,因为在最后的加热过程中看到了火花的迸射,特别是在以500 A大电流加热的时候。

因此,认为0.88即OMG红外光纤测温仪对对偶钢片的发射率。

结论:OMG红外光纤测温仪和6 μs红外光纤测温仪对对偶钢片的发射率的校正结果分别为0.88和0.85。

第2节 高能摩擦副瞬变温度测试

4.2.1 大直径窄带摩擦副温度场测试

1. 试验台架简介及试验工况

离合器试验台如图4-29所示。

图4-29 离合器试验台

试验条件及工况见表4-3。

表4-3 试验条件及工况

结合频率/(次·min^{-1})	2
试验惯量/(kg·m^2)	5.9
润滑油种类	15W-40CD
润滑油流量/(mL·min^{-1}·m^{-2})	8
试验油温/℃	60~80

2. 试验用摩擦片

（1）尺寸：$\phi 522$ mm $\times \phi 459$ mm $\times$ 厚 6 mm（芯板厚度为 4 mm）；

（2）摩擦材料：铜基粉末冶金；

（3）芯板热处理方式：常规热处理工艺；

（4）摩擦表面粗糙度：优于 3.2 μm；

（5）油槽形状：阿基米德螺线加径向不通油槽。

3. 试验用对偶钢片

（1）尺寸：$\phi 534$ mm $\times \phi 471$ mm $\times$ 厚 4.5 mm；

（2）材料：65Mn；

（3）表面硬度：HRC30～37；

（4）摩擦表面粗糙度：1.6 μm。

4. 对偶钢片内表面温度测试分析

1）测试目的

在高温、高速、有油的密闭环境下，测取摩擦副摩滑过程中对偶钢片内部累积温度，为考虑了热机耦合的摩擦副失效研究提供数据支撑。

2）测试方案

测试对象是湿式大直径窄带摩擦副，其结构特点是带宽很窄，摩擦片和对偶钢片的厚度很小，如果采用传统的在摩擦片或对偶钢片上打孔安装热电偶的方式，由于对偶钢片较薄，因此需要另外使用固定工件以保证热电偶固定牢靠，保证可靠性。固定工件的厚度为 20 mm 左右，对原结构改变较大，为此使用红外测温方法，这是一种非接触式的测量，这种方法对于安装精度要求比较高，不适合动态测量，因此只能用来测量对偶钢片的固定情况。此外由于测量设备都不具备耐高温的特性，因此拟采用探头和仪表分离的红外光纤测温仪（如 CSlaser 1M/2M）。

CSlaser 1M/2M 红外光纤测温仪（图 4-30）具有高精度、快速响应、高光学分辨率配合精确的双激光瞄准，适合高温测量场合。

为了保证红外探头准确对准目标，并调整好焦距，设计专用工装将红外探头固定，使红外探头和对偶钢片相对静止，将红外探头预先调整好焦距。红外探头固定要牢固，避免振动使红外探头的焦点抖动，测量圆点很小，一旦抖动就会偏离原来的位置，造成测量错误。

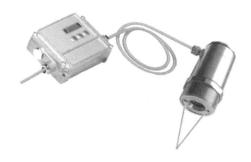

图 4-30 CSlaser 1M/2M 红外光纤测温仪

在对偶钢片上需要打锥形的孔，由于受目前打孔技术的限制，在对偶钢片上制作出符合要求的不通孔（不透孔与摩擦面保留 0.1~0.3 mm 的距离）难度很大，为此采用打通孔方式安装红外温度传感器，使红外探头直接接收到锥孔对应摩擦表面的辐射。

由于摩擦表面的油气会对红外温度传感器产生很大影响，为了防止摩擦表面的油液飞溅到红外温度传感器探头上，设计采用通风管路阻断油液到红外温度传感器探头的通路。

3）热电偶测试点布置及其与 GL900 测试通道的对应

热电偶测试点编号如图 4-31 所示，热电偶测试点与 GL900 测试通道的对应见表 4-4。热电偶测试点状态见表 4-5。

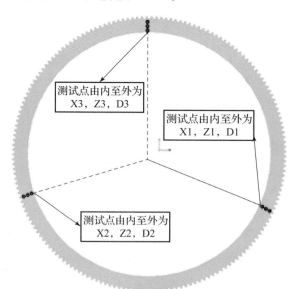

图 4-31 热电偶测试点编号示意

表 4-4　热电偶测试点与 GL900 测试通道的对应

热电偶测试点编号	GL900 测试通道	热电偶测试点编号	GL900 测试通道
X1	GL900 第 1 台第 1 通道	D2	GL900 第 1 台第 6 通道
Z1	GL900 第 1 台第 2 通道	X3	GL900 第 1 台第 7 通道
D1	GL900 第 1 台第 3 通道	Z3	GL900 第 1 台第 8 通道
X2	GL900 第 1 台第 4 通道	D3	GL900 第 2 台第 1 通道
Z2	GL900 第 1 台第 5 通道	—	—

表 4-5　热电偶测试点状态

热电偶测试点编号	测试点位置圆直径/mm	距表面距离/mm	热电偶测试点编号	测试点位置圆直径/mm	距表面距离/mm
X1	480	0.6	D2	512	0.6
Z1	496	0.6	X3	480	0.6
D1	512	0.6	Z3	496	0.6
X2	480	0.6	D3	512	0.6
Z2	496	0.6	—	—	—

5. 试验步骤

（1）搭建热电偶对偶钢片温度测试系统，注意热电偶测试点与日本 GL900 数据采集仪的通道连接是否正确。

（2）接通电源，开机，进行日本 GL900 数据采集仪的各项参数设置；

（3）查看各通道连接是否正确及是否有损坏，若有损坏进行则进行更换。检查各通道常温下所测温度是否正常。

（4）开启试验台进行预热。

（5）预热完成后按工况表进行测试，每一次测试都在试验台开始运转前开始，试验台停止一段时间结束，同时注意数据的保存。

1）红外温度传感器校准

使用可输出数值温度源进行红外温度传感器校准，过程如下。将作动缸位移设为 0，加压压盘移出。在主程序界面打开"模拟量输入"界面，见

图4-32所示。将可输出数值温度源的热区置于距离压盘4.5 mm（轴向）的平面内，周向位置与需校准的红外温度传感器对齐，静止约30 s，读取红外温度传感器对应的编码值。旋转压盘，继续标定下一红外温度传感器。

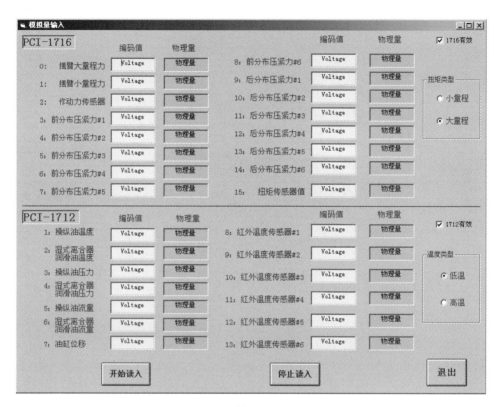

图4-32 "模拟量输入"界面

分别在可输出数值温度源为150 ℃，200 ℃，250 ℃，300 ℃，400 ℃，450 ℃时进行标定。

2）试验台状态检查

试验台各部件应安装牢靠，润滑系统工作正常。

3）对偶钢片打孔

为了让红外温度传感器照射到摩擦片表面，需要在最外一片对偶钢片上与红外温度传感器对应的位置上打探测孔（通孔），对偶钢片上的孔位应与作动压头上的孔配作加工。另一种确定红外温度传感器位置的方法是在作动压头和未打孔对偶钢片已经安装好后，在作动压头上红外温度传感器位置附近涂色，然后加压，此时根据对偶钢片上显示的涂色位置（即为红外温度传感器位置）打通孔。

4）试验件的安装

启动试验台伺服系统，将作动缸位移值设为 0，使作动压头远离内、外毂，依次放入未打孔对偶钢片、摩擦片和打孔对偶钢片。最外一片与作动压头接触的为打孔对偶钢片。摩擦片安装后，最外面对偶钢片与内、外鼓端面的距离必须控制在 15～35 mm 范围内，这是作动压头的行程。可以通过增加或减少垫板来保证此行程。

行程得到保证后，将作动缸位移值设为油缸对刀位置值，开始对刀。旋转（朝向操作者）加压装置，直到对刀齿接触并静止后，通过力加载将作动压头压紧摩擦副，记录下此时的油缸位移值，考虑热负荷试验摩擦片间隙预设值，修改油缸位移。

5）试验环境参数设置

在每一个试验开始之前都要进行试验环境参数设置，具体设置方法如下。打开离合器试验台主程序界面（图 4-33），在设置温度窗口设定润滑油温度。在润滑油温度设定好以后，需要等待 10～30 min，在当前油温窗口显示温度达到设定温度后开始试验。

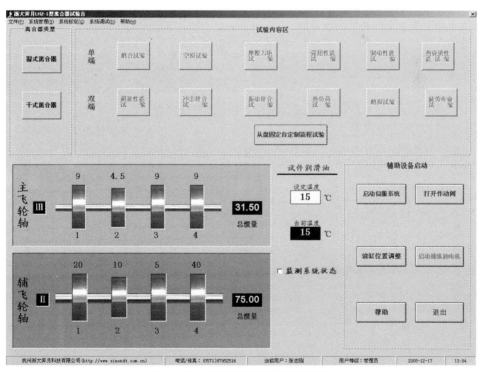

图 4-33　离合器试验台主程序界面

6. 同一位置温度径向对比分析

1) 第1组测试点小径 X1、中径 Z1、大径 D1 温度变化对比分析

工况为转速 2 000 r/min、毛面压力为 0.5 MPa 时第 1 组测试点小径 X1、中径 Z1、大径 D1 第 1 次测试温度变化如图 4-34 所示。由图可知，测试点 X1 温度先随时间缓慢升高，然后快速升高，并没有快速降低；测试点 Z1 温度先随时间缓慢升高，然后快速升高再快速降低；测试点 D1 温度先随时间缓慢升高，然后较为快速升高，并没有快速降低。在温度变化率方面，测试点 X1 温度变化中，温度变化率为 80.86 ℃/s；测试点 Z1 温度变化快，温度变化率为 876.8 ℃/s；测试点 D1 温度变化慢，温度变化率为 16.65 ℃/S。3 个测试点温度变化率对比：中径 Z1 > 小径 X1 > 大径 D1。在最高温度方面，整个测试时间历程中，测试点 X1 最高温度中，最高温度值为 104.4 ℃；测试点 Z1 最高温度高，最高温度值为 326.20 ℃；测试点 D1 最高温度低，最高温度值为 83.53 ℃。3 个测试点最高温度对比：中径 Z1 > 小径 X1 > 大径 D1。

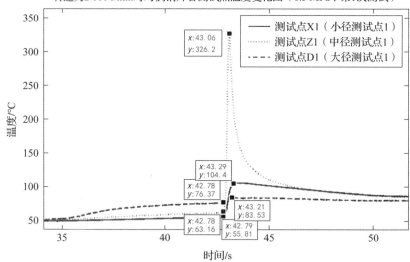

图 4-34 转速为 2 000 r/min，毛面压力为 0.5 MPa 时第 1 组测试点第 1 次测试温度变化

第 1 组测试点小径 X1、中径 Z1、大径 D1 平均温度随转速的变化如图 4-35 所示。由图可知，测试点小径 X1 平均温度随着转速的增大而升高，在 2 500 r/min 下平均温度达到最大值，在转速为 3 000 r/min 时降低；测试点中径 Z1 平均温度随着转速的增大而升高，在 2 000 r/min 下平均温度达到最大值，随后随转速减小；测试点大径 D1 平均温度随着转速的增大而升高，在

3 000 r/min 下平均温度达到最大值。3 个测试点在转速为 1 000 r/min、2 000 r/min 时平均温度对比：中径 Z1 > 小径 X1 > 大径 D1；在转速为 1 500 r/min 时平均温度对比：小径 X1 > 中径 Z1 > 大径 D1；在转速为 2 500 r/min 时平均温度对比：小径 X1 > 大径 D1 > 中径 Z1；在转速为 3 000 r/min 时平均温度对比：大径 D1 > 中径 Z1 > 小径 X1。

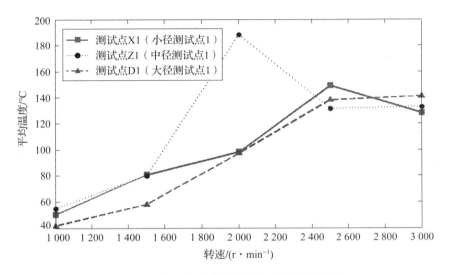

图 4-35　第 1 组测试点平均温度随转速的变化

第 1 组测试点小径 X1、中径 Z1、大径 D1 平均温度变化率随转速的变化如图 4-36 所示。由图可知，测试点小径 X1 和大径 D1 的平均温度变化率在转速为 1 000 ~ 2 000 r/min 时变化不大，在转速为 2 500 r/min 时升高达到最大值，在转速为 3 000 r/min 时降低；测试点 Z1 的平均温度变化率在转速为 1 000 ~ 2 000 r/min 时随转速升高，在转速为 2 000 r/min 时达到最大值，在转速为 2 000 ~ 3 000 r/min 时随转速升高而降低。3 个测试点在转速为 1 000 ~ 2 000 r/min 时平均温度变化率对比：中径 Z1 > 小径 X1 > 大径 D1；在转速为 2 500 r/min 时平均温度变化率对比：小径 X1 > 大径 D1 > 中径 Z1；在转速为 3 000 r/min 时平均温度变化率三者相差不大：大径 D1 > 中径 Z1 > 小径 X1。

第 1 组测试点小径 X1、中径 Z1、大径 D1 最高温度随转速的变化如图 4-37 所示。由图可知，测试点小径 X1、大径 D1 最高温度在转速为 1 000 ~ 2 500 r/min 时随转速的增大而升高，在转速为 3 000 r/min 时降低，在转速为 2 500 r/min 时最高温度达到最大值。测试点中径 Z1 在转速为 1 000 ~ 2 000 r/min 时最高温度随着转速的增大而升高，在转速为 2 000 ~ 3 000 r/min

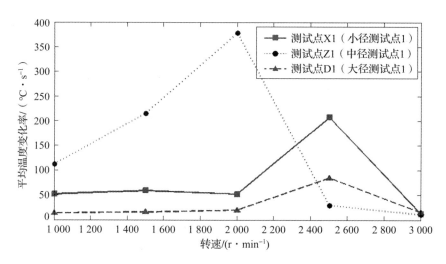

图 4-36 第 1 组测试点平均温度变化率随转速的变化

时随转速的增大而降低，在转速为 2 000 r/min 时最高温度达到最大值。三个测试点在转速为 1 000 r/min 时相差不大：中径 Z1＞小径 X1＞大径 D1；在转速为 1 500 r/min 时相差不大：小径 X1＞中径 Z1＞大径 D1；在转速为 2 000 r/min 时测试点中径 Z1 最高温度很大：中径 Z1＞大径 D1＞小径 X1；在转速为 2 500 r/min 时最高温度对比：小径 X1＞大径 D1＞中径 Z1；在转速为 3 000 r/min 时最高温度相差不大：大径 D1＞中径 Z1＞小径 X1。

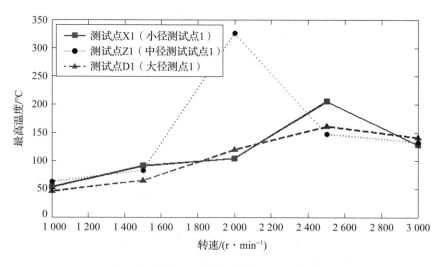

图 4-37 第 1 组测试点最高温度随转速的变化

第 1 组测试点小径 X1、中径 Z1、大径 D1 最高温度变化率随转速的变化如图 4-38 所示。由图可知，测试点小径 X1 和大径 D1 的最高温度变化率在转速为 1 000～2 000 r/min 时变化不大，在转速为 2 500 r/min 时升高达到最大值，在转速为 3 000 r/min 时降低；测试点中径 Z1 的最高温度变化率在转速为 1 000～2 000 r/min 时随转速升高，在转速为 2 000 r/min 时达到最大值，在转速为 2 000～3 000 r/min 时随转速的增大而降低。3 个测试点在转速为 1 000～2 000 r/min 时最高温度变化率对比：中径 Z1 > 小径 X1 > 大径 D1；在转速为 2 500 r/min 时最高温度变化率对比：小径 X1 > 大径 D1 > 中径 Z1；在转速为 3 000 r/min 时最高温度变化率三者相差不大：大径 D1 > 中径 Z1 > 小径 X1。

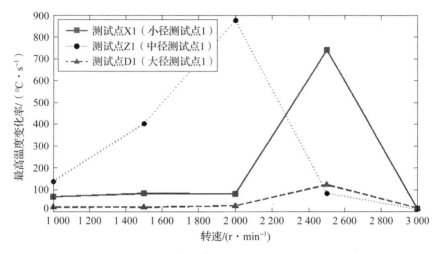

图 4-38 第 1 组测试点最高温度变化率随转速的变化

2）第 2 组测试点小径 X2、中径 Z2、大径 D2 温度变化对比分析

工况为转速 2 500 r/min、毛面压力 0.5 MPa 时第 2 组测试点 X2、Z2、D2 第 4 次测试温度变化如图 4-39 所示。由图可知，测试点 X2 温度随时间先快速升高再快速降低，测试点 Z2 温度随时间先缓慢升高再缓慢降低，测试点 D2 温度随时间先快速升高再快速降低。在温度变化率方面，测试点 X2 温度变化中，温度变化率为 723.97 ℃/s，测试点 Z2 温度变化慢，温度变化率为 41.09 ℃/s，测试点 D2 温度变化快，温度变化率为 1746.76 ℃/s，3 个测试点温度变化率对比：大径 D2 > 小径 X2 > 中径 Z2。在最高温度方面，整个测试时间历程中，测试点 X2 最高温度中，最高温度值为 370.90 ℃；测试点 Z2 最高温度低，最高温度值为 156.40 ℃；测试点 D2 最高温度高，最高温度值为 385.5 ℃。3 个测点最高温度对比：大径 D2 > 小径 X2 > 中径 Z2。

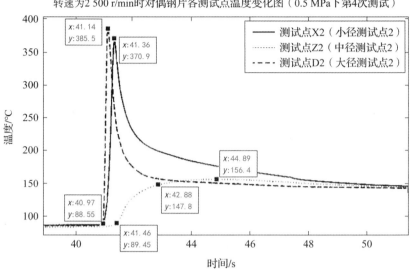

图4-39 转速为2 500 r/min，毛面压力为0.5 MPa时第2组测试点第4次测试温度变化

第2组测试点小径X2、中径Z2、大径D2平均温度随转速的变化如图4-40所示。由图可知，测试点小径X2平均温度在转速为1 000~2 000 r/min时随转速的增大而升高，在转速为2 000~3 000 r/min时变化不大；测试点中径Z2平均温度在转速为1 000~2 500 r/min时随转速的增大而缓慢升高，在转速为3 000 r/min时降低；测试点大径D2平均温度在转速为1 000~2 500 r/min时随转速的增大而快速升高，在转速为3 000 r/min时降低。3个测试点在转速为1 000~2 000 r/min时平均温度对比：小径X2＞中径Z2＞大径D2；在转速为2 500 r/min时平均温度对比：大径D2＞小径X2＞中径Z2；在转速为3 000 r/min时平均温度对比：小径X2＞大径D2＞中径Z2。

第2组测试点小径X2、中径Z2、大径D2平均温度变化率随转速的变化如图4-41所示。由图可知，测试点小径X2的平均温度变化率在转速为1 000~2 000 r/min时随转速的增大而升高，在转速为2 500 r/min时降低，在转速为3 000 r/min时升高；测试点Z2的平均温度变化率在整个转速增大过程中变化不大；测试点D2的平均温度变化率在转速为1 500~2 500 r/min时随转速的增大呈快速上升趋势，在转速为2 500 r/min时达到最大值，在转速为3 000 r/min时降低。3个测试点在转速为1 000~2 000 r/min、3 000 r/min时平均温度变化率对比：小径X2＞大径D2＞中径Z2；在转速为2 500 r/min时平均温度变化率对比：大径D2＞小径X2＞中径Z2。

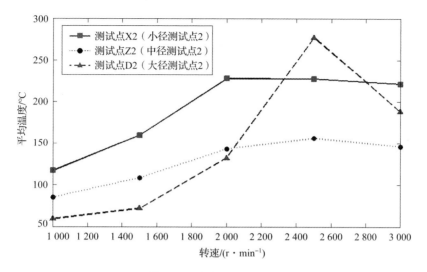

图 4-40　第 2 组测试点平均温度随转速的变化

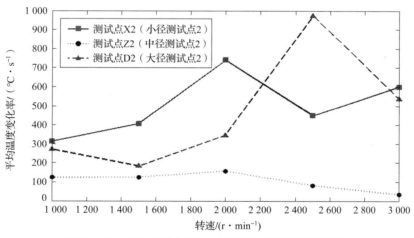

图 4-41　第 2 组测试点平均温度变化率随转速的变化

第 2 组测试点小径 X2、中径 Z2、大径 D2 最高温度随转速的变化如图 4-42 所示。由图可知，3 个测试点最高温度在转速为 1 000～2 500 r/min 时随着转速的增大而升高，在转速为 3 000 r/min 时降低，都在转速为 2 500 r/min 时达到最大值。3 个测试点在转速为 1 000～1 500 r/min 时：小径 X2＞中径 Z2＞大径 D2；在转速为 2 000 r/min 时：小径 X2＞大径 D2＞中径 Z2；在转速为 2 500 r/min 时测试点小径 X2、大径 D2 最高温度很大：大径 D2＞小径 X2＞中径 Z2；在转速为 3 000 r/min 时最高温度对比：小径 X2＞大径 D2＞中径 Z2。

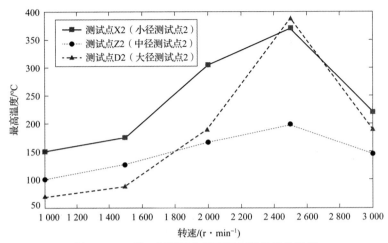

图 4-42 第 2 组测试点最高温度随转速的变化

第 2 组测试点小径 X2、中径 Z2、大径 D2 最高温度变化率随转速的变化如图 4-43 所示。由图可知,测试点小径 X2 的最高温度变化率在转速为 1 000 ~ 2 500 r/min 时随转速的增大而升高,在转速为 2 500 r/min 时升高到最大值,在转速为 3 000 r/min 时降低;测试点中径 Z2 的最高温度变化率在转速整个增大过程中变化不大,测试点大径 D2 的最高温度变化率在转速为 1 500 ~ 2 500 r/min时随转速的增大而升高,在转速为2 500 r/min时升高到最大值,在转速为 3 000 r/min 时降低。3 个测试点在转速为 1 000 r/min 时测试点 X2、D2 相差不大:大径 D2 > 小径 X2 > 中径 Z2;在转速为 1 500 ~ 2 000 r/min、3 000 r/min时最高温度变化率对比:小径 X2 > 大径 D2 > 中径 Z2;在转速为 2 500 r/min时最高温度变化率对比:大径 D2 > 小径 X2 > 中径 Z2。

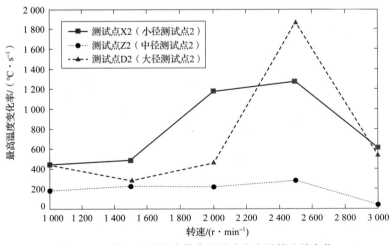

图 4-43 第 2 组测试点最高温度变化率随转速的变化

3) 第 3 组测试点小径 X3、中径 Z3、大径 D3 温度变化对比分析

工况为转速 2 500 r/min、毛面压力 0.5 MPa 时第 3 组测试点小径 X3、中径 Z3、大径 D3 第 2 次测试温度变化如图 4 - 44 所示。由图可知，测试点小径 X3 温度随时间先快速升高再快速降低，测试点中径 Z3 温度随时间先缓慢升高再缓慢降低，测试点大径 D3 温度随时间先快速升高再缓慢降低。在温度变化率方面，测试点小径 X3 温度变化快，温度变化率为 2 403.57 ℃/s；测试点中径 Z3 温度变化慢，温度变化率为 30.83 ℃/s；测试点大径 D3 温度变化中，温度变化率为 106.67 ℃/s。3 个测试点温度变化率对比：小径 X3 > 大径 D3 > 中径 Z3。在最高温度方面，整个测试时间历程中，测试点小径 X3 最高温度高，最高温度值为 410.70 ℃；测试点中径 Z3 最高温度中，最高温度值为 123.90 ℃；测试点大径 D3 最高温度低，最高温度值为 117.80 ℃。3 个测试点最高温度对比：小径 X3 > 中径 Z3 > 大径 D3。

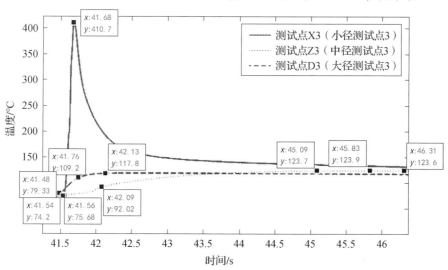

图 4 - 44　转速为 2 500 r/min，毛面压力为 0.5 MPa 时第 3 组测试点第 2 次测试温度变化

第 3 组测试点小径 X3、中径 Z3、大径 D3 平均温度随转速的变化如图 4 - 45 所示。由图可知，测试点小径 X3、中径 Z3、大径 D3 平均温度在转速为 1 000 ~ 2 500 r/min 时随着转速的增大而升高，在转速为 3 000 r/min 时降低。3 个测试点在转速为 1 000 ~ 2 500 r/min 时平均温度对比：小径 X3 > 中径 Z3 > 大径 D3，在转速为 3 000 r/min 时平均温度相差不大。

第 3 组测试点小径 X3、中径 Z3、大径 D3 平均温度变化率随转速的变化如图 4 - 46 所示。由图可知，测试点小径 X3 的平均温度变化率在转速为 1 000 ~

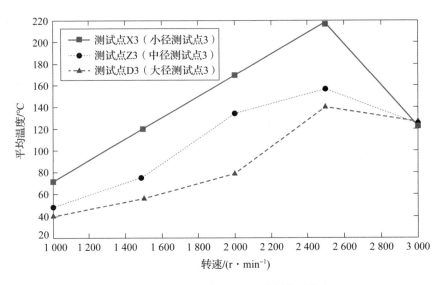

图 4-45 第 3 组测试点平均温度随转速的变化

2 500 r/min 时随转速的增大而升高,在转速为 3 000 r/min 时降低;测试点中径 Z3 的平均温度变化率在转速为 1 000~2 000 r/min 时随转速的增大而升高,在转速为 2 000~3 000 r/min 时降低;测试点大径 D3 的平均温度变化率在整个转速增大过程中变化不大。3 个测试点在整个转速增大过程中的平均温度变化率对比:小径 X3 > 中径 Z3 > 大径 D3。

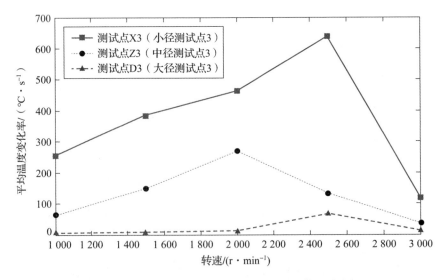

图 4-46 第 3 组测试点平均温度变化率随转速的变化

第 3 组测试点小径 X3、中径 Z3、大径 D3 最高温度随转速的变化如图 4-47 所示。由图可知，3 个测试点最高温度在转速为 1 000~2 500 r/min 时随着转速的增大而升高，在转速为 3 000 r/min 时降低，都在转速为 2 500 r/min 时最高温度达到最大值。3 个测试点在转速为 1 000~2 500 r/min 时的最高温度对比：小径 X3 > 中径 Z3 > 大径 D3，在转速为 3 000 r/min 时相差不大。

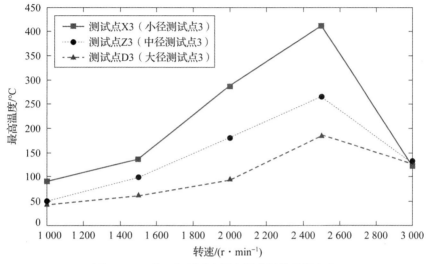

图 4-47　第 3 组测试点最高温度随转速的变化

第 3 组测试点小径 X3、中径 Z3、大径 D3 最高温度变化率随转速的变化如图 4-48 所示。由图可知，测试点小径 X3 的最高温度变化率在转速为 1 000~2 500 r/min 时随转速的增大而升高，在转速为 2 500 r/min 时升高达到最大值，在转速为 3 000 r/min 时降低；测试点中径 Z3 的最高温度变化率在转速为 1 000~2 000 r/min 时随转速的增大而升高，在转速为 2 000~3 000 r/min 时下降；测试点大径 D3 的最高温度变化率在转速整个增大过程中变化不大。3 个测试点在转速为 1 000~2 500 r/min 时最高温度变化率对比：小径 X3 > 中径 Z3 > 大径 D3，在转速为 3 000 r/min 时最高温度变化率相差不大。

4）小径 X、中径 Z、大径 D 综合对比分析

小径 X、中径 Z、大径 D 平均温度随转速的变化如图 4-49 所示。由图可知，小径 X、中径 Z、大径 D 平均温度在转速为 1 000~2 500 r/min 时随转速的增大而升高，在转速为 3 000 r/min 时降低。小径 X、中径 Z、大径 D 在转速为 1 000~3 000 r/min 时（除 2 500 r/min 外）平均温度对比：小径 X：> 中径 Z > 大径 D；在转速为 2 500 r/min 时平均温度对比：小径 X > 大径 D > 中径 Z。

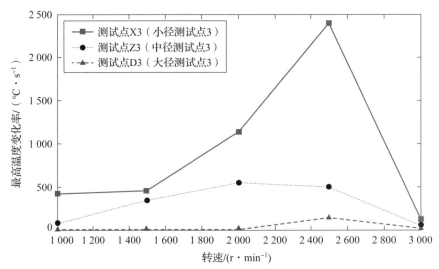

图4-48 第3组测试点最高温度变化率随转速的变化

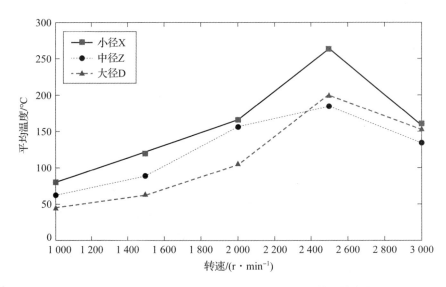

图4-49 小径X、中径Z、大径D平均温度随转速的变化

小径X、中径Z、大径D平均温度变化率随转速的变化如图4-50所示。由图可知,小径X、大径D的平均温度变化率在转速为1 000~2 500 r/min时随转速的增大而升高,在转速为3 000 r/min时降低,中径Z的平均温度变化率在转速为1 000~2 000 r/min时随转速的增大而升高,在转速为2 000~3 000 r/min时降低。小径X、中径Z、大径D在转速为1 000~2 000 r/min时

的平均温度变化率对比：小径 X > 中径 Z > 大径 D，在转速为 2 500 ~ 3 000 r/min 时的平均温度变化率对比：小径 X > 大径 D > 中径 Z。

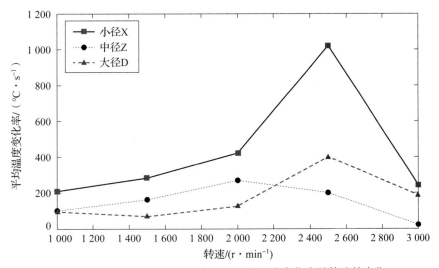

图 4 - 50　小径 X、中径 Z、大径 D 平均温度变化率随转速的变化

小径 X、中径 Z、大径 D 最高温度随转速的变化如图 4 - 51 所示。由图可知，小径 X、大径 D 最高温度在转速为 1 000 ~ 2 500 r/min 时随着转速的增大而升高，在转速为 3 000 r/min 时降低，都在转速为 2 500 r/min 时达到最大值；中径 Z 的最高温度在转速为 1 000 ~ 2 000 r/min 时随着转速的增大而升高，在转速为 2 000 ~ 3 000 r/min 时降低。小径 X、中径 Z、大径 D 在转速为 1 000 ~ 1 500 r/min 时最高温度对比：小径 X > 中径 Z > 大径 D；在转速为 2 500 r/min 时最高温度对比：中径 Z > 小径 X > 大径 D；在转速为 2 500 ~ 3 000 r/min 时最高温度对比：小径 X > 大径 D > 中径 Z。

小径 X、中径 Z、大径 D 最高温度变化率随转速的变化如图 4 - 52 所示。由图可知，小径 X 的最高温度变化率在转速为 1 000 ~ 2 500 r/min 时随转速的增大而升高，在转速为 2 500 r/min 时升高到最大值，在转速为 3 000 r/min 时降低；中径 Z3 的最高温度变化率在转速为 1 000 ~ 2 000 r/min 时随转速的增大而升高，在转速为 2 000 ~ 3 000 r/min 时下降；大径 D3 的最高温度变化率在转速为 1 500 ~ 2 500 r/min 时随着转速的增大而升高，在转速为 3 000 r/min 时下降。小径 X、中径 Z、大径 D 在转速为 1 000 r/min 时小径 X3 和大径 D3 相差不大，中径 Z 较小。在转速为 1 500 ~ 2 000 r/min 时最高温度变化率对：小径 X > 中径 Z > 大径 D；在转速为 2 500 ~ 3 000 r/min 时最高温度变化率对：小径 X > 大径 D > 中径 Z。

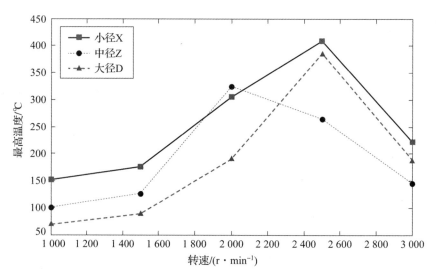

图 4-51　小径 X、中径 Z、大径 D 最高温度随转速的变化

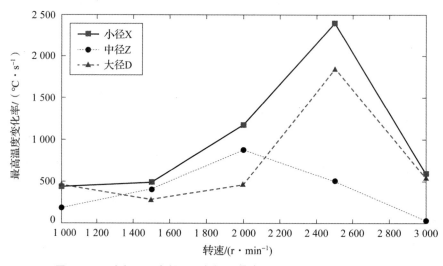

图 4-52　小径 X、中径 Z、大径 D 最高温度变化率随转速的变化

4.2.2　摩擦层内部温度测试

1. 测试目的

在高温、高速、有油的密闭环境下，测取摩擦副摩滑过程中摩擦层内部累积温度，为建立摩擦副温度场分布以及考虑了热机耦合的摩擦副失效研究提供

数据支撑。

2. 测试点布置及其与测试通道的对应

热电偶测试点与多路微型温度采集板通道对应见表 4-6。热电偶测试点状态见表 4-7。

表 4-6 热电偶测试点与多路微型温度采集板通道的对应

热电偶测试点编号	多路微型温度采集板通道	热电偶测试点编号	多路微型温度采集板通道
1	第 2 通道	4	第 7 通道
2	第 3 通道	5	第 8 通道
3	第 6 通道	6	第 9 通道

表 4-7 热电偶测试点状态

热电偶测试点编号	测试点位置圆直径/mm	距表面距离/mm	热电偶测试点编号	测试点位置圆直径/mm	距表面距离/mm
1	510	0.5	4	510	0.5
2	510	0.5	5	510	0.5
3	510	0.5	6	510	0.5

3. 试验步骤

（1）搭建温度测量系统，注意热电偶测试点与多路微型温度数据采集板通道的连接是否正确；

（2）开启试验台进行预热；

（3）预热完成后按工况表进行测试，每一次测试都在试验台开始运转前开始，试验台停止一段时间结束，同时注意数据的保存。

4. 试验结果分析

第一片摩擦副的测试点为 1，2，3，第二片摩擦副的测试点为 4，5，6，但测试点 5，6 的采集数据不正常，舍去不用，只对测试点 1，2，3，4 进行分析。

各测试点的最高温度随转速的变化如图 4-53 所示。

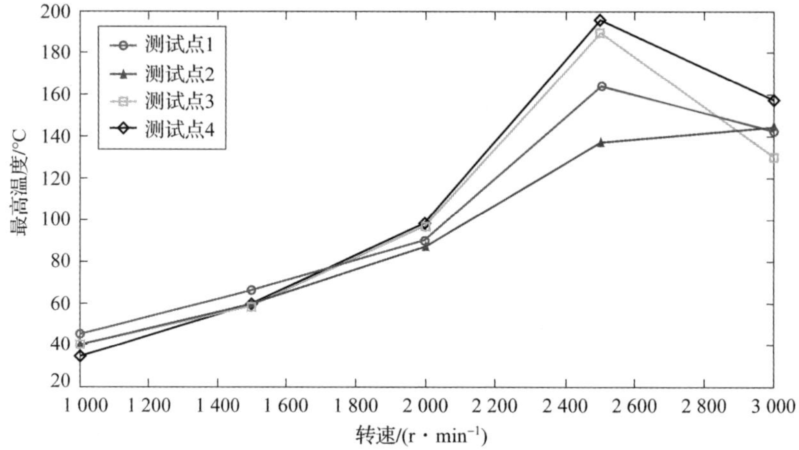

图 4-53　各测试点的最高温随转速的变化

由图 4-53 可知,各测试点最高温度都在转速为 1 000~2 500 r/min 时随转速的增大而升高,然后随转速的增大而下降。测试点 1 在转速为 2 500 r/min 时达到最大值 164 ℃,测试点 2 在转速为 3 000 r/min 时达到最大值 144.8 ℃,测试点 3 在转速为 2 500 r/min 时达到最大值 189.8 ℃,测试点 4 在转速为 2 500 r/min 时达到最大值 195.8 ℃。

4.2.3　摩擦副接触摩擦瞬变温度测试分析

1. 测试目的

测取摩擦副摩滑过程中摩擦表面的瞬变温度,为考虑热机耦合的摩擦副失效研究提高数据支撑。

2. 测试点布置及其与测试通道的对应

热电偶测试点与红外光纤测温仪的对应见表 4-8。

表 4-8　热电偶测试点与红外光纤测温仪的对应

测试点编号	红外光纤测温仪	测试点编号	红外光纤测温仪
1	1-6 μs	3	3-OMG
2	2-OMG	4	4-OMG

3. 试验步骤

(1) 搭建温度测量系统,6 μs 红外光纤测温仪的发射率为 0.85,OMG 红外光纤测温仪的发射率为 0.88;

(2) 开启试验台进行预热;

(3) 预热完成后按工况表进行测试,每一次测试都在试验台开始运转前开始,试验台停止一段时间结束,同时注意数据的保存;

(4) 试验结束后收拾仪器,整理清场。

4. 试验结果与讨论

1) 瞬变温度的判定

在所测的温度数据中可发现 OMG 红外光纤测温仪的信号有一段周期为 1.4 s 左右的上下波动,如图 4-54 所示,若是瞬间温度波形应是一个向上的突变,如图 4-55 所示,所以此波动为干扰。

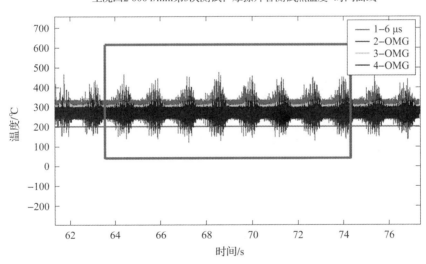

图 4-54　OMG 红外光纤测温仪信号上下波动干扰

2) 干扰的识别与消除

红外测温记录结果原始波形如图 4-56 所示,由图可发现 OMG 红外光纤测温仪的信号干扰较大,观察其频谱(图 4-57)可知其能量主要集中在低频阶段,对其进行 500 Hz 低通滤波,滤波后波形如图 4-58 所示,可发现干扰变小,滤波达到目的。

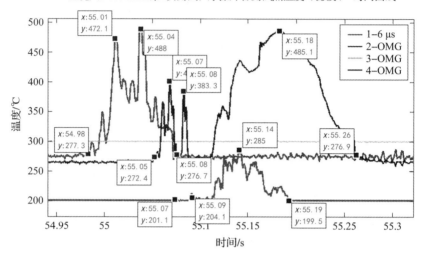

图4-55 正常瞬变温度波形

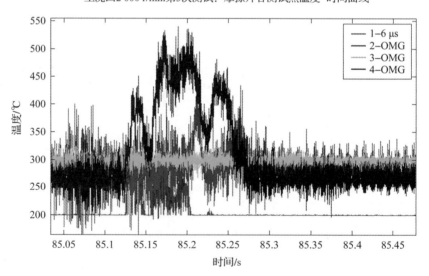

图4-56 红外测温记录结果原始波形（2 000 r/min、毛面压力 0.5 MPa 第3次测试）

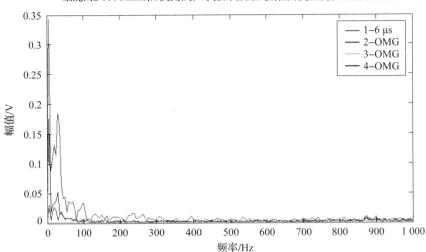

图4-57　2 000 r/min（工况四第3次测试）滤波前频谱

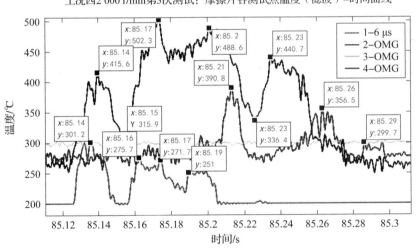

图4-58　2 000 r/min（工况四第3次测试）滤波后温度-时间曲线

3）试验转速与瞬变温度

摩擦副的测试点为1，2，3，4，分别对应1-6 μs，2-OMG，3-OMG，4-OMG。各测试点在各转速下的所有瞬变最高温度见表4-9。

表4-9 各测试点在各转速下的所有瞬变最高温度

工况	转速 /(r·min^{-1})	测试次数	测试点1 (对应1-6 μs)/℃	测试点2 (对应2-OMG)/℃	测试点3 (对应3-OMG)/℃	测试点4 (对应4-OMG)/℃
1	1 000	1	无	无	无	无
		2	无	无	无	无
		3	无	无	无	无
2	1 000	1	无	无	无	无
		2	无	无	无	无
		3	无	无	无	无
3	1 500	1	无	无	无	无
		2	无	无	无	无
		3	无	无	无	无
4	2 000	1	254.4	无	无	无
		2	208.5	无	无	无
		3（持续）	301.2	390.8	无	502.3
5	2 500	1	无	312.4	无	无
		2	289.9	无	无	无
		3（持续）	291.1	302.1	无	298.6
		4	225.6	无	无	无
		5（持续）	516.3	330.7	无	317.8
6	3 000	1（持续）	285	488	无	485.1

由表4-15可知，在转速为1 000～1 500 r/min的工况下，4个红外光纤测温仪都没有捕捉到瞬变温度。在转速为2 000～3 000 r/min的工况下1-6 μs、2-OMG、4-OMG都捕捉到了瞬变温度，3-OMG一直没有捕捉到瞬变温度。

转速为2 000 r/min时第3次测量温度瞬变波形如图4-59所示，由图可知1-6 μs、2-OMG、4-OMG三个红外光纤测温仪测得瞬变温度，三者测得的瞬变温度波形近似，都有3个瞬变波峰，这说明了测试的一致性以及瞬变温度具有波动性的特点。

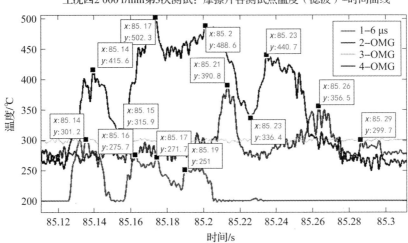

图4-59　转速为2 000 r/min（工况四第3次测试）时滤波后温度-时间曲线

转速为2 500 r/min时第5次测量温度瞬变波形如图4-60所示。1-6 μs、2-OMG、4-OMG三个红外光纤测温仪测得瞬变温度，由图可知三者测得的瞬变温度具有波动性的特点，1-6 μs测得数据特别明显。

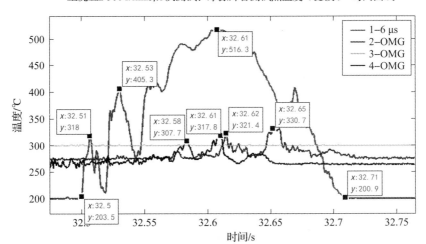

图4-60　转速为2 500 r/min（工况五第5次测试）时滤波后温度-时间曲线

转速为3 000 r/min时第1次测量温度瞬变波形如图4-61所示。1-6 μs、2-OMG、4-OMG三个红外光纤测温仪测得瞬变温度，由图可知三者测得的瞬变温度具有波动性的特点。

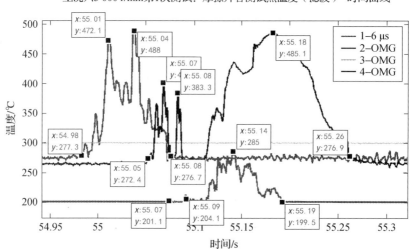

图4-61 转速为3 000 r/min（工况六第1次测试）时滤波后温度-时间曲线

各测试点在各转速下的最高瞬变温度见表4-10。

表4-10 各测试点在各转速下的最高瞬变温度

工况	转速 /(r·min^{-1})	测试点1 (对应1-6 μs)/℃	测试点2 (对应2-OMG)/℃	测试点3 (对应3-OMG)/℃	测试点4 (对应4-OMG)/℃
1	1 000	无	无	无	无
2	1 500	无	无	无	无
3	2 000	301.2	390.8	无	502.3
4	2 500	516.3	330.7	无	317.8
5	3 000	285	488	无	485.1

各测试点在各转速下的最高瞬变温度如图4-62所示。

由表4-16、图4-62可知，在转速为2 000 r/min的工况下最高瞬变温度由4-OMG测得，为502.3 ℃。在转速为2 500 r/min的工况下最高瞬变温度由1-6 μs测得，为516.3 ℃。在转速为3 000 r/min的工况下最高瞬变温度由4-OMG测得，为485.1 ℃。

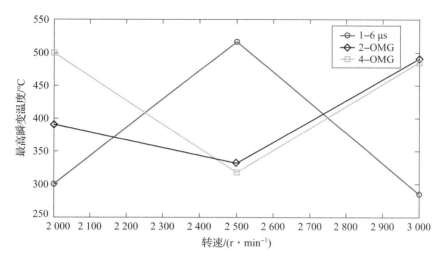

图 4-62 各测试点最高瞬变温度随转速的变化

4.2.4 全约束摩擦副温度场测试

1. 对偶钢片内表面温度测试分析

1) 测试目的

在高温、高速、有油的密闭环境下,测取摩擦副摩滑过程中对偶钢片内部累积温度,为考虑热机耦合的摩擦副失效研究提供数据支撑。

2) 试验步骤

(1) 准备各种试验器材。

(2) 搭建同步测试系统,使用 IMC 测试热电偶测试点、红外测试点及转速信号进行调试测试。

(3) 测试完毕,读取测试数据,若有异常则进行分析调试,若无异常进行下一步。

(4) 按工况进行测试。

(5) 关闭试验台,试验结束,收拾试验设备,整理清场。

3) 各测试点有效性评价

本试验采用白色陶瓷胶将热电偶固定于对偶钢片的测试点位置,固定好后并不能直接清楚地看到热电偶测试端是否与对偶钢片接触,且摩擦副在摩滑过程中测试点位置所在的局部摩擦面可能并没有直接参与摩滑,而是邻近位置摩滑产生的热量传递到测试点使其温度升高,并在摩滑过程中即使测试点位置所在的局部摩擦面直接参与摩滑，也可能并不是在整个摩滑过程中都参与其中，有可能只是参与了一段时间。综上所述，判断测试点所测温度的有效性对于揭示实际摩滑状态具有实际意义。

由于温度传感器和测试点的实际接触状态，及摩擦副摩滑过程中摩滑状态的不可见性，判断测试点所测温度的有效性较为困难。本试验采用计算温度随时间的导数，即温度的实时变化率来分析测试点的有效性。图 4-63~图 4-65 所示分别为转速为 2 500 r/min、2 800 r/min、3 200 r/min 时的温度实时变化率。

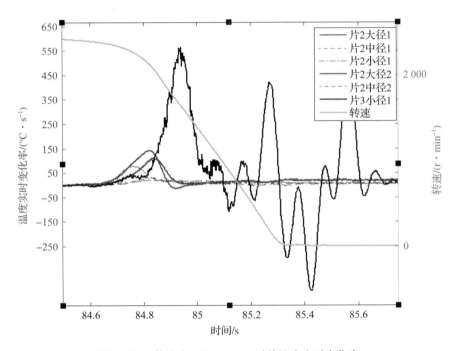

图 4-63　转速为 2 500 r/min 时的温度实时变化率

由图 4-63~图 4-65 可知，测试点片 2 大径 1、片 2 中径 1、片 2 大径 2、片 3 大径 1 在转速减小过程中温度实时变化率都达到了最大值，且变化明显，认为这些测试点为有效测试点，测试点片 3 大径 1 明显比其他测试点温度实时变化率高，这是由于片 3 是双面摩滑，产生热量大，片 2 为单面摩滑，产生热量相对较小。测试点片 2 小径 1、片 2 中径 2 的温度实时变化率并没有明显起伏，这说明测试点所在摩擦面在摩滑过程中没有参与摩滑或温度传感器没有接触对偶钢片，故测试点片 2 小径 1、片 2 中径 2 为无效测试点，但仍具有参考价值。

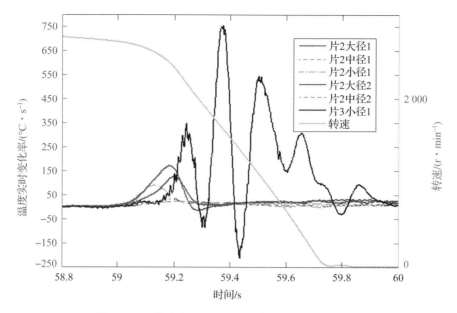

图 4-64　转速为 2 800 r/min 时的温度实时变化率

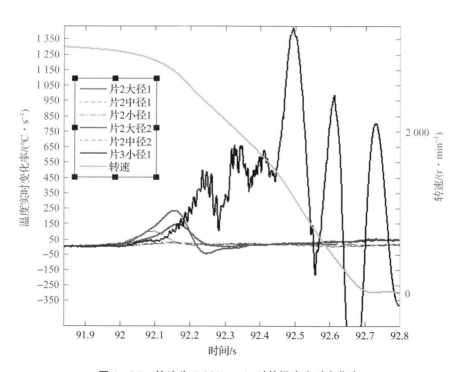

图 4-65　转速为 3 200 r/min 时的温度实时变化率

4) 各工况下的对比分析

（1）油压为 0.96 MPa，油温为 50 ℃时的转速 – 温度分析。

在油压为 0.96 MPa，油温为 50 ℃时，各测试点的最高温度、最高温度变化率如图 4 – 66、图 4 – 67 所示。

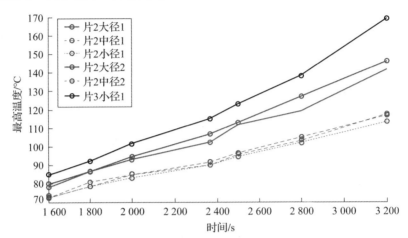

图 4 – 66　油压为 0.96 MPa，油温为 50 ℃时各测试点最高温度

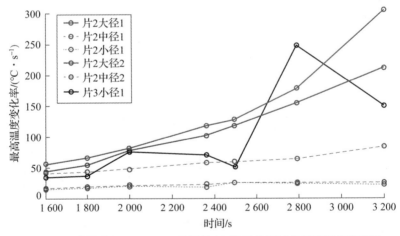

图 4 – 67　油压为 0.96 MPa，油温为 50 ℃时各测试点最高温度变化率

由图 4 – 66 可知，片 2、片 3 各测试点的最高温度随转速的增大而升高，且片 3 大径所测温度 > 片 2 大径 1、2 所测温度 > 片 2 中径 1，小径 1 所测温度。

由图 4 – 67 可知，片 2 大径 1、2，中径 1 的最高温度变化率随转速的增大而升高，片 2 中径 2、小径 1 的最高温度变化率随转速的增大变化不大，片 3 大径的最高温度变化率随转速的增大而变化，但变化不具有规律性，其在转速为 2 800 r/min 时达到最大值。

（2）油压为 1 MPa，油温为 50 ℃时的转速 – 温度分析。

在油压为 1 MPa，油温为 50 ℃时，各测试点的最高温度、最高温度变化率如图 4 – 68、图 4 – 69 所示。

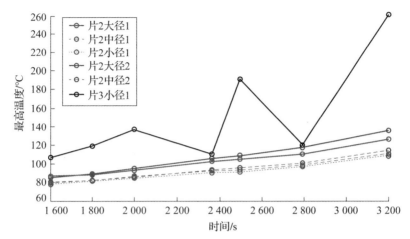

图 4 – 68　油压为 1 MPa，油温为 50 ℃时各测试点的最高温度

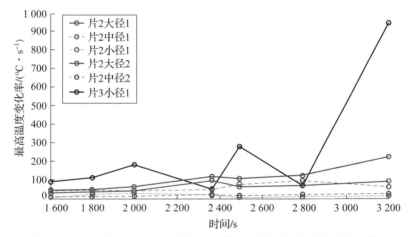

图 4 – 69　油压为 1 MPa，油温为 50 ℃时各测试点最高温度变化率

由图 4 – 68 可知，片 2 各测试点的最高温度随转速的增大而升高，片 3 测试点的总体趋势是随转速的增大而升高，但具有波动性，且片 3 大径所测温度 > 片 2 大径 1，2 所测温度 > 片 2 中径 1、小径 1 所测温度。

由图 4 – 69 可知，片 2 大径 2 的最高温度变化率随转速的增大而缓慢升高，片 2 大径 1，中径 1、2，小径 1 的最高温度变化率随转速的增大变化不大，片 3 大径的最高温度变化率较高，随转速的增大而变化，但变化不具有规律性，其在转速 3 200 r/min 时达到最大值。

（3）油压为 1.1 MPa，油温为 50 ℃时的转速 – 温度分析。

在油压为 1.1 MPa，油温为 50 ℃时，各测试点的最高温度、最高温度变化率如图 4 – 70、图 4 – 71 所示，1.5 MPa 下的数值见表 4 – 19。

由图 4 – 70 可知，片 2、片 3 各测试点的最高温度随转速的增大而升高，且片 3 大径所测温度 > 片 2 大径 1、2 所测温度 > 片 2 中径 1、小径 1 所测温度。

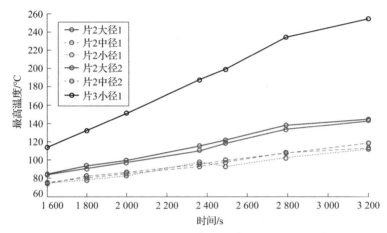

图 4 – 70 油压为 1.1 MPa，油温为 50 ℃时各测试点最高温度

由图 4 – 71 可知，片 2 中径 1、2，小径 1 最高温度变化率随转速的增大变化不大，片 2 大径 1、2 最高温度变化率随转速的增大缓慢升高，片 3 大径的最高温度变化率最高，且在转速为 2 368 r/min 时达到最大值。

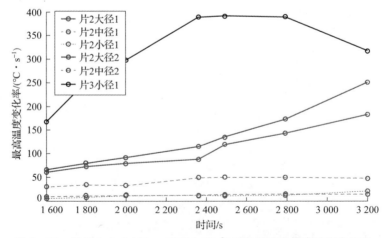

图 4 – 71 油压为 1.1 MPa，油温为 50 ℃时各测试点最高温度变化率

(4) 油压为 1.2 MPa，油温为 50 ℃时的转速 – 温度分析。

在油压为 1.2 MPa，油温为 50 ℃时，各测试点的最高温度、最高温度变化率如图 4 – 72、图 4 – 73 所示。

由图 4 – 72 可知，片 2、片 3 各测试点的最高温度随转速的增大而升高，且片 3 大径所测温度 > 片 2 大径 1、2 所测温度 > 片 2 中径 1、小径 1 所测温度。

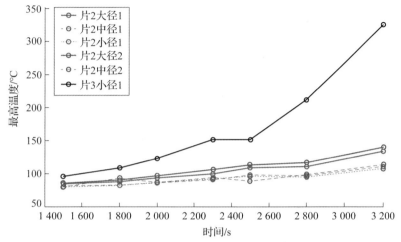

图 4 – 72　油压为 1.2 MPa，油温为 50 ℃时各测试点最高温度

由图 4 – 73 可知，片 2 大径 1、2，中径 1 的最高温度变化率随转速的增加而缓慢升高，片 2 中径 2、小径 1 的最高温度变化率随转速的增加变化不大，片 3 大径的最高温度变化率较大，随转速的增加而变化，但变化不具有规律性，其在转速为 2 500 r/min 时达到最大值。

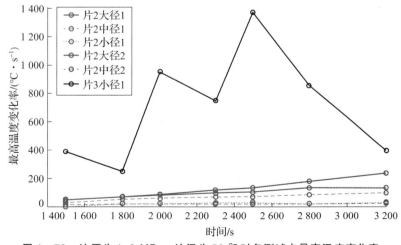

图 4 – 73　油压为 1.2 MPa，油温为 50 ℃时各测试点最高温度变化率

（5）油压为 1.3 MPa，油温为 50 ℃时的转速 – 温度分析。

在油压为 1.3 MPa，油温为 50 ℃时，各测试点的最高温度、最高温度变化率如图 4 – 74、图 4 – 75 所示。

由图 4 – 74 可知，片 2、片 3 各测试点的最高温度随转速的增大而升高，且片 3 大径所测温度 > 片 2 大径 1、2 所测温度 > 片 2 中径 1、小径 1 所测温度。

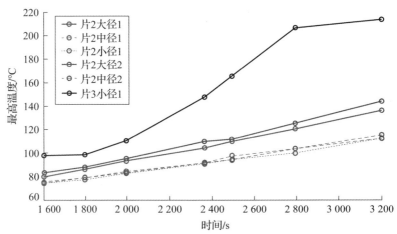

图 4 – 74　油压为 1.3 MPa，油温为 50 ℃时各测试点最高温度

由图 4 – 75 可知，片 2 大径 1、2，中径 1、2，小径 1 最高温度变化率随转速的增大变化不大，片 3 大径的最高温度变化率最高，且在转速为 3 200 r/min 时达到最大值。

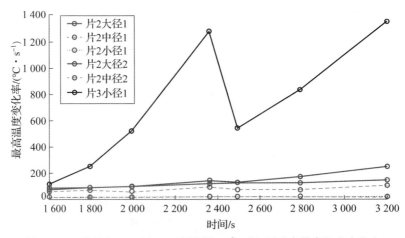

图 4 – 75　油压为 1.3 MPa，油温为 50 ℃时各测试点最高温度变化率

(6) 油压为 1.4 MPa, 油温为 50 ℃时的各转速 – 温度分析。

在油压为 1.4 MPa, 油温为 50 ℃时, 各测试点的最高温度、最高温度变化率如图 4 – 76、图 4 – 77 所示。

由图 4 – 76 可知, 片 2、片 3 各测试点的最高温度随转速的增大而升高, 且片 3 大径所测温度 > 片 2 大径 1、2 所测温度 > 片 2 中径 1、小径 1 所测温度。

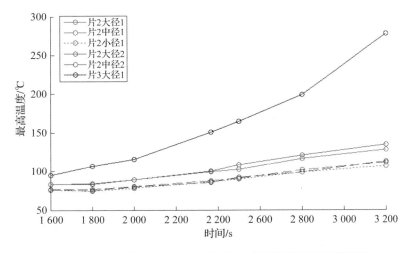

图 4 – 76　油压为 1.4 MPa, 油温为 50 ℃时各测试点最高温度

由图 4 – 77 可知, 片 2 大径 1、2, 中径 1、2, 小径 1 最高温度变化率随转速的增大变化不大, 片 3 大径的最高温度变化率最高, 且在转速为 3 200 r/min 时达到最大值。

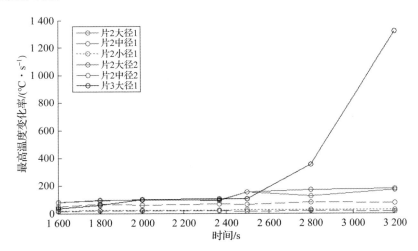

图 4 – 77　油压为 1.4 MPa, 油温为 50 ℃时各测试点最高温度变化率

(7) 油压为 1.5 MPa, 油温为 50 ℃时的各转速 – 温度分析。

在油压为 1.5 MPa, 油温为 50 ℃时, 各测试点的平均最高温度、平均最高温度变化率、最大最高温度、最大最高温度变化率如图 4 – 78 ~ 图 4 – 81 所示。

由图 4 – 78 可知, 片 2、片 3 各测试点的平均最高温度随转速的增大而升高, 且片 3 大径所测温度 > 片 2 大径 1、2 所测温度 > 片 2 中径 1、小径 1 所测温度。

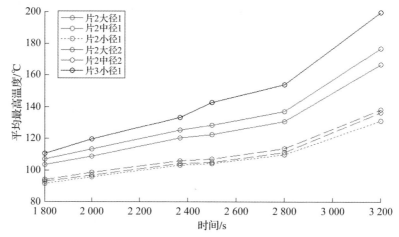

图 4 – 78　油压为 1.5 MPa, 油温为 50 ℃时各测试点平均最高温度

由图 4 – 79 可知, 片 2 中径 1、2, 小径 1 平均最高温度变化率随转速的增大变化不大, 片 2 大径 1、2 平均最高温度变化率随转速的增大缓慢升高, 片 3 大径的平均最高温度变化率最高, 且在转速为 2 800 r/min 时达到最大值。

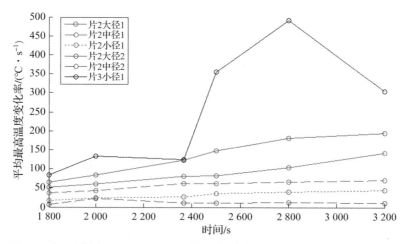

图 4 – 79　油压为 1.5 MPa, 油温为 50 ℃时各测试点平均最高温度变化率

由图 4-80 可知，片 2、片 3 各测试点的最大最高温度随转速的增大而升高，且片 3 大径所测温度 > 片 2 大径 1、2 所测温度 > 片 2 中径 1、小径 1 所测温度。

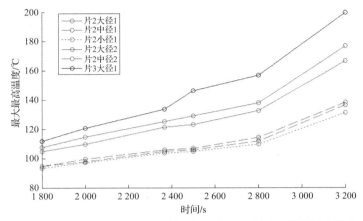

图 4-80　油压为 1.5 MPa，油温为 50 ℃时各测试点最大最高温度

由图 4-81 可知，片 2 中径 1、2，小径 1 最大最高温度变化率随转速的增大变化不大，片 2 大径 1、2 最大最高温度变化率随转速的增大缓慢升高，片 3 大径的最大最高温度变化率最高，且在转速为 2 800 r/min 时达到最大值。

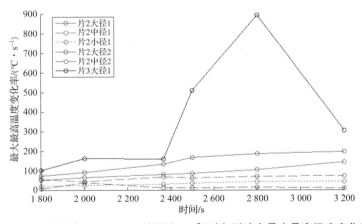

图 4-81　油压为 1.5 MPa，油温为 50 ℃时各测试点最大最高温度变化率

4.2.5　试验条件

1. 通用条件

（1）润滑油种类：15W-40CD；
（2）摩擦片结合频率：2 次/min；

(3) 摩擦片每副间隙：（0.6±0.2）mm；

(4) 面压计算所用面积为摩擦副环形面积（398 cm²），其中接触面积为 198 cm²；

(5) 单次结合的单位面积摩滑功≥100 J/cm²。

2. 磨合试验条件

(1) 每次磨合 1 组摩擦片；

(2) 磨合摩擦片第一副面压：（0.4±0.1）MPa；

(3) 单位面积润滑油流量：8 ml/(cm²·min)；

(4) 磨合试验工况见表 4-11，磨合后表面已磨面积应达到总面积的 80% 以上。

表 4-11 磨合试验工况

转速/(r·min⁻¹)	500	800	1 000
面压/MPa	0.5	0.5	0.5
惯量/(kg·m²)	5.9	5.9	5.9
结合次数	20	100	100

3. 热负荷试验条件

(1) 单位面积润滑油流量：(4~8) ml/(cm²·min)；

(2) 热负荷性能试验油温：80~100 ℃；

(3) 热负荷性能试验摩擦片面压：（0.5±0.1）MPa；

(4) 热负荷性能试验转速：从转速 800 r/min 开始，每个转速至少接合 20 次，提高转速连续试验，直到摩擦性能不符合规范要求时终止试验，前一次转速所采数据即摩擦片耐热性能试验参数。

4.2.6 温度测试流程

温度测试主界面如图 4-82 所示。

(1) 安装试验件。

(2) 按照要求完成惯量配置。

(3) 检查试验箱/齿轮箱挡位。

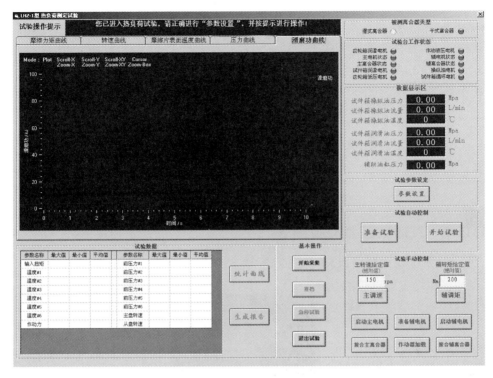

图 4-82 温度测试主界面

①试验箱上挡位拨叉位置：大转矩挡分离，从动盘挡接合；
②齿轮箱挡位：升速挡。

（4）进行参数设置。

主电动机参数：转速控制，正转，设置主目标转速；

加载器参数：力反馈，加载器压力为设定压力；

离合器参数：离合器摩擦片；

传感器参数：根据试验中所用传感器实际情况设定。

（5）执行自动控制流程。

①单击"准备试验"按钮，完成试验开始前系统的准备工作：将主电动机以 150 r/min 的转速启动到等待状态，辅电动机以 400 N·m 的转矩启动到等待状态，使直流共母线能量回馈的电封闭模块启动；分离气动离合器 C1，接合气动离合器 C2；调整作动缸到进刀位置。

②单击"开始试验"按钮，则试验按照以下流程自动完成：启动数据采集；启动电动机 M1，接合气动离合器 C1；使主电动机转速以 200 r/min 为间隔逐级增大到目标转速，同时自动监测主动盘转速，当主动盘转速达到目标转

速后，自动启动作动缸以设定的正压力接合被测离合器，同时分别监测主动、从动盘转速，当主动、从动盘同步时，即从动盘转速与主动盘转速相等时，作动缸以位移反馈方式退到进刀位置，然后自动启动辅电动机对从动盘端进行制动，直至从动盘转速为零，一次模拟离合器起步接合过程完成，试验自动重复10次模拟，完成上述过程后自动停止试验。

（6）完成试验后，单击"统计曲线"按钮对各曲线进行统计，然后调整曲线位置，单击"生成报告"按钮。

（7）单击"退出试验"按钮退出试验，返回试验主界面。

（8）取出试验件，进行表面状态检测并记录。

（9）进行静态温度修正试验。

4.2.7 试验数据及有关图表

径向测试传感器布置如图4-83所示。

图4-83 红外传感器在加压装置上分布情况以及打了红外探测孔的对偶钢片

典型摩擦副径向温度测试的测温曲线如图4-84所示。传感器校准数据见表4-12。

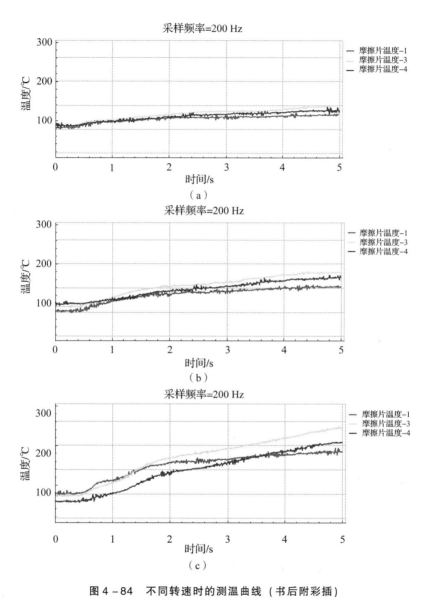

图4-84 不同转速时的测温曲线（书后附彩插）
(a) 转速为1 500 r/min时；(b) 转速为2 000 r/min时；
(c) 转速为2 500 r/min时

表4-12 传感器校准数据

校准温度/℃	传感器1		传感器3		传感器4	
	实测温度/℃	修正系数	实测温度/℃	修正系数	实测温度/℃	修正系数
150	117	1.282 051	126	1.190 476 19	120	1.25
200	149	1.342 282	152	1.315 789 474	161	1.242 236
250	160	1.562 5	178	1.404 494 382	165	1.515 152
300	172	1.744 186	200	1.5	198	1.515 152
350	192	1.822 917	214	1.635 514 019	210	1.666 667
400	231	1.731 602	256	1.562 5	239	1.673 64
450	265	1.698 113	284	1.584 507 042	280	1.607 143

观察实测温度曲线，温度一般在160 ℃以下，据此确定区域内校准系数：传感器1为1.3、传感器3为1.2、传感器4为1.2。根据校准系数修正后的径向温度实测曲线如图4-85所示。

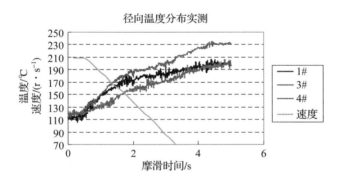

图4-85 径向温度实测曲线（书后附彩插）

1#——传感器1，测温位置在中径处；3#——传感器3，测温位置在外径与中径之间；
4#——传感器4，测温位置在内径与中径之间

进行带径比为0.1的典型摩擦副径向温度测试，针对相同工况进行径向温度场仿真分析，不同径向位置处的仿真结果与实测结果的对比如图4-86所示。

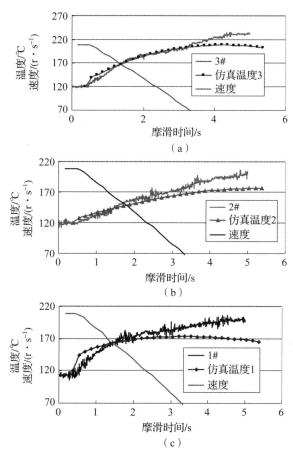

图4-86 外/中/内径位置实测温度与仿真温度的对比（书后附彩插）
(a) 外径位置；(b) 中径位置；(c) 内径位置

4.2.8 总结

(1) 在大直径窄带摩擦副温度场测试中，测试点所测最高温度呈小径 > 中径 > 大径的分布规律，这与其采用机械加压方式有关系，测试点所在位置直径越小，压力越大，摩滑表面接触越多，单位面积产生热量越多，温度升高越快，温度越高，故摩擦生热与压力有关。

(2) 在全约束摩擦副温度场测试中，片3比片2测试点的温度高，这是由于片3属于双面摩滑，而片2属于单面摩滑，片3在相同工况下产生的摩擦热大于片2。

(3) 在全约束摩擦副温度场测试中，测试点所测最高温度呈小径 < 中径 < 大径的分布规律，其采用液压加压方式，内、外径所受压强相同，但由于

越靠近外径，线速度越高，产生的摩擦热越多，故该试验证明摩擦生热与线速度有关。

（4）采用相同规格的热电偶温度传感器，对偶钢片所测温度普遍高于相同工况下摩擦片所测温度，这是由于并非直接测量摩滑表面，而是在距表面非常小距离测量累积温度，摩擦层材料的导热性不如对偶片钢片的导热性好，在摩滑表面产生相同热量的情况下对偶钢片测试点所测温度高于摩擦片测试点所测温度。

（5）采用红外测温系统所测的摩滑表面瞬变温度比对偶钢片及摩擦片要高得多，这是由于红外测温系统是直接测量摩滑表面的瞬变温度，而对偶钢片和摩擦片所测温度为传递累积温度，尽管测试点布置尽可能靠近摩滑面，但中间的能量损失不可避免。

（6）根据温度测量结果，在制动结束后，温度继续上升。仿真分析的温度变化曲线则在制动结束后上升趋势减缓，在制动结束后 1~2 s 内开始下降。深入分析其原因，推测是测温方式对对偶片钢表面的破坏（在对偶钢片相应位置打了通孔），影响了摩擦表面局部热传导，导致实测结果比仿真结果偏高。测温方式还需在下一步工作中继续完善。

第 5 章

重载车辆离合器/制动器通道内流场结构优化方法及数值仿真

引　　言

在制动过程中，通风式制动/离合器的主要散热途径是与空气的对流换热。制动盘内部的叶片增大了与空气的接触面积，起到了冷却散热的作用。不同结构的叶片使空气在制动盘内部的流动状态更加复杂，不同的流体流动速度使通道的对流换热系数发生了变化，因此，散热效果也各不相同。为了更加全面地了解不同叶片结构的制动盘通道内流体流动特性，以及不同的叶片结构参数对流体流动状态的影响，本章以直叶片、弯曲叶片和菱形叶片3种叶片形式为研究对象，应用流体动力学软件 Fluent 进行数值仿真分析，研究通道内流体流动状态，这对后续研究制动盘的散热有重要意义。

第 1 节　流场基本理论

5.1.1　流场基本控制方程

在直角坐标系中的连续性方程采取下列形式：

1. 质量守恒方程

$$\frac{\partial \rho}{\partial t} + \frac{\partial(\rho u)}{\partial x} + \frac{\partial(\rho v)}{\partial y} + \frac{\partial(\rho w)}{\partial z} = 0 \quad (5-1)$$

在定常运动时,单位体积流进和流出质量相等,即 $\frac{\partial \rho}{\partial t} = 0$,于是连续性方程变成

$$\frac{\partial(\rho u)}{\partial x} + \frac{\partial(\rho v)}{\partial y} + \frac{\partial(\rho w)}{\partial z} = 0 \quad (5-2)$$

式中,ρ 为流体密度;u,v,w 分别为流体速度在 x,j,z 三个坐标方向上的分量。

2. 动量守恒方程

根据动量守恒定律,单位体积上的惯性力等于单位体积上的质量力加上单位体积上的应力张量的散度:

$$\rho \frac{\mathrm{d}v}{\mathrm{d}t} = \rho F + \mathrm{div}P \quad (5-3)$$

在直角坐标系中动量守恒方程采取下列形式:

$$\rho\left(\frac{\partial u}{\partial t} + u\frac{\partial u}{\partial x} + v\frac{\partial u}{\partial y} + w\frac{\partial u}{\partial z}\right) = \rho F_x + \frac{\partial p_{xx}}{\partial x} + \frac{\partial p_{xy}}{\partial y} + \frac{\partial p_{xz}}{\partial z} \quad (5-4)$$

$$\rho\left(\frac{\partial v}{\partial t} + u\frac{\partial v}{\partial x} + v\frac{\partial v}{\partial y} + w\frac{\partial v}{\partial z}\right) = \rho F_y + \frac{\partial p_{yx}}{\partial x} + \frac{\partial p_{yy}}{\partial y} + \frac{\partial p_{yz}}{\partial z} \quad (5-5)$$

$$\rho\left(\frac{\partial w}{\partial t} + u\frac{\partial w}{\partial x} + v\frac{\partial w}{\partial y} + w\frac{\partial w}{\partial z}\right) = \rho F_z + \frac{\partial p_{zx}}{\partial x} + \frac{\partial p_{zy}}{\partial y} + \frac{\partial p_{zz}}{\partial z} \quad (5-6)$$

式中,F_x,F_y,F_z 分别为微元体上的体力;p 为微元体上面的压力。

3. 能量守恒方程

在直角坐标系中,能量方程的形式为

$$\rho\frac{\partial U}{\partial t} + \rho\frac{\partial U}{\partial x} + v\frac{\partial U}{\partial y} + w\frac{\partial U}{\partial z} = p_{xx}\frac{\partial u}{\partial x} + p_{yy}\frac{\partial v}{\partial y} + p_{zz}\frac{\partial w}{\partial z} + p_{xy}\left(\frac{\partial v}{\partial x} + \frac{\partial u}{\partial y}\right) + $$
$$p_{yz}\left(\frac{\partial w}{\partial y} + \frac{\partial v}{\partial z}\right) + p_{zx}\left(\frac{\partial u}{\partial z} + \frac{\partial w}{\partial x}\right) + \frac{\partial}{\partial x}\left(k\frac{\partial T}{\partial x}\right) + $$
$$\frac{\partial}{\partial y}\left(k\frac{\partial T}{\partial y}\right) + \frac{\partial}{\partial z}\left(k\frac{\partial T}{\partial z}\right) + \rho q \quad (5-7)$$

上式的物理意义为单位体积内流体变形面力所做的功加上热传导及辐射等其他原因传入的热量恰好等于单位体积内的内能在单位时间内的增加。其中,

等式左边代表单位体积内动能和内能的随体倒导数；等式右边前三项代表单位体积内质量力所做的功；第四~第六项代表单位体积内面力所做的功；第七~第九项代表单位体积内热传导传入的热量；最后一项代表单位体积内辐射或其他物理或化学原因的贡献。

5.1.2 湍流方程

湍流是流体在惯性力和粘性力共同作用下发生的一种复杂运动现象。雷诺实验发现流体流动是层流还是湍流基本上只与某个无量纲数相关，这个无量纲数被称为雷诺数 Re，其定义式为

$$Re = \frac{\rho V L}{\mu} \quad (5-8)$$

式中，ρ 为流体密度；V 为流体的运动速度；L 为流场中的某种特征尺度；μ 为流体的动力粘性系数。

基于制动盘外径的旋转对流雷诺数为

$$Re = \frac{\rho \omega r^2}{\mu} \quad (5-9)$$

式中，$\rho = 1.177 \text{ kg/m}^3$；$r$ 为制动盘的外径；ω 为制动盘的角速度；$\mu = 18.5 \times 10^{-6} \text{ Pa} \cdot \text{s}$。

层流转捩为湍流需要两个条件，一个是雷诺数足够大，另一个是扰动足够大。对于制动盘通道的内部流动，一般认为 $Re \geq 2\ 300$ 时为湍流，$Re \leq 2\ 300$ 时为层流。根据上式计算得到的 $Re = 4.72 \times 10^5$，因此流动状态为湍流。

第 2 节 数值仿真分析预处理

5.2.1 制动盘固体域和流体域的建立以及网格划分

在实际制动过程中，由于悬架系统、车轮总成和车辆运动等因素的影响，通风式制动盘周围的流体流动相当复杂，在现场真实环境中进行研究非常困难。因此，本研究集中于在理想环境中旋转的制动盘，不考虑上述附加影响。制动盘外表面一般和轮毂连接，轮毂对制动盘内部通道中的流体流动影响很小，因此在制动盘固体域建模的过程中，忽略了轮毂结构。

为了模拟通风式制动盘通道内部的流场，将几何模型导入 ANSYS 软件，

利用填充命令创建内部流场。根据制动盘的工作特性，制动盘在旋转过程中带动通道内的流体流动和转动，而距离制动盘较远的地方流体处于静止状态。在 ANSYS 软件中，将制动盘通道内的流体域定义为旋转域，将制动盘定义为固体域，分别建立 3 种不同叶片形式的通风式制动盘流体域几何模型，其网格划分如图 5-1 所示。

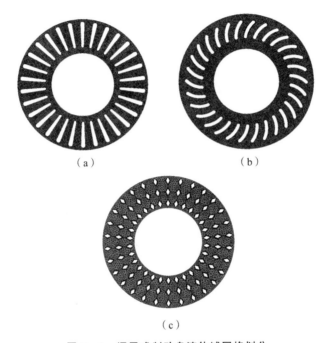

图 5-1 通风式制动盘流体域网格划分

（a）直叶片流体域网格划分；（b）弯曲叶片流体域网格划分；（c）菱形叶片流体域网格划分

将几何模型导入 Fluent 软件，进行非结构网格划分。仿真模型分为固体域和流体域，在叶片周围及近壁面区域网格采用近壁面加密方法。考虑到湍流模型的适用性及网格质量的要求，网格的 y^+ 值约为 2，得到网格数约为 126 万个。

目前在模拟高速列车制动过程的研究中 $k-\varepsilon$ 模型与 $k-\omega$ 模型的应用较为广泛。

realization $k-\varepsilon$ 湍流模型可以更好地捕捉近壁面和开槽处周围的流动和换热特征，因此，本研究选择使用 realization $k-\varepsilon$ 湍流模型。

5.2.2 边界条件设置

流体数值仿真计算中常用到以下几种进、出口边界条件：总压进口、速度、质量流量、出口;速度、质量流量进口、静压出口;总压进口、静压出口。

通风式制动盘在工作过程中,制动盘带动通道内周围流体高速旋转,故设定旋转域转速为 900 r/min,将内流域及外流域设定为静止域,将壁面设置为无滑移边界条件。入口为制动盘内径内侧面,选用速度入口边界条件,入口速度为 10 m/s。出口位置为外流域外侧面,由于出口与大气相通,故选择静压出口,并设定压力为 0 Pa。将旋转域壁面设定为旋转壁面,设定相对附近流体域角速度为 0。

5.2.3 仿真结果的收敛判断

运用 Fluent 软件对流体进行仿真分析的实质就是对流体控制方程组进行求解,仿真分析通常采用迭代计算法,迭代残差通常被作为仿真收敛的衡量标准。

1. 监测残差值

在迭代计算过程中,当各个物理变量的残差值都达到收敛标准时,计算就会发生收敛。

通过 Fluent 软件自带的残差监测窗口中的曲线来判断收敛情况。除了能量的残差值外,当所有变量的残差值都降到小于 10^{-3} 时,就认为计算收敛,而能量的残差值的收敛标准为小于 10^{-6}。

2. 监测某点的物理变化

通过在迭代过程中监测某点的流动变量,可能其值已经不再随着迭代的进行发生变化,此时也可以认为计算收敛。由于有些模型残差很难降低到 10^{-6} 以下,当取的几个点或面的物理量值保持不变或者在某一值处小范围上下波动时即可以认为计算收敛。

3. 检查计算域的通量是否守恒

在"Flux Reports"对话框中检查流入和流出整个系统的质量、动量、能量是否守恒,若守恒,则计算收敛。不平衡误差小于 0.5%,也可以认为计算是收敛的。

通过控制方程采用 SIMPLE 算法求解。动量、压力、能量、湍流动能和湍流耗散率采用二阶迎风格式。通过检查连续性方程、动量方程和能量方程的残差来监控解的收敛性,这些残差分别要求小于 10^{-4},10^{-4},10^{-6}。

第3节　不同类型叶片通风式制动盘通道内流场仿真结果分析

5.3.1　直叶片通风式制动盘通道内流场仿真分析结果

在制动过程中制动盘的主要散热途径是与空气对流换热，了解制动盘内部空气流场的速度分布对研究制动盘的散热有重要意义。本节使用数值模拟来研究制动盘内部详细的流体流动特性，并借助流线、速度等值线和速度云图等展示仿真结果。

图5-2所示为直叶片通风式制动盘通道内流速分布云图，从图5-2（b）可以看出，吸力侧和压力侧分布在两个相邻叶片之间的通道左、右两侧。在通道压力侧具有稳定的高速流体，在吸力侧存在明显的低速区域，且低速区域随叶片半径的增大而显著增大，如图中蓝色区域所示。

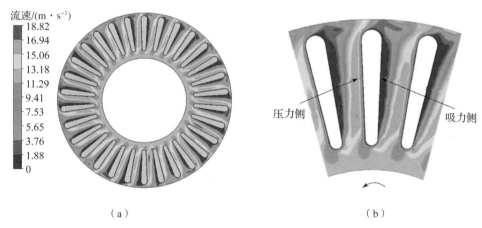

（a）　　　　　　　　　　　　　　（b）

图5-2　直叶片通风式制动盘通道内流速分布云图（书后附彩插）
（a）整体流速分布云图；（b）通道内流速分布云图

最大流速出现在入口前缘处，在转速为900 r/min的情况下，通道内最大流速为18.82 m/s。

制动盘在旋转时，空气由盘内径处入口进入，沿通道向外流出。除了圆周方向流动以外，一部分流体在油槽交叉处分别流入左侧及右侧油槽内，由于左侧油槽旋转方向与流体旋转方向成锐角，流体更容易流入左侧油槽内，这更易于流体的流动，而右侧油槽旋转方向与流体旋转方向呈钝角，不易于流体的流入,流体流动受阻,从而出现了如图5-3所示的左侧油槽内流速明显大于右侧油槽内流速的现象。

由于右侧油槽出口与流体旋转方向呈钝角,流体在高速旋转的状态下会出现逆流现象,不易于流体的排出,会导致油液吸收热量过多,使油液粘度等物理特性发生变化,流体在油槽交叉处发生相互碰撞,会产生一定的扰流现象,使油液流速小于其他位置处的流速。

由于科里奥利力的作用,通道内流体流向偏向相反的旋转方向。当入口流体通过叶片前缘时,叶片前缘受到来流冲击的区域称为滞止区,与来流中心对应的点称为滞止点,主流在滞止点上分为两股流体流过叶片。当流体在叶片滞止点分流后,流体流过曲率较大的叶片表面,使边界层与尾缘分离,如图5-3所示。

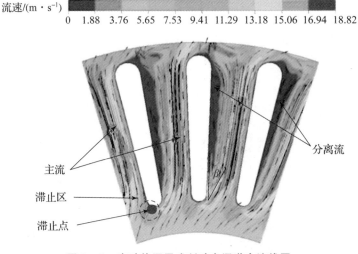

图5-3 直叶片通风式制动盘通道内流线图

直叶片压力侧上的流动从叶片前缘的滞止区开始,然后沿径向连续发展,且流入角β和离心力的作用将流体从通道内侧向外侧挤压,使分离流体对叶片压力侧壁面产生冲击,如图5-3所示。因此,直叶片通风式制动盘通道内压力侧附近为平滑高速流动。在吸力侧,从滞止区分离的流体受流入角β的影响逐渐形成二次回流,在内部通道中存在明显的流动分离区域,使通道中流速减小。因此,叶片吸入侧附近为低速分离流动,且在通道外径吸力侧出现了明显的周向流动。

为了更好地展示直叶片通风式制动盘通道内流速的分布情况以及流体的流动状态,对制动盘在不同转速工况下的流场进行数值仿真分析,并记录压力侧、吸力侧和通道内 3 个位置的平均流速，详细的流速大小见表 5-1。

表 5-1　直叶片通风式制动盘通道内不同位置的平均流速

位置	不同转速下的平均流速/(m·s^{-1})			
	转速为 900 r/min 时	转速为 1 100 r/min 时	转速为 1 300 r/min 时	转速为 1 500 r/min 时
压力侧	15.45	17.76	18.1	18.81
吸力侧	2.53	2.9	2.96	3.31
通道内	10.07	10.68	11.29	11.90

从表 5-1 可以看出，随着制动盘转速的增大，通道内吸力侧和压力侧的流速基本呈线性增加。空气由制动盘内径进入通道，在制动盘高速旋转的情况下，使得流体流动方向和叶片的夹角逐渐增大，大部分流体流向压力侧，使压力侧流速的增大幅度大于吸力侧。其中，吸力侧的回流区域沿径向向外逐渐增大，对流速影响较大。

5.3.2　弯曲叶片通风式制动盘通道内流场仿真分析结果

图 5-4 所示为弯曲叶片通风式制动盘通道内流速分布云图，从图中可以看出，在制动盘转速为 900 r/min 的情况下，通道内的最大流速为 19.2 m/s，最大流速发生在旋转区域弯曲叶片前缘处。流体由内径流入，在制动盘高速旋转的作用下，流体在弯曲叶片内径前缘处进行分离。由于弯曲叶片倾斜一定的角度，和流入角的大小和方向基本一致，部分流体沿弯曲叶片压力侧高速流出。

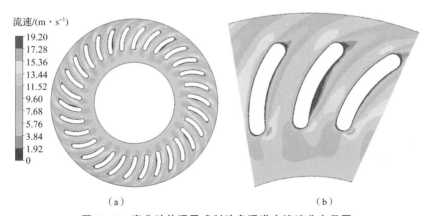

(a)　　　　　　　　　　(b)

图 5-4　弯曲叶片通风式制动盘通道内流速分布云图
(a) 整体流速分布云图；(b) 通道内流速分布云图

对于吸力侧而言，在弯曲叶片驻点处，前缘曲线曲率较大，部分流体在此进行分离，沿弯曲叶片弧内侧逐渐形成回流，回流区域阻塞了流体的流动，减小了吸力侧的流速。弯曲叶片通道内流体的流动呈现出与直叶片通道内类似的趋势，但其压力侧流速明显大于直叶片通道内的流速。

为了更好地展示弯曲叶片通风式制动盘通道内流速的分布情况以及流体的流动状态，对制动盘在不同转速工况下的流场进行数值仿真分析，并记录压力侧、吸力侧和通道内3个位置的平均流速，详细的流速大小见表5-2。

表5-2 弯曲叶片通风式制动盘通道内不同位置的平均流速

位置	不同转速下的平均流速/(m·s^{-1})			
	转速为900 r/min时	转速为1 100 r/min时	转速为1 300 r/min时	转速为1 500 r/min时
压力侧	13.2	14.93	16.31	17.56
吸力侧	3.23	2.89	2.27	1.96
通道内	10.8	11.51	12.27	13.9

从表5-2可以看出，随着制动盘转速的增大，通道内压力侧的流速基本呈线性增加，但吸力侧的流速却逐渐减小，而整体的平均流速呈逐渐增大的趋势。空气由制动盘内径进入通道，在制动盘高速旋转的情况下，当流体在弯曲叶片滞止点分流后，流体流过曲率较大的叶片表面，这使流体与尾缘分离，此时流入角达到最大，流体在弯曲叶片内侧吸力侧出现大量回流，随着转速的增大，回流区域逐渐增大，导致吸力侧流速减小。对于压力侧而言，由于弯曲叶片倾斜一定的角度，压力侧流体的流动更加顺畅，通道内平均流速大于直叶片通风式制动盘。

5.3.3 菱形叶片通风式制动盘通道内流场仿真分析结果

图5-5所示为菱形叶片通风式制动盘通道内流速分布云图，从图中可以看出，在制动盘转速为900 r/min的情况下，通道内的最大流速为17.3 m/s，最大流速发生在通道内压力侧菱形叶片转折处，如图5-5（b）所示。流体由内径流入，在制动盘高速旋转的作用下，流体在菱形叶片内径前缘处分离。由于内径处菱形叶片的夹角过小，导致流体驻点区域沿压力侧向外移动，主要流体沿压力侧向外流出。在菱形叶片外径处，通道内流体经过狭窄的通道时，流体加速流动。同时，外径处菱形叶片的倾斜角度顺应流体的流动方向，使压力

侧整体流速增大。对于吸力侧而言，反向倾斜的叶片阻碍流体的流动，大量流体无法流经外径处吸力侧，在吸力侧形成涡流，造成吸力侧流速减小，从而影响吸力侧散热效果。

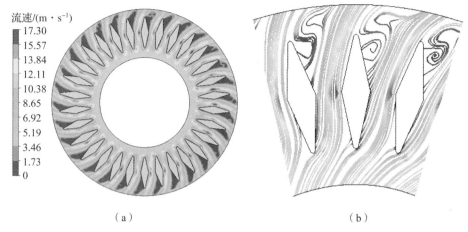

图 5-5　菱形叶片通风式制动盘通道内流速分布云图

（a）整体流速分布云图；（b）通道内流速分布云图

为了更好地展示菱形叶片通风式制动盘通道内流速的分布情况以及流体的流动状态，对制动盘在不同转速工况下的流场进行数值仿真分析，并记录压力侧、吸力侧和通道内 3 个位置的平均流速，详细的流速大小见表 5-3。

表 5-3　菱形叶片通风式制动盘通道内不同位置的平均流速

位置	不同转速下的平均流速/(m·s⁻¹)			
	转速为 900 r/min 时	转速为 1 100 r/min 时	转速为 1 300 r/min 时	转速为 1 500 r/min 时
压力侧	8.6	9.16	9.95	10.72
吸力侧	2.6	2.38	2.24	1.84
通道内	7.39	7.64	8.3	8.58

从表 5-3 可以看出，随着制动盘转速的增大，菱形叶片通风式制动盘通道内压力侧的流速基本呈线性增加，但相较于直叶片和弯曲叶片通风式制动盘，菱形叶片通风式制动盘通道内的整体流速明显更小。在菱形叶片通道内，空气由制动盘内径进入通道，空气通过通道的狭窄区域时，流体被加速，最大流速出现在压力侧中间处，但外径处菱形叶片严重阻挡了流体的流动，因此在

外径处出现大面积低速回流区域,减小了整体流速。

第4节 叶片结构参数对通道内流场特性的影响分析

5.4.1 叶片倾斜角度对通道内流场的影响

根据上节的仿真分析结果可知,叶片倾斜一定的角度协同了流体的流入角度,在一定程度上改变了通道内的散热结果。本节通过三维建模软件Solid-works来更改叶片角度,并导入Fluent软件中获得各种类型叶片在不同倾斜角度下的流体域有限元模型,其中关于流体仿真的设置与前文一致,叶片倾斜角度在0°~30°范围内变化。各类型叶片通风式制动盘通道内最大流速和平均流速随叶片倾斜角度的变化曲线如图5-6所示。

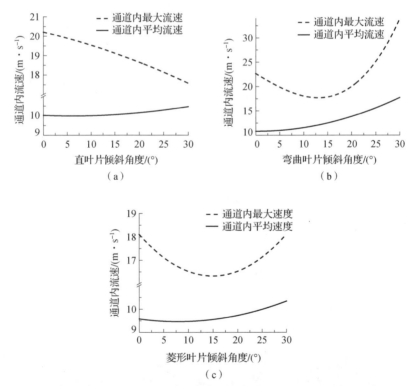

图5-6 各类型叶片通风式制动盘通道内最大流速和平均流速随叶片倾斜角度的变化曲线
(a)直叶片通风式制动盘;(b)弯曲叶片通风式制动盘;(c)菱形叶片通风式制动盘

从图 5-6 可以看出，上述 3 种通风式制动盘通道内的平均流速均随着叶片倾斜角度的增大而增大，且最大平均流速发生在叶片倾斜角度为 30°时，分别为 10.48 m/s、17.79 m/s、10.33 m/s。其中，弯曲叶片的平均流速远大于直叶片和菱形叶片，因此，叶片倾斜合适的角度有助于增大流速，增强散热效果。

从图 5-6（a）可以看出，直叶片的最大流速随直叶片倾斜角度的增大而减小。直叶片倾斜后，入口前缘处的驻点逐渐向吸力侧移动，流体流过前缘时，边界层与尾缘分离程度降低，最大流速也逐渐减小。从图 5-6（b）和（c）可以看出，叶片倾斜角度对弯曲叶片和菱形叶片的最大流速影响较大，当叶片倾斜角度为 15°时，最大流速最小，当叶片倾斜角度为 30°时，最大流速达到最大值，分别为 33.92 m/s 和 18.27 m/s。随着叶片倾斜角度的增加，两种叶片的最大流速变化曲线呈先下降再升高的趋势，叶片的尾流区域逐渐变化，叶片之间的流道区域和流体的协同程度得到改善，因此，最大流速得到一定的增加。其中菱形叶片的最大流速变化范围不大，而弯曲叶片的通道出口逐渐缩小，导致通道内的最大流速明显增大。

5.4.2 叶片数量对通道内流场的影响

通过 Solid-works 软件更改叶片数量，并导入 Fluent 软件获得各类型叶片在不同叶片数量下通风式制动盘流体域有限元模型，其 Fluent 软件求解设置及边界条件与前文一致。各类型叶片通风式制动盘通道内的最大流速和平均流速随叶片数量的变化曲线如图 5-7 所示。

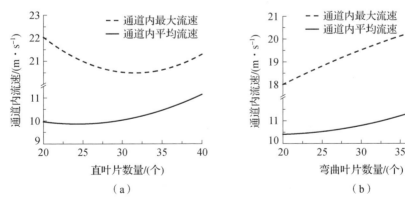

图 5-7 各类型叶片通风式制动盘通道内的最大流速和平均流速随叶片数量的变化曲线

（a）直叶片通风式制动盘；（b）弯曲叶片通风式制动盘

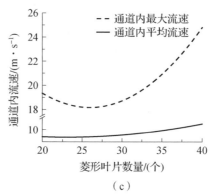

(c)

图 5-7 各类型叶片通风式制动盘通道内的最大流速和
平均流速随叶片数量的变化曲线（续）

(c) 菱形叶片通风式制动盘

由图 5-7 可知，各类型叶片通风式制动盘通道内平均流速随叶片数量的增多呈现增大的趋势。在叶片数量为 40 个时，3 种叶片最大平均流速分别为 11.14 m/s、11.85 m/s 和 10.53 m/s，其中菱形叶片平均流速受叶片数量的影响较小，随着叶片数量的增加，平均流速缓慢增大。

从图 5-7（a）、（c）可以看出，直叶片和菱形叶片的最大流速均随叶片数量的增多呈先减小再增大的变化趋势。直叶片在叶片数量为 20 个时，其最大流速为 22 m/s，叶片数量增加 1 倍后，最大流速减小了 0.83 m/s。菱形叶片在数量为 40 个时，其最大流速为 25.36 m/s，相对于最小流速增加了 7.4 m/s，因此，菱形叶片的数量变化对比直叶片对最大流速影响较大。如图 5-7（b）所示，弯曲叶片的最大流速随叶片数量的增多逐渐增大，但增幅逐渐降低，在叶片数量为 40 个时，最大流速为 20.99 m/s。

5.4.3 叶片倾斜角度对叶片表面温度的影响

制动盘内部叶片倾斜角度的改变将直接影响通道内流体的流动特性，进而改变空气的对流散热效果，同时改变空气和叶片的有效接触面积，最终会影响整个通道内叶片表面的温度场分布。本小节通过三维建模软件，获得不同叶片倾斜角度下制动盘有限元模型，导入 ANSYS 软件进行求解，设置与上一节相同，研究叶片倾斜角度为 0°~30°时对 3 种制动盘通道内部叶片表面温度的影响，获得叶片表面最高温度和平均温度与叶片倾斜角度的变化曲线，如图 5-8 所示。

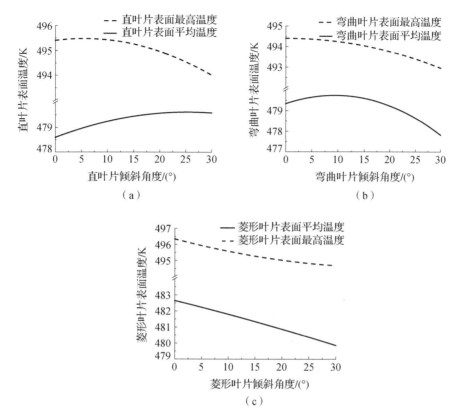

图 5-8 各种类型叶片通风式制动盘通道内叶片表面平均温度和
最高温度随叶片倾斜角度的变化曲线

（a）直叶片通风式制动盘；（b）弯曲叶片通风式制动盘；（c）菱形叶片通风式制动盘

从图 5-8 可知，在叶片倾斜角度增大时，各形式的制动盘叶片表面最高温度均呈现下降的趋势。3 种叶片通风式制动盘的叶片表面最高温度分别为 494.46 K，495.62 K 和 496.45 K。为了更具体地了解叶片倾斜角度变化对制动盘叶片表面传热特性的影响，在各制动盘两侧表面测量平均温度，绘制图 5-8 所示各制动盘叶片表面平均温度随叶片倾斜角度的变化曲线。

由图 5-8（a）、（b）可知，直叶片和弯曲叶片表面平均温度随叶片倾斜角度呈先升高再降低的发展趋势，且直叶片在倾斜角度为 10°时，其表面最高平均温度为 479.61 K，弯曲叶片在倾斜角度为 25°时，其表面最高平均温度为 479.23 K。由图 5-8（c）可以看出，菱形叶片表面平均温度变化趋势和最高温度一样，均随叶片倾斜角度逐渐降低，在叶片倾斜角度为 0°时，叶片表面最高平均温度为 482.63 K。同时可以发现，叶片倾斜角度的变化对菱形叶片表面温度影响较大，变化幅度明显。

第5节 通风式制动盘传热分析

5.5.1 通风式制动盘传热基本理论

1. 热传导的微分模型

建立热传导控制方程的基本思想是:对于弹性体的任一微元控制体,由于能量守恒,该控制体任意一段时间内所获得的热量总和应等于其通过各交界面传入的热量和自身内部产生的热量的代数和。基于该思路的微分控制方程表达为式(5-10):

$$c \cdot \rho (dxdydz) \cdot \frac{\partial T}{\partial t} \cdot dt = \lambda \cdot \nabla^2 T \cdot (dxdydz) \cdot dt + W \cdot (dxdydz) \cdot dt \tag{5-10}$$

式中,等式左端项为 dt 时间内,微元的获热总和项,其中 c 为比热系数,ρ 为微元密度,$(dxdydz)$ 即所取的微元的体积,$\frac{\partial T}{\partial t} \cdot dt$ 为 dt 时间内微元的温度增量;等式右端第一项为 dt 时间内,微元通过交界面传入的热量代数项,其中 λ 为热传导系数;等式右端第二项为 dt 时间内,微元内部产生的热量代数项,其中 W 为微元内部的热源强度。

简化式(5-10)得到

$$\frac{\partial T}{\partial t} - \frac{\lambda}{c \cdot \rho} \cdot \nabla^2 T = \frac{W}{c \cdot \rho} \tag{5-11}$$

对于式(5-11)中的温度场函数 $T(x,y,z,t)$,为求得该偏微分方程的特解,还必须确定其定解条件。热传导微分方程的定解条件主要指微分方程的初始条件和边界条件。

初始条件,即在 $t=0$ 的初始时刻,热传导微分方程中弹性体内温度场函数 $T(x,y,z,t)$ 关于时间 t 的状态描述。在初始时刻,弹性体内部的温度分布可写为

$$T(x,y,z,t)|_{t=0} = T_0(x,y,z) \tag{5-12}$$

边界条件是指初始时刻之后,对后续各时刻弹性体表面与周围介质的热交换模式的状态描述。边界条件可分为3种类型。

第一类边界条件即弹性体表面任意位置处的瞬时温度为已知的强制边界

条件。

第二类边界条件是已知弹性体表面任意位置处的瞬时热流密度的强制边界条件。

第三类边界条件是弹性体周边介质的温度为已知函数的对流换热边界条件。此时,弹性体与其周边介质的热交换符合牛顿冷却定律,即

$$Q_n(x,y,z,t)|_s = -\lambda \cdot \frac{\partial T(x,y,z,t)}{\partial n}|_s = \beta \cdot (T(x,y,z,t)|_s - T_a) \quad (5-13)$$

式中,Q_n 为制动盘表面的热流密度;β 为制动盘周围空气的对流换热系数;$T(x,y,z,t)|_s$ 为制动盘外表面的温度分布;T_a 为制动盘周围空气温度。

在热传导微分方程的初始条件和 3 类定解边界条件后的结合下,就可以通过有限元法求出热传导微分方程的数值特解。

2. 热对流模型

热对流是指弹性体与其表面的流体接触时,热量会因为温度梯度的存在,从高温侧向低温侧流动。这种弹性体表面与周边介质的对流换热过程遵循牛顿冷却定律,可写为

$$Q_n|_s = \beta \cdot (T_s - T_a) \quad (5-14)$$

式中,T_s 为弹性体表面某一微元控制体所在处的表面温度;T_a 为对应的周边介质温度;β 为对流换热系数;Q_n 即确定微元所在处的表面沿外法向的热流密度。

式(5-14)表示:任一物体与周围介质的对流换热速度(冷却速度)与其自身表面温度与周围介质温度的差值成正比。

在制动过程中,制动盘附近空气的流速发生改变,制动盘表面的对流换热系数也会发生变化。提取制动盘通道内平均对流传热系数,并使用努塞尔数以通用形式给出结果。

对于通道内的强制对流换热,努塞尔数 Nu 定义为

$$Nu = h_c D/\lambda \quad (5-15)$$

式中,Nu 为努塞尔数;D 为当量直径;λ 为空气导热系数,$\lambda = 0.026\ 7\ \text{W/(m·K)}$。

3. 通风式制动盘热分析边界条件

基于稳态分析法计算通风式制动盘内表面的对流换热系数和温度,其中边界条件设置如下。

入口边界条件定义为速度入口条件,速度方向为沿制动盘内径到外径,速

度大小设置为 10 m/s，入口指定静温为 298 K。

压力出口边界条件定义为压力出口，出口为静压为 0 Pa，指定静温为 298 K。

制动盘外表面为摩擦面，在摩擦表面添加热源，指定热源温度为 500 K。其他壁面边界条件设置与环境温度相同，指定静温为 298 K。

制动盘固体绕 z 轴旋转，固体域设为旋转区域，旋转初始速度大小设置为 900 r/min。

5.5.2 通风式制动盘稳态传热分析

1. 不同叶片通风式制动盘有限元模型的建立

通风式制动盘由两个摩擦面组成，摩擦面通过叶片连接，允许空气流动，如图 5-9 所示。制动盘在制动时能达到很高的温度，连续穿过叶片的气流提供了良好的冷却，延长了制动盘的使用寿命。叶片作为连接两个摩擦面的关键部分，其不同的结构设计对整个制动盘的散热效果影响很大。制动盘在工作过程中依靠摩擦片和制动盘的摩擦作用进行制动，故摩擦热主要集中在接触面表面，为了便于进行仿真计算，对制动盘周围结构进行一定的简化，制动盘整体结构如图 5-9（a）所示，内部主要以直叶片为主，制动盘的详细几何参数如图 5-9（b）所示，并汇总在表 5-4 中。

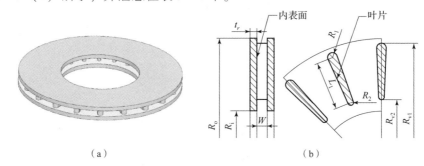

图 5-9　通风式制动盘结构

表 5-4　直叶片制动盘的几何参数

参数	数值/mm	参数	数值/mm
R_o	145	W	11
R_i	70	t_r	7
R_{v1}	140	L_1	50
R_{v2}	82	R_1, R_2	5, 3

将图 5-9 所示的通风式制动盘几何模型导入 ANSYS 软件的 mesh 模块进行网格划分。由于四面体网格划分方法简单,边界适应性强,适合各种复杂的几何模型,而六面体网格具有较高的精度和网格质量,划分时需要各种切分,要求更长的时间和更丰富经验。因此,考虑到节点数量和网格流向,对制动盘面进行四面体网格划分,对叶片进行六面体网格划分。计算模型网格划分完后如图 5-10 所示,可以看出对制动盘叶片的部分结构进行了网格加密。最后 3 种制动盘计算模型的网格划分结果是单元数分别为 801 535、1 098 825 和 643 545。

图 5-10 通风式制动盘网格

(a) 直叶片通风式制动盘网格;(b) 弯曲叶片通风式制动盘叶片网格

同时,在网格划分过程中来定义材料属性,制动盘和摩擦片在摩擦制动过程中,导致大量的摩擦热产生,作用在摩擦表面。因此,在计算过程中,将摩擦热以温度的形式加载在摩擦表面。对于制动盘内、外表面,考虑到流体冷却散热的影响,在计算过程中对内、外表面施加对流换热系数。

2. 直叶片通风式制动盘温度场仿真结果分析

直叶片通风式制动盘在制动过程中,制动盘内部的整体温度和叶片的局部温度分布云图如图 5-11 所示。

从图 5-11 (a) 所示直叶片通风式制动盘通道内整体温度分布云图可以看出,制动盘在旋转过程中,受叶片温度的影响,通道内叶片附近压力侧的温度明显低于吸力侧。因此,总体上看温度在叶片表面的分布是吸力侧温度大于压力侧温度。从图 5-11 (b) 所示直叶片通风式制动盘叶片两侧局部温度分布云图可以看出,温度由制动盘内径向外径处逐渐升高,随半径的增大而升高,在叶片中间位置处温度处于峰值,然后又随半径的增大逐渐降低,在外径处温度明显降低。叶片表面整体温度呈先上升后下降的趋势。

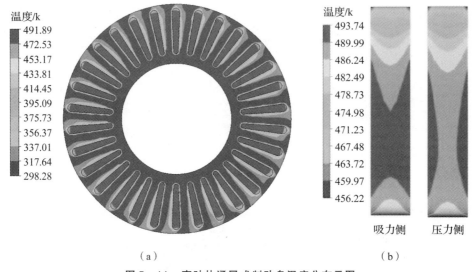

(a)　　　　　　　　　　　　　　(b)

图 5-11　直叶片通风式制动盘温度分布云图

(a) 通道内整体温度分布云图；(b) 叶片两侧局部温度分布云图

流体在制动盘通道内吸力侧的回流导致吸力侧散热效果差，图 5-11 (b) 所示的吸力侧温度变化证实了这一点。吸力侧最大温度达到 493.74 K，且主要发生在中间区域。对于压力侧而言，高速稳定的大量冷却流体有效降低了叶片表面的温度，中间位置的最大温度为 489.99 K，相较于吸力侧明显降低。随着流体的流动，在制动盘外径处出现周向流动和径向流动的混合流动，进一步降低了外径处的表面温度，降幅明显，最低温度为 456.22K。

3. 弯曲叶片通风式制动盘温度场仿真结果分析

弯曲叶片通风式制动盘在制动过程中，制动盘内部的整体温度和叶片的局部温度分布云图如图 5-12 所示。

从图 5-12 (a) 所示弯曲叶片通风式制动盘通道内整体温度分布云图可以看出，制动盘在旋转过程中，受叶片弯曲的影响，通道内（弧内侧）吸力侧附近的温度略高于压力侧温度，且在外径处沿叶片弯曲方向周围流体温度增大。如图 5-12 (b) 所示，从总体上看弯曲叶片表面温度在吸力侧和压力侧相差不大，两侧的温度分布规律均由制动盘内径向外径处逐渐升高，随半径的增大而升高，最高温度处于叶片和制动盘内表面连接处，然后又随半径的增大逐渐降低，在内径处温度明显降低。叶片表面整体温度同样呈先上升后下降的趋势。

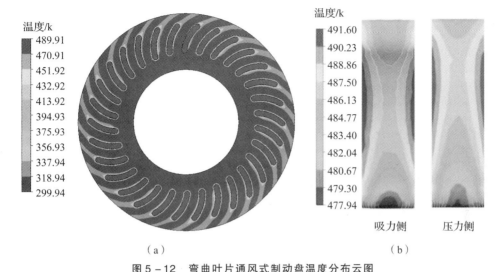

图 5-12 弯曲叶片通风式制动盘温度分布云图
(a) 通道内整体温度分布云图;(b) 叶片两侧局部温度分布云图

流体在通道内吸力侧的回流导致吸力侧整体散热效果弱于压力侧,但流体在吸力侧内径处的驻点区域发生流动分离,使吸力侧低温区域明显大于压力侧,最低温度为 477.94 K。对于压力侧而言,弧形外侧表面和流体的流动方向较为协同,高速稳定的大量冷却流体有效降低了叶片表面的温度,温度相较于吸力侧明显降低。

4. 菱形叶片通风式制动盘温度场仿真结果分析

菱形叶片通风式制动盘在制动过程中,制动盘内部的整体温度和叶片的局部温度分布云图如图 5-13 所示。

从图 5-13(a)所示菱形叶片通风式制动盘通道内的整体温度分布云图可以看出,制动盘在旋转过程中,受叶片温度的影响,其通道内吸力侧附近的温度明显高于压力侧,且高温区域主要集中在外径处吸力侧回流区域,此处的流体严重受阻。因此,总体上看通道内温度的分布是吸力侧温度大于压力侧温度。

从图 5-13(b)所示叶片两侧局部温度分布云图可以看出,吸力侧温度明显高于压力侧温度。

叶片两侧温度均由制动盘内径向外径处逐渐升高,随半径的增大而升高,在叶片中间位置处温度处于峰值,吸力侧最高温度为 494.7 K,压力侧中间区域最高温度为 490.64 K,然后又随半径的增大逐渐降低,在外径处温度明显降低。叶片表面整体温度呈先上升后下降的趋势。

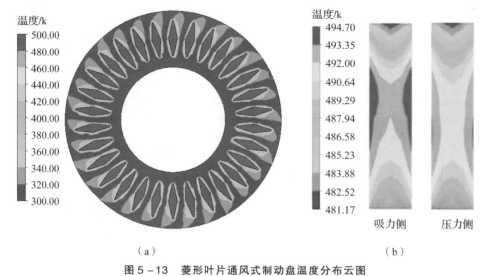

图 5-13　菱形叶片通风式制动盘温度分布云图
(a) 通道内整体温度分布云图；(b) 叶片两侧局部温度分布云图

第 6 节　通风式制动盘结构优化

5.6.1　确定优化目标和变量

影响通风式制动盘散热的因素有很多，选定优化目标及其相关的结构参数是进行散热结构优化设计的基础。通过内部通道内的平均质量流量越大，流体流动效果越好，回流区域的散热效率也就越高。通道内的平均对流换热系数越大，散热效果越好。因此，在对制动盘内部结构进行优化时，以通过内部通道的质量流量（m）和对流换热系数（h）最大为优化目标。

由于逆时针旋转，通道的左侧相对于右侧受到高压。因此，通道的左侧和右侧分别被称为压力侧和吸力侧。流入角 β 的存在，使通道中吸力侧存在回流区。图 5-14 所示为逆时针旋转时制动盘通道内回流区形成示意。因此，在直叶片吸力侧开槽引入流体可有效减小回流区域。制动盘的厚度会限制散热叶片横截面的高度，所以在横截面高度和叶片宽度相同的条件下，槽的宽度和槽的倾斜角度的变化会影响通道内流体的流动，从而影响散热。制动盘的厚度会限制叶片的高度，所以在叶片高度和宽度相同的条件下，改变槽的宽度和槽倾斜角度会影响通道内流体的流动。

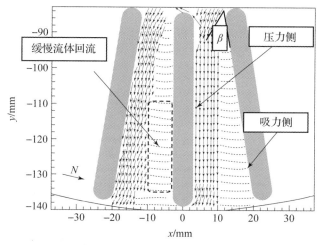

图 5-14 逆时针旋转时制动盘通道内回流区形成示意

叶片数量越多,热量交换面积越大,换热效率也就越高,但过多的叶片数量会阻塞空气流动,因此,选择合适的叶片数量有助于制动盘换热。

综上,在直叶片中间位置开槽,选取槽的宽度 H、槽的倾斜角度 α 和叶片数量 N 这 3 个参数作为设计变量,参数变化范围见表 5-5。槽的倾斜角度 α 和宽度 H 的详细几何结构如图 5-15 所示。

表 5-5 设计变量的取值范围

设计变量	H/mm	$\alpha/(°)$	N
取值范围	8~13	30~60	20~40

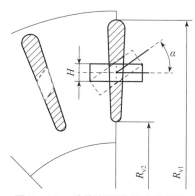

图 5-15 叶片变量详细参数示意

将几何模型导入 Fluent 软件,进行非结构网格划分。仿真模型分为固体域和流体域,在叶片周围及近壁面区域网格采用近壁面加密方法,生成的网格如

图 5-16 所示。考虑到湍流模型的适用性及网格质量的要求，网格的 y^+ 值约为 2，得到网格数约为 126 万个。realization $k-\varepsilon$ 湍流模型可以更好地捕捉近壁面和开槽处周围的流动和换热特征，因此，本研究选择使用 realization $k-\varepsilon$ 湍流模型。内径处入口温度为 298 K，摩擦表面热源温度为 500 K。控制方程采用 SIMPLE 算法求解。动量、压力、能量、湍流动能和湍流耗散率采用二阶迎风格式。通过检查连续性方程、动量方程和能量方程的残差来监控解的收敛性。

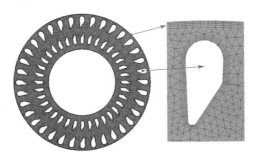

图 5-16 槽叶片流体域网格

5.6.2 散热叶片结构的多目标优化

1. 多目标优化流程

优化流程图如图 5-17 所示。首先，建立制动盘模型并确定设计变量和优化目标，通过数值仿真计算得到采样数据。其次，调用响应面方法（Response Surface Methodology，RSM）模型构建设计变量与目标函数之间的近似模型，根据决定系数（R^2）进行误差分析，确定模型是否满足要求。最后，采用 NSGA-II 求解两个目标函数得到的 Pareto 优化解，通过 TOPSIS 决策方法得到折中解，并对结果进行 CFD 验证。通过这一系列步骤，进行通风制动盘内部的散热优化分析。

2. 近似模型的建立

最优拉丁超立方抽样（Optimal Latin hypercube sampling，OLHS）又称拉丁方试验，是一种从多元参数分布中近似随机抽样的方法，利用最优拉丁超立方抽样方法获取抽样点具有较好的空间及边界分布效果，是运用最广泛的试验设计方法之一。根据仿真测试获得每一组设计变量值，按照之前建立的有限元仿真模型进行仿真计算，得到 30 个抽样点对应的响应的抽样数据，见表 5-6。

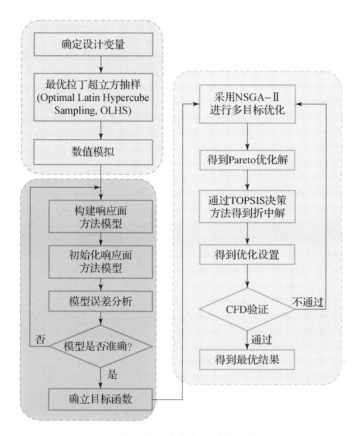

图 5-17　多目标优化流程

表 5-6　抽样数据结果

序号	$\alpha/(°)$	N	H/mm	$m/(\text{g}\cdot\text{s}^{-1})$	$h/[\text{W}\cdot\text{m}^{-2}\cdot\text{K}^{-1}]$
1	38.1	32	11	49.908 3	85.560 2
2	45.6	28	8.5	48.966	86.314 1
3	51.2	31	12	49.071 8	89.791 4
4	47.3	29	9.4	49.19	85.221 4
5	55	24	12.3	49.217 3	85.090 6
6	56.7	36	9.9	49.188 6	90.774 5
7	35.8	21	10.7	50.077 5	82.117 4
8	33.1	27	10.9	50.004 4	86.239 8

续表

序号	$\alpha/(°)$	N	H/mm	$m/(\text{g}\cdot\text{s}^{-1})$	$h/[\text{W}\cdot\text{m}^{-2}\cdot\text{K}^{-1}]$
9	41.3	35	10	49.818 4	86.406
10	43.4	31	11.6	49.591 5	85.978 9
11	31.8	19	12.9	50.103 9	80.504 8
12	37.1	34	10.4	50.026 1	83.154 7
13	53	38	11.2	49.073 2	89.126
14	58.2	22	12.6	50.177 8	83.376 9
15	30.1	37	9.6	49.963	86.505 6
16	39.7	40	11.8	50.211 7	88.821 7
17	45	21	8.5	49.361 3	83.729 2
18	58.6	26	8.2	50.097 5	82.31
19	49.7	20	9.2	49.600 8	83.474 8
20	48.2	25	9	50.070 4	84.792 3
21	42.4	28	8.6	49.826 9	86.473 7
22	44	31	9.9	49.318 8	87.579 9
23	52.6	37	8.9	48.460 8	89.069
24	50.1	35	8.3	49.258 4	87.517 7
25	57.2	39	10.3	49.458 2	88.098 6
26	34.7	33	9.6	50.317	87.274 2
27	59.1	24	10.8	49.898 4	82.153 8
28	40.5	19	8	49.934 3	80.440 2
29	36.6	39	8.7	49.967 5	86.828 2
30	54.1	40	11.6	49.345 4	88.828 5

由于优化目标和设计变量之间可能存在高度的非线性关系，利用解析法求解它们之间的关系十分困难，一般会通过近似模型的构建来缩短优化时间和提高效率。响应面方法利用多项式函数拟合设计空间，可通过少量试验，在局部范围内进行比较精确的函数逼近，并利用简单的代数式来表达。因此，基于最

优拉丁超立方抽样方法取样 30 组数据后,采用响应面方法模型获取优化目标的拟合函数。使用 R^2 来衡量近似模型与样本点项符合的程度,R^2 值越接近 1,则表示近似模型越接近真实值,即建立的模型精度越高。质量流量 m 和对流换热系数 h 的 R^2 值分别为 0.936 47 和 0.918 48,均大于设定的 0.9,因此满足响应面方法代理模型的精度要求,可用于多目标优化。

3. 多目标优化遗传算法

多目标优化是指在满足给定的约束条件下,在设计变量的取值范围之内寻找最优解。大部分情况是不同目标之间存在冲突,几乎无法同时获得最优解,因此多目标优化寻求的是 Pareto 解集。基于 Pareto 最优解的第二代非劣排序遗传算法 NSGA-Ⅱ进行求解。

以上述代理模型的目标函数为依据,建立多目标优化的数学表达式如下:

$$\left. \begin{aligned} &\text{Max } F(\alpha, N, H) = [m_{\max}(\alpha, N, H), h_{\max}(\alpha, N, H)] \\ &30° \leqslant \alpha \leqslant 60° \\ &20 \leqslant N \leqslant 40 \\ &8 \leqslant H \leqslant 13 \end{aligned} \right\} \quad (5-16)$$

式中,$F(\alpha, N, H)$ 为目标函数;$m_{\max}$ 为截面最大质量流量;$h_{\max}$ 为通道内最大平均对流换热系数;α,N,H 为设计变量。

将代理模型和约束参数及其范围输入遗传算法,设置种群数量为 50,最大迭代次数为 200,交叉概率为 0.8,变异概率为 0.1。得到质量流量 m 以及对流换热系数 h 的 Pareto 优化解集,如图 5-18 所示。其表示为在相同的质量流量下,位于 Pareto 前沿上的值为该结构下对应的最优换热系数。

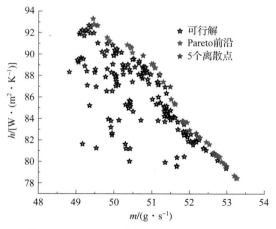

图 5-18 Pareto 优化解集(书后附彩插)

4. 结果对比

为了验证基于 Pareto 解集的 NSGA-Ⅱ的多目标遗传算法求解的准确性，从图 5-18 中的 Pareto 前沿中按比例均匀选择 5 个离散点与 CFD 仿真结果进行对比，具体见表 5-7。

表 5-7 仿真结果和 Pareto 解对比

样本数	目标	模拟值	拟合值	误差/%
1	$m/(g \cdot m^{-1})$	49.03	49.56	1.06
	$h/[W \cdot (m^{-2} \cdot K^{-1})]$	90.67	92.66	2.15
2	$m/(g \cdot m^{-1})$	48.97	50.76	4.12
	$h/[W \cdot (m^{-2} \cdot K^{-1})]$	89.62	89.86	0.27
3	$m/(g \cdot s^{-1})$	50.35	51.48	2.2
	$h/[(W \cdot (m^{-2} \cdot K^{-1})]$	87.29	86.96	0.38
4	$m/(g \cdot s^{-1})$	52.98	52.45	1.01
	$h/[(W \cdot (m^{-2} \cdot K^{-1})]$	82.3	81.79	0.62
5	$m/(g \cdot s^{-1})$	52.05	52.99	1.77
	$h/[(W \cdot (m^{-2} \cdot K^{-1})]$	80.34	79.54	1.0

从表 5-7 可以看出，质量流量和对流换热系数的仿真结果与遗传算法的求解值平均误差分别为 2.03% 和 0.88%，两者吻合良好。综上表明，基于 Pareto 解集的 NSGA-Ⅱ的多目标遗传算法求解的结果是可靠的。

为找到最优的解，基于 TOPSIS 原理，计算图 5-18 中可行解的接近度 r_i，依照接近度的排序结果选择最优的点作为解。最终选取的最优解见表 5-8。

表 5-8 优化结果

项目	H/mm	$\alpha/(°)$	N	$m/(g \cdot s^{-1})$	$h/[W \cdot (m^{-2} \cdot K^1)]$
优化前	—	—	30	44.39	82.16
优化后	12.7	56.38	36	49.88	91.23

由表 5-8 可以看出，优化后通过制动盘的质量流量为 49.88 g/s，相比于优化前通过制动盘的质量流量 44.39 g/s 提高了 12.37%。优化后制动盘的对流换热系数为 91.23 W/(m²·K)，相比于优化前制动盘的对流换热系数 82.16 W/(m²·K) 提高了 9.9%。因此，优化后的制动盘相比于优化前具有良好的散热性能。

5.6.3 特性分析

1. 流体流动和换热特性分析

在制动过程中制动盘的主要散热途径是与空气的对流换热，了解制动盘内部空气流场的速度分布对研究制动盘的散热有重要意义。使用数值模拟来研究详细的流体流动和换热特性，借助流线、速度等值线、速度云图和温度云图等来展示制动盘的仿真分析结果。

1) 流场分析

两种制动盘通道内的流场分布如图 5-19 所示。其中图 5-19 (a) 所示为优化前直叶片的吸力和压力侧分布在两个相邻叶片之间的通道左、右两侧。在压力侧具有稳定的高速流体，最大流速出现在入口前缘处。吸力侧存在明显的低速区域，且低速区域随叶片半径的增大而显著增大，这与试验测得的结果一致。图 5-19 (b) 所示为优化后的槽叶片，槽将直叶片为内叶片和外叶片两部分。可以看出，相比于直叶片，开槽使通道中吸力侧的再循环区域明显减小（如图中蓝色区域所示）。

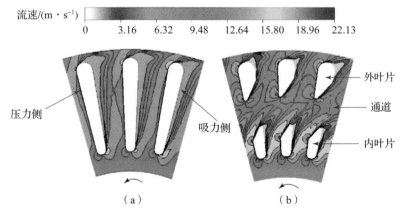

图 5-19 中间截面处 (1/2w) 的速度等值线分布（书后附彩插）

优化后的槽制动盘如图 5-20 所示。入口流体首先在内叶片滞止区进行分流，主流体和二次流 (A) 沿内叶片两侧继续向外流动，到达槽内叶片压力侧拐角时，流体流动方向由径向变为沿槽的斜向。相邻通道分离的流体在槽内进行混合流动，然后在外叶片滞止区再次分流，主流体和二次流（B）继续沿外叶片两侧流出。主流和二次流（A，B）的相互作用，增加了边界层的混合流动。流体的流动方向在内叶片压力侧发生转变，导致流体受到挤压，流速增大，如图5-20（b）中该区域的速度等值线所示。槽结构使通道内气体流速的差异增加，增强了内叶片压力侧区域局部换热，有效地抑制了回流区域的大面积产生，减小了通道内的流动阻力。此外，流体绕着内、外叶片的两侧流动，由于流动分离，在每个叶片的背风面附近出现一定程度的低速回流区，相对于直叶片，回流区域大大减小，而且两种类型叶片通道的流场特征都具有周期性，即各通道内的流体流动具有相似的特点。

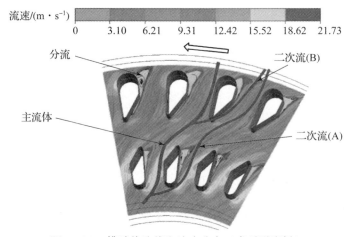

图5-20　槽叶片流线和速度分布（书后附彩插）

2）整体传热对比

为了便于对比散热效果，对涉及的参数进行无量纲化，得到旋转雷诺数 Re 和努塞尔数 Nu。

图5-21所示为转速为900 r/min时两个制动盘内表面努塞尔数分布云图。由图5-21（a）可知，入口气体由于旋转作用进入通道冲击压力侧，使通道内吸力侧局部努塞尔数明显小于压力侧，制动盘努塞尔数分布云图吸力侧处出现蓝色区域。直叶片整个外径圆周区域都受到周向气流冲击作用因而换热明显加强，这与流体流线分布对应，在努塞尔数云图中呈现红色。

相比于直叶片，槽叶片改变了流体流动方向，通道内混合流动增强，整体散热效果比较均匀。内、外叶片两次射流冲击减小了热边界层厚度，加强了局部传热，如图5-21（b）中红色部分所示。

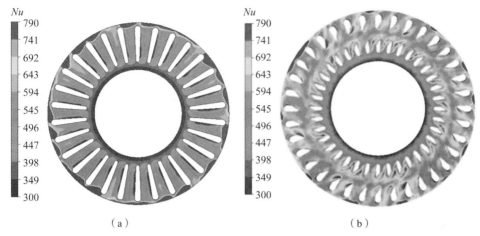

(a)　　　　　　　　　　　　(b)

图 5-21　制动盘内表面努塞尔数分布云图（书后附彩插）

图 5-22 所示为两种结构通道内不同转速下平均努塞尔数随旋转雷诺数的变化关系。在 30 000 ~ 140 000 的雷诺数范围内，槽叶片提供的平均整体努塞尔数比直叶片增大了约 5.6%，且随雷诺数的增大而线性变化。由上小节分析可知，槽的存在一方面加剧了流体的扰动，促使冷、热流体的混合，另一方面减小了流动边界层和热边界层的厚度，这些均可强化槽通道内流体及其与固体之间的传热，使槽叶片制动盘的传热性能优于直叶片制动盘。

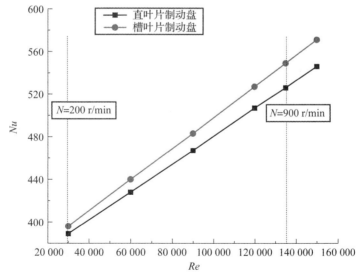

图 5-22　两种结构通道内不同转速下平均努塞尔数随旋转雷诺数的变化关系

图 5-23 所示为叶片表面努塞尔数分布云图，可以看出，两种叶片在流体入口滞止区两侧传热分布相似，在入口处由于高速稳定流体冲击叶片前缘处，

增强了局部表面摩擦，流体的速度方向与温度梯度方向协同程度较好，导致叶片前缘换热效果明显增强，在图中呈现红色，并且两种叶片的高传热区域主要出现在叶片的压力侧，这与图 5-19 和图 5-20 所示的流体流动行为相对应。

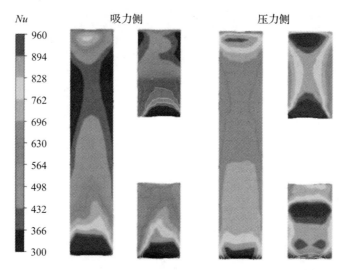

图 5-23　叶片表面努塞尔数分布云图（书后附彩插）

对于直叶片而言，其压力侧的换热效果明显高于吸力侧，且在吸力侧回流区沿径向逐渐增强，影响了换热效果，如图 5-23 中的蓝色区域所示。在外径处出现周向流动（如图 5-19 所示），使换热效果增强，因此，直叶片表面的换热效果沿径向先减弱再增强。对于槽叶片，高换热区域集中在内、外叶片的前缘处和压力侧，因为主流体在叶片前缘处进行分流，在内压力侧流体方向转变且当混合流体经过槽通道时，减小了沿通道内、外叶片边界层的厚度，从而增强了叶片上的传热效果，努塞尔数增大。

为了进一步揭示叶片表面换热分布情况，图 5-24 给出了叶片表面努塞尔数沿径向的分布。从图 5-24（a）可以看出，直叶片表面两端的努塞尔数稍大于中间区域，但整体变化趋势沿径向先减小再增大，与图 5-21 所示的努塞尔数分布云图相对应。吸力侧的努塞尔数峰值出现在叶片前缘处，约为 1 000。沿径向由于回流区的增大，在 $r = 0.128$ m 处努塞尔数迅速减小到最小值（约 388）。相比于吸力侧，压力侧的流体对流换热更加顺畅。随着半径的增大，压力侧受到的流体冲击作用减弱，整体变化较为平缓，整体散热效果比吸力侧增强了 28.9%。对于槽叶片，如图 5-24（b）所示，在外叶片压力侧观察到局部换热峰值 $Nu \approx 1\ 335$，这是由于外叶片前缘处局部对流冲击和混合流动的共同作用。在内叶片的压力侧，努塞尔数沿径向呈增大趋势，流速的增加导致换热效果增强。槽叶片的散热最低值出现在叶片的吸力侧 $r = 0.13$ m 处，局部换热值 $Nu \approx 429$。这种低换热是由于分离尾流的存在，它抑制了空气向吸力侧的补充，从而减小了局部对流换热系数。但由于有效抑制了回流区域且增加了流动，槽叶片相较于直叶片整体换热效果增强了 25.8%。

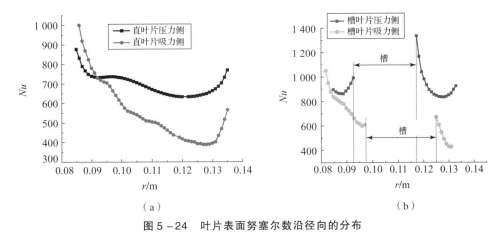

图 5-24　叶片表面努塞尔数沿径向的分布

槽叶片受到来自倾斜槽流体的混合冲击作用，这在一定程度上强化了叶片两侧的换热效果，而直叶片的换热仅由压力侧流体主导，在压力侧恒定热流垂直于壁面流动，在这种情况下，速度矢量几乎与温度梯度正交，从而导致协同作用差，其整体换热强度较低。

2. 泵送质量流量分析

质量流量是通风式制动盘散热的重要因素之一，流经通道的更高的质量流量将为制动盘提供更大的散热速率。图 5-25 所示为在制动盘的稳态条件下转速为 200~900 r/min 时制动盘泵送的质量流量变化情况。对于两种制动盘，可以看到泵送能力随着转速的增大而线性增加，这与以前的数值和试验一致。与原直叶片制动盘相比，槽叶片制动盘的泵送能力提高了 12%。槽叶片制动盘的泵送能力提高，对通道内的冲击作用增强，增加了流体的混合。这解释了图 5-21 所示的换热分布情况，通道内质量流量的分布更加均匀，槽叶片的散热效果更好，局部低换热区域更少。

3. 温度特性分析

车辆制动时，摩擦表面的热量经叶片传导到通道内，研究通道内回流区域流体的温度分布有助于了解通风式制动盘的散热机理，为此绘制距叶片左、右各 2 mm 处通道内流体温度沿径向定量分布情况，如图 5-26 所示。

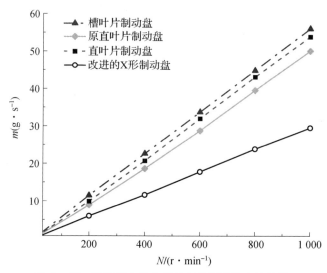

图5-25 以转速为横坐标绘制的泵送能力比较图

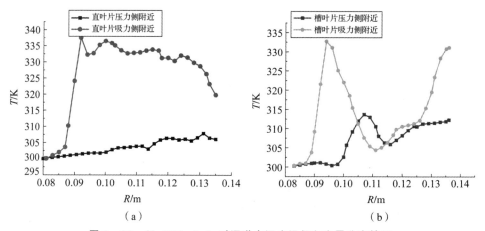

图5-26 $N=900$ r/min 时通道内温度沿径向定量分布情况

如图5-26（a）所示，直叶片吸力侧温度在 $r=0.092$ m 处急剧上升到 338 K，之后沿径向逐渐趋于稳定，在 $r=0.13$ m 处温度又急剧降低。这是因为入口流体在前缘分流后，在吸力侧快速形成二次涡流，在通道内迅速增大，堵塞流动，导致温度急剧升高。在外径处，随着周向的横流增强，增加了回流区域的流动，从而导致外径处温度逐渐降低，这与流体流动行为相对应。直叶片压力侧流体温度沿径向几乎没有变化，整体对流散热效果最好。

槽叶片相比于直叶片，其吸力侧变化曲线分别在 $r=0.094$ m 和 $r=0.136$ m 处出现两次温度峰值（$T=332$ K 和 $T=331$ K），如图5-26（b）所示。这是由于内、外叶片的阻挡作用，在吸力侧存在分离低速流体，流动性差使得局部温度上升。在达到第一个峰值后，混合流体沿槽流向外叶片且流速增大，吸力侧温度又迅速降低。因此，吸力侧流体温度沿径向呈先上升后下降再上升的分布规律。在 $r=0.096$ m 处，压力侧流体温度几乎和入口温度一致，此时流速最大，散热效果最好，但由于受到相邻内叶片吸力侧的分离流影响，沿径向温度出现小幅上升。当混合流体流经倾斜槽时，有效增强了对流，降低了压力侧温度。

图 5-27 所示为两种叶片表面的温度场分布情况。可以看出，直叶片中间区域吸力侧和压力侧温度较高，如图中红色部分所示。槽叶片的温度分布整体较为均匀，壁面温度明显低于直叶片温度，这表明槽叶片的换热效果优于直叶片。

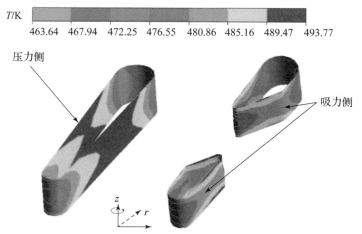

图 5-27 两种叶片表面的温度场分布情况（书后附彩插）

两种叶片表面温度沿径向变化情况如图 5-28 所示。直叶片表面的温度沿径向呈先上升后下降的分布规律，与图 5-27 所示温度云图相对应。吸力侧温度明显高于压力侧，如图 5-28（a）所示，在 $r=0.116$ m 处，直叶片吸力侧表面达到最高温度 491.14 K。在 $r=0.111$ m 处，压力侧表面最高温度为 483.28 K，相较于吸力侧降低了 7.86 K。如图 5-28（b）所示，槽叶片吸力侧和压力侧的最高温度分别为 479.808 K 和 477.93 K，相对于直叶片分别降低了 2.4% 和 1.12%，且槽叶片两侧温度分布比较均匀。因此，优化后槽叶片的散热效果更好。

从热传导和热对流的角度分析叶片表面温度变化，摩擦热量由制动盘外表面传导到内表面以及叶片，冷却流体经过叶片前缘沿径向流动时，受到通道的加热，流体温度沿径向逐渐升高，且叶片在前缘和外径出口处流速变大，冲击作用增强，导致两端散热效果增强，故叶片两端温度低，中间温度高。压力侧温度低是由于压力侧为迎风面，直接受到轴向来流的射流冲击作用，在一定程

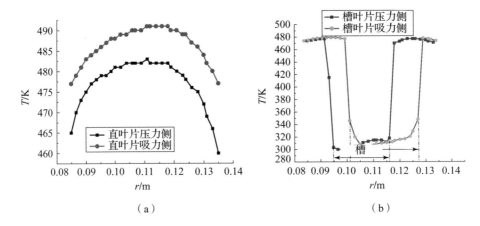

图 5-28 两种叶片表面温度沿径向变化情况

度上强化了换热,吸力侧的换热主要由回流主导,其换热强度较低。此外,冷却流体首先流经压力侧表面,经历了一定程度的温升后与吸力侧产生对流,因此冷却效果有所下降,导致吸力侧温度高于压力侧。

图 5-29 所示为两种叶片表面平均温度随转速的变化曲线。在转速为 200~1 200 r/min 的工况下,直叶片和槽叶片的表面平均温度均随转速的增大而降低,且槽叶片比直叶片散热效果好,槽叶片表面的平均温度均低于直叶片表面的平均温度,其温度降低率变化情况如图 5-29 中蓝色曲线所示,在转速为 900 r/min 时温度降低率达到最大(1.51%)。

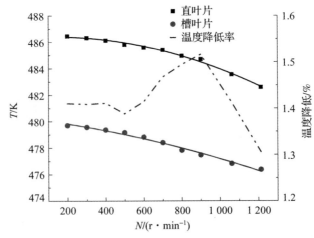

图 5-29 两种叶片表面平均温度随转速的变化曲线(书后附彩插)

第 7 节　总结

本章对 3 种车辆制动盘内部流场进行仿真研究。首先建立了 3 种制动盘的有限元模型，为了更加接近制动盘的实际制动情况，对制动盘设置了流场分析合理的边界条件，得到以下结论。

（1）叶片倾斜一定的角度有助于增强流体在制动盘通道内的流动，其中，弯曲叶片制动盘的平均速度相较于直叶片和菱形叶片制动盘明显提高，原因在于弯曲叶片的倾斜角度和流体在通道内的流入角协同程度最高，在压力侧形成高速稳定的流体带，流体流动效果最好。

（2）对于直叶片和菱形叶片而言，吸力侧沿通道逐渐形成回流区域，严重堵塞了流体的流动，减小了整体的流速。叶片数量的增多在一定程度上减小了回流区域的大小，增大了平均速度。其中，菱形叶片的中间区域通道较窄，流体在通过时，流动加速，使流体达到最大速度。

同时对 3 种车辆制动盘建立有限元模型，根据流场仿真结果，准确地施加热边界条件进行稳态温度场仿真分析，最后研究了不同叶片结构参数对制动盘传热特性的影响，得到如下几点结论。

（1）从制动盘叶片表面温度云图可以看出，制动盘叶片温度由内径向外径逐渐升高再降低，其中吸力侧温度明显高于压力侧。

（2）从制动盘叶片表面温度随叶片倾斜角度的变化曲线可以看出，制动盘叶片温度随叶片倾斜角度逐渐降低，叶片倾斜一定的角度增加了流体的流动和散热。

（3）随着叶片数量的变化，不同类型的制动盘温度各不相同。在叶片个数分别为 25，40 和 30 个时，直叶片，弯曲叶片和菱形叶片的温度分别达到最低。

最后以通风制动盘内部直叶片为研究对象，基于遗传算法的多目标优化算法（NSGA - II）进行优化设计。

首先，基于最优拉丁超立方抽样方法进行数据采样，拟合响应面方法模型并验证模型的准确性。其次，在直叶片模型的基础上，选取 3 个结构参数——槽的宽度、槽的倾斜角度和叶片的数量为优化变量，以质量流量和对流换热系数最大为目标，在 NSGA - II 的基础上对制动盘进行多目标优化设计，得到 Pareto 最优解。最后，通过数值模拟，比较优化前、后两种制动盘在稳态条件下通道内流体流动和散热效果。

结果表明：优化后的槽叶片有效削弱了通道内的回流区域。相较于直叶片制动盘，槽叶片制动盘的泵送能力提高了 12%，通道内总散热率提高了 5.6%。

参 考 文 献

[1] PENG J, FAN W, ZHANG G L, et al. A novel numerical approach for investigation of the heat transport in a full 3D brake system of high – speed trains[J]. Numerical Heat Transfer; Part A：Applications, 2019, 75(12)：824 – 840.

[2] SCHUETZ T. Cooling analysis of a passenger car disk brake[J]. SAE Technical Papers, 2009：4970.

[3] JIANG L, JIANG Y L, LIANG Y, et al. Thermal analysis for brake disks of SiC/6061 Al alloy co – continuous composite for CRH3 during emergency braking considering airflow cooling[J]. Transactions of Nonferrous Metals Society of China (English Edition), 2012, 22(11)：2783 – 2791.

[4] JAFARI, RAHIM, et al. Experimental and numerical study of turbulent flow and thermal behavior of automotive brake disc under repetitive braking[J]. Proceedings of the Institution of Mechanical Engineers, Part D：Journal of Automobile Engineering, 2021.

[5] JOHNSON D A, SPERANDEI B A, GILBERT R. Analysis of the flow through a vented automotive brake rotor[J]. J. Fluids Eng., 2003, 125(6)：979 – 986.

[6] MCPHEE A D, JOHNSON D A. Experimental heat transfer and flow analysis of a vented brake rotor[J]. International Journal of Thermal Sciences, 2008, 47(4)：458 – 467.

[7] ATKINS M D, KIENHÖFER F W, Kim T. Flow behavior in radial vane disk brake rotors at low rotational speeds[J]. Journal of Fluids Engineering, 2019, 141(8).

[8] GALINDO – LOPEZ C H, TIROVIC M. Understanding and improving the convective cooling of brake discs with radial vanes[J]. Proceedings of the Institution of Mechanical Engineers, Part D：Journal of Automobile Engineering, 2008, 222(7)：1211 – 1229.

[9] BARIGOZZI G, COSSALI G E, PERDICHIZZI A, et al. Experimental investigation of the mean and turbulent flow characteristics at the exit of automotive vented

brake discs[R]. SAE Technical Paper,2002.

[10] WALLIS L, LEONARDI E, MILTON B, et al. Air flow and heat transfer in ventilated disc brake rotors with diamond and tear – drop pillars[J]. Numerical Heat Transfer,Part A:Applications,2002,41(6 – 7):643 – 655.

[11] REDDY S M, MALLIKARJUNA J M, GANESAN V. Flow and heat transfer analysis of a ventilated disc brake rotor using CFD[R]. SAE Technical Paper,2008.

[12] CHI Z Z, HE Y P, NATERER G. Convective heat transfer optimization of automotive brake discs[J]. SAE International Journal of Passenger Cars – Mechanical Systems,2009,2(2009 – 01 – 0859):961 – 969.

[13] ATKINS M, KIENHOFER F W, LU T J, et al. The role of secondary flows and separation in convective heat transfer in a rotating radial vane brake disc[J]. Journal of Heat Transfer,2021.

[14] SABARINATH P, HARIHARASUDHAN R, SARAVANAN M R T R. Optimum design of disc brake using NSGA – II algorithm[J]. International Journal of Innovative Research in Science, Engineering and Technology,2014,3(3):1400 – 1405.

[15] ZHEN L, DONG L L, MOSCHETTA J, et al. Optimization of nano – rotor blade airfoil using controlled elitist NSGA – II[J]. International Journal of Micro Air Vehicles,2014,6(1):29 – 42.

[16] WANG D F, ZHANG S, ZHANG S T, et al. Analysis and multi – objective optimization design of wheel based on aerodynamic performance[J]. Advances in Mechanical Engineering,2019,11(5).

[17] KALITA K, SHINDE D, CHAKRABORTY S. Grey wolf optimizer – based design of ventilated brake disc[J]. Journal of the Brazilian Society of Mechanical Sciences and Engineering,2021,43(8):1 – 15.

[18] BELHOCINE A, SHINDE D, PATIL R. Thermo – mechanical coupled analysis based design of ventilated brake disc using genetic algorithm and particle swarm optimization[J]. JMST Advances,2021:1 – 14.

[19] ZHOU J C, GAO J J, WANG K Z, et al. Design optimization of a disc brake based on a multi – objective optimization algorithm and analytic hierarchy process method[J]. Transactions of FAMENA,2018,42(4):25 – 42.

[20] RAJAGOPAL T K R, RAMACHANDRAN R, JAMES M, et al. Numerical investigation of fluid flow and heat transfer characteristics on the aerodynamics of ventilated disc brake rotor using CFD[J]. Thermal Science,2014,18(2):667 –

675.

[21] MAHMOD M I, MUNISAMY K M, NASIONAL U T. Experimental analysis of ventilated brake disc with different blade configuration[J]. 2006:1-7.

[22] VOLLER G P, TIROVIC M, MORRIS R, et al. Analysis of automotive disc brake cooling characteristics[J]. Proceedings of the Institution of Mechanical Engineers, Part D: Journal of Automobile Engineering, 2003, 217(8):657-666.

[23] BARIGOZZI G, COSSALI G E, PERDICHIZZI A, et al. Experimental investigation of the aero-thermal characteristics at the exit of an automotive vented brake disc[R]. SAE Technical Paper, 2003.

[24] SIMPSON T W, MAUERY T M, KORTE J J, et al. Kriging models for global approximation in simulation-based multidisciplinary design optimization[J]. AIAA journal, 2001, 39(12):2233-2241.

[25] ARSHAD M H, ABIDO M A, SALEM A, et al. Weighting factors optimization of model predictive torque control of induction motor using NSGA-II with TOPSIS decision making[J]. IEEE Access, 2019, 7:177595-177606.

[26] TRIPATHY S, TRIPATHY D K. Multi-attribute optimization of machining process parameters in powder mixed electro-discharge machining using TOPSIS and grey relational analysis[J]. Engineering Science and Technology, an International Journal, 2016, 19(1):62-70.

[27] RAJABI M M, ATAIE-ASHTIANI B, JANSSEN H. Efficiency enhancement of optimized Latin hypercube sampling strategies: application to Monte Carlo uncertainty analysis and meta-modeling[J]. Advances in Water Resources, 2015, 76:127-139.

[28] ROOMI F F, VAHEDI A, MIRNIKJOO S A. Multi-objective optimization of permanent magnet synchronous motor based on sensitivity analysis and latin hypercube sampling assisted NSGAII[C]//2021 12th Power Electronics, Drive Systems, and Technologies Conference (PEDSTC). IEEE, 2021:1-5.

[29] LEE U, PARK S, LEE I. Robust design optimization (RDO) of thermoelectric generator system using non-dominated sorting genetic algorithm II (NSGA-II)[J]. Energy, 2020, 196:117090.

[30] MANN G W, ECKELS S. Multi-objective heat transfer optimization of 2D helical micro-fins using NSGA-II[J]. International Journal of Heat and Mass Transfer, 2019, 132:1250-1261.

[31] YAN H B, ZHANG Q C, LU T J. An X-type lattice cored ventilated brake disc

with enhanced cooling performance[J]. International Journal of Heat and Mass Transfer, 2015, 80:458-468.

[32] GUO Z Y, LI D Y, WANG B X. A novel concept for convective heat transfer enhancement[J]. International Journal of Heat and Mass Transfer, 1998, 41(14):2221-2225.

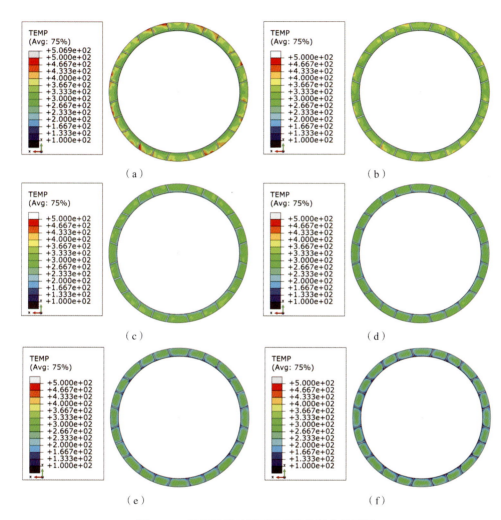

图 2-7 不同滑摩时间下的摩擦片温度场云图

(a) 滑摩 0.05 s 时的温度场云图;(b) 滑摩 0.2 s 时的温度场云图;
(b) 滑摩 0.4 s 时的温度场云图;(d) 滑摩 0.6 s 时的温度场云图;
(e) 滑摩 0.8 s 时的温度场云图;(f) 滑摩 1 s 时的温度场云图

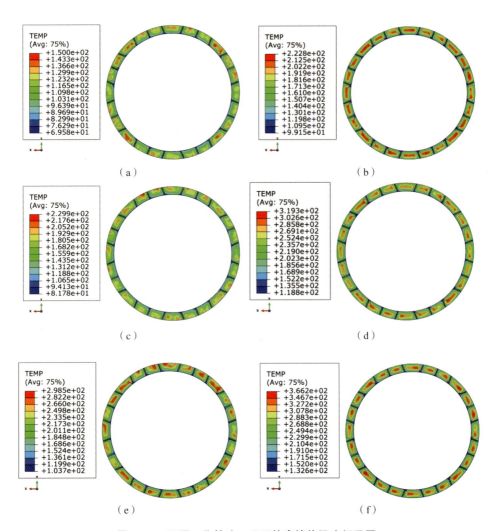

图 2-8 不同工作转速工况下的摩擦片温度场云图

(a) 转速为 1 500 r/min 时的温度场云图；(b) 转速为 2 000 r/min 时的温度场云图；
(c) 转速为 2 500 r/min 时的温度场云图；(d) 转速为 3 000 r/min 时的温度场云图；
(e) 转速为 3 500 r/min 时的温度场云图；(f) 转速为 4 000 r/min 时的温度场云图

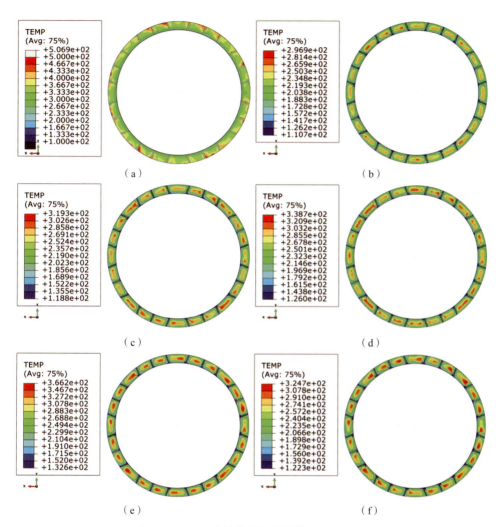

图 2-9 不同摩擦片基板材料的温度场云图

(a) 65Mn 摩擦片（2 000 r/min）的温度场云图；

(b) 30CrMnSiA 摩擦片（2 000 r/min）的温度场云图；

(c) 65Mn 摩擦片（3 000 r/min）的温度场云图；

(d) 30CrMnSiA 摩擦片（3 000 r/min）的温度场云图；

(e) 65Mn 摩擦片（4 000 r/min）的温度场云图；

(f) 30CrMnSiA 摩擦片（4 000 r/min）的温度场云图

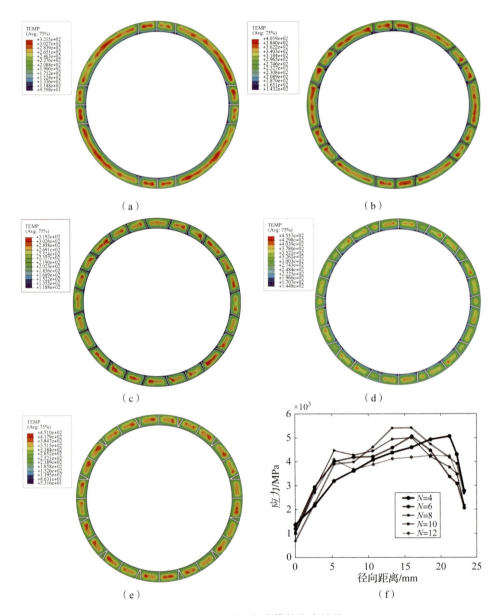

图 2-10 不同组数沟槽的仿真结果

(a) $N=4$ 时的温度场云图;(b) $N=6$ 时的温度场云图;(c) $N=8$ 时的温度场云图;
(d) $N=10$ 时的温度场云图;(e) $N=12$ 时的温度场云图;
(f) N 取值不同时的直径节点应力图

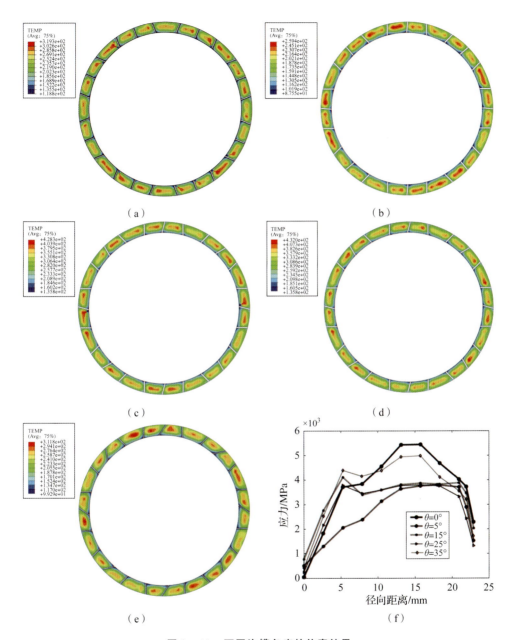

图 2-11 不同沟槽角度的仿真结果

(a) $\theta=0°$时的温度场云图; (b) $\theta=5°$时的温度场云图; (c) $\theta=15°$时的温度场云图;

(d) $\theta=25°$时的温度场云图; (e) $\theta=35°$时的温度场云图;

(f) θ取值不同时的直径节点应力图

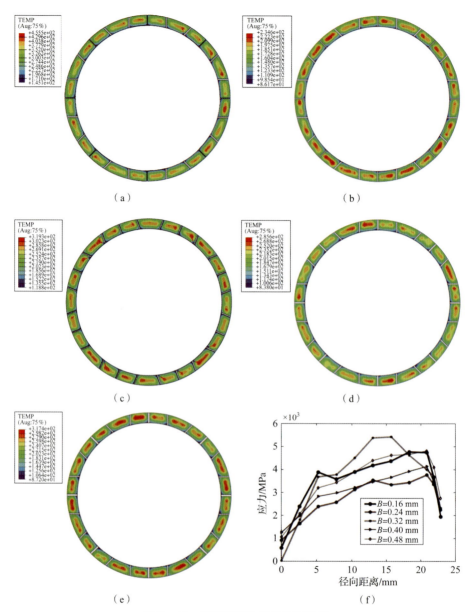

图2-12 不同宽度沟槽的仿真结果

(a) $B=1.6$ mm时的温度场云图;(b) $B=2.4$ mm时的温度场云图;
(c) $B=3.2$ mm时的温度场云图;(d) $B=4.0$ mm时的温度场云图;
(e) $B=4.8$ mm时的温度场云图;(f) B 取值不同时的直径节点应力图

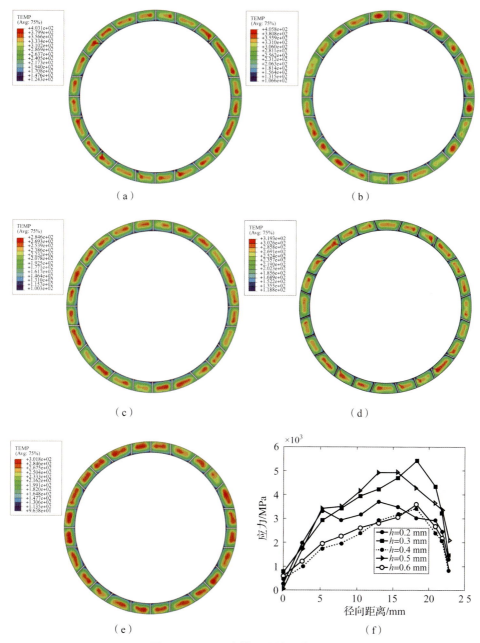

图 2-13 不同沟槽深度的仿真结果

(a) $h=0.2$ mm 时的温度场云图;(b) $h=0.3$ mm 时的温度场云图;
(c) $h=0.4$ mm 时的温度场云图;(d) $h=0.5$ mm 时的温度场云图;
(e) $h=0.6$ mm 时的温度场云图;(f) h 取值不同时的直径节点应力图

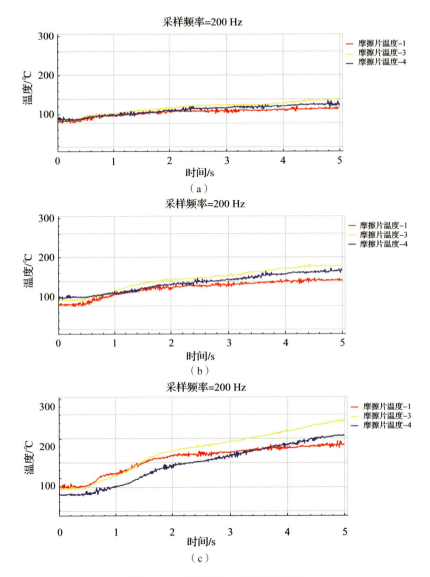

图 4-84 不同转速时的测温曲线

(a) 转速为 1 500 r/min 时;(b) 转速为 2 000 r/min 时;
(c) 转速为 2 500 r/min 时

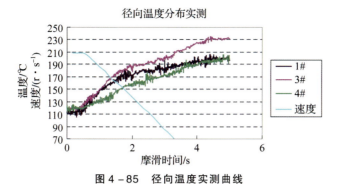

图 4-85 径向温度实测曲线

1#——传感器 1，测温位置在中径处；3#——传感器 3，测温位置在外径与中径之间；
4#——传感器 4，测温位置在内径与中径之间

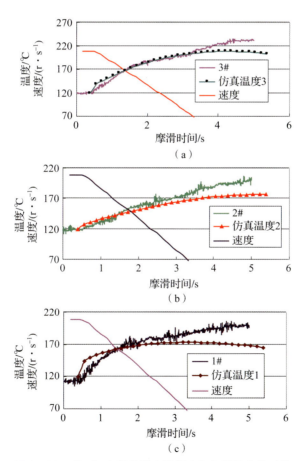

图 4-86 外/中/内径位置实测温度与仿真温度的对比

(a) 外径位置；(b) 中径位置；(c) 内径位置

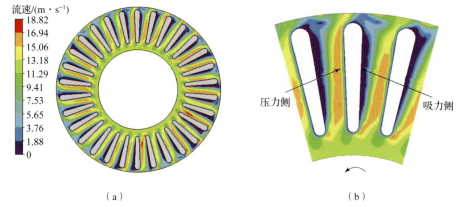

图 5-2 直叶片通风式制动盘通道内流速分布云图

(a) 整体流速分布云图;(b) 通道内流速分布云图

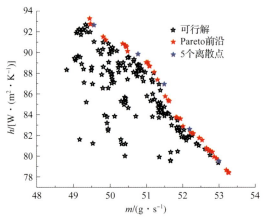

图 5-18 Pareto 优化解集

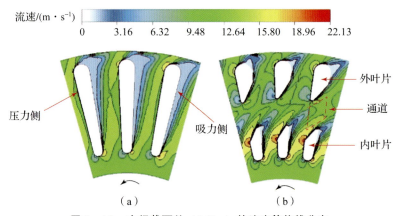

图 5-19 中间截面处 ($1/2w$) 的速度等值线分布

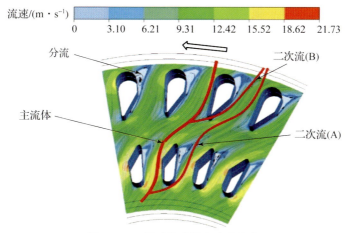

图 5-20 槽叶片流线和速度分布

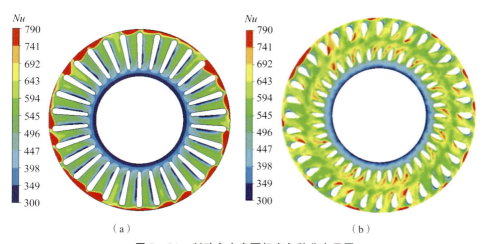

图 5-21 制动盘内表面努塞尔数分布云图

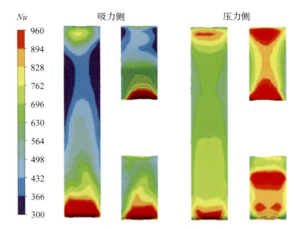

图 5-23　叶片表面努塞尔数分布云图

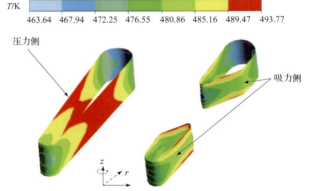

图 5-27　两种叶片表面的温度场分布情况

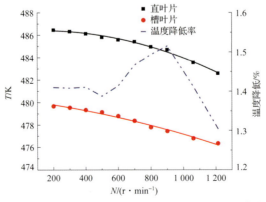

图 5-29　两种叶片表面平均温度随转速的变化曲线